아산재단 연구총서 제464집

이주 시대의 젠더

'다문화' 한국사회와 필리핀 출신 여성들

아산재단 연구총서 第464집

이주 시대의 젠더

'다문화' 한국사회와 필리핀 출신 여성들

김 민 정

집문당

김민정(金民晶) 서강대 사회학과 졸업
서울대 인류학과 박사
현재 강원대학교 문화인류학과 교수

아산재단 연구총서 제464집

이주 시대의 젠더: '다문화' 한국사회와 필리핀 출신 여성들

2020년 9월 20일 1판 1쇄

저자 | 김민정
발행인 | 임동규
발행처 | **(주)집문당**
등록 | 1971. 3. 23. 제2012-000069호
주소 | 03134 서울시 종로구 돈화문로 82, 5층
전화 | +82-1811-7567
이메일 | sale@jipmoon.com
홈페이지 | www.jipmoon.com

ISBN 978-89-303-1886-0 94330
978-89-303-1500-5(세트)

가격 16,000원

이 도서의 국립중앙도서관 출판시도서목록(CIP)은 e-CIP홈페이지(http://www.nl.go.kr/ecip)와 국가자료공동목록시스템(http://www.nl.go.kr/kolisnet)에서 이용하실 수 있습니다.
(CIP제어번호: CIP2020035090)

머리말

우리는 이동하는 삶이 정상이고 미덕인 시대를 살고 있다. 태어난 순간부터 현재까지 우리 삶의 궤적을 그려본다면 여러 도시와 국가의 경계들을 넘나드는 복잡한 자유실선의 모양일 것이다.

한국은 1995년 1월 1일, "세계화원년(元年)"을 선언하면서 세계화는 세계의 중심에 서기 위한 발전전략이며 변화에 대응하는 생존전략이라고 공표하였다. 이러한 세계화 개념이 '글로벌라이제이션'이 아니라는 비판도 있지만, 자본과 물자, 정보, 사람들의 이동이 자유로워지는 추세 속에서 국민국가가 이러한 이동과 흐름을 통제하고 선별하는 역할은 더욱 중요해지고 있다. 2006년을 기점으로 외국인 인구수가 2%를 넘으면서 한국은 이제 "다문화사회"라고 선포되었다. 그러면서 시작된 다문화정책이 서구 이민국가에서 채택해 온 '다문화주의'의 가치를 담지 못한다는 비판도 있지만, 세계화로 인한 문제들이 폭발적으로 분출되고 다문화주의 이념의 한계와 모순이 지적되면서 국가주의가 되살아나는 분위기도 감지된다.

이 머리말을 쓰고 있는 2020년 봄, 코로나19 바이러스가 전 세계에 퍼지면서 급작스럽게도 사람들의 이동에 심한 제약이 가해졌다. 팬데믹 현상에 대한 국민국가의 일차적 대응은 도시나 국가의 경계를 봉쇄하고 사람들의 이동과 접촉을 최소화하는 것이었다. 한국도 무비자 입국 허가를 잠정 중지하였고 대한항공 여객기 노선 중 80% 이상의 운항이 중단되었다. 그러나 이러한 조치들은 가까운 미래에 이동과 연결 수준을 회복하고 보장하기 위한 임시적 제한이다. 위기의 세계화를 관리하기 위한 국민국가들 간의 상호의존성은 더 높아지고 있으며 그 관리방식들은 점차 더 국제적으로 표준화되는 추세이다. 더 자유롭게 이동하려는 사람들과 이민자들을 배척하는 사람들, 전지구적 연결에 의존하는 경제와 체류자격제도를 선별적으로 운영하는 국민국가, EU 시민권처럼 국가를 초월한 성원권의 등장 등이 만들어내는 새로운 사회동학이 어떤 미래를 가져올지 탐구해야 할 시점이다.

이 책은 이러한 시대적 변화를 겪는 한국사회에서 국민국가 위상과 민족주의 이념에 대해 새로운 관계 정립이 요청되기 시작한 시기에 주목한다. 2000년대 중반 이후에 시작된 다문화 사회 논의는 이후 10여 년 동안 한국사회를 뜨겁게 달구었고, 이전까지 당연시되던 민족주의를 돌아보도록 하였다. 이 책에서는 이러한 한국사회의 변화를 필리핀 여성들의 이주 사례를 통해 돌아보면서 다문화 한국사회의 의미를 질문해보고자 한다.

국제이주자로서 필리핀 여성들은 전 세계에서 다양한 방식으로 살고 있다. 한국에서 내가 만난 이들만 해도 방문교수에서부터 유학생, 종교인, 예술인, 이주노동자, 영어강사, 자영업자, 회사원, 농민, 일용직, 전업주부 등으로 실로 다양한 일을 하였고 체류자격도 미등록상태에서부터 각종 비자 소지자, 귀화한국인에 이르기까지 다양하였다. 그러나, 한국사회에서 필리핀 출신 여성들은 "결혼이주여성"이라는 하나의 고정된 이미지와 위상으로 알려져 있다. 좋게 본다면 이는 한국사회가 결혼이주여성들에게 많은 관심을 가지고 다양한 지원을 제공해왔기 때문이라고 받아들일 수도 있을 것이다. 그러나 실제 결혼

이주여성이라 하더라도 이렇게 한국으로 올 때의 이주상황이 끊임없이 소환될 때, 그리고 가정에 속한 여성이라는 위치가 계속 확인될 때, 그 사람의 시민권은 이주자와 여성이라는 속성에 압도되어 제한된다. 또한 이들의 삶에서 결혼 전과 후의 시간이 어떻게 연결되고 상호영향을 미치는지, 이들을 통해 필리핀과 한국이 어떻게 서로 연루되는지 질문할 수 없다.

젠더의 관점은 이주를 인구의 이동이나 시장경제의 노동력 수급 문제로 보는 시각이 편협할 뿐 아니라 현실에 대한 왜곡이라는 점을 일깨워준다. 인구나 노동력으로 간주되는 사람들이 세계화된 인종-종족체계 속에서 또한 근대의 성별화된 가족관계와 분업구조 속에서 자신들의 삶을 기획하고 변화시켜나가고 있다는 점을 설명하고 이해하도록 해준다. 이런 젠더 연구의 문제의식을 살리기 위해 이 책에서는 그동안 심층인터뷰를 위해 만났던 한국의 필리핀 출신 여성들 중 세 명의 이야기를 중심으로 논의를 전개한다. 통계상 지적될 수 있는 대표성의 한계에도 불구하고, 전체 사회맥락에서 사례가 위치하는 공시적 맥락과 개인과 사회 간의 상호영향력을 설명하는 통시적 맥락을 그려낼 수 있을 것이라 기대하기 때문이다. 이주자들의 심층인터뷰 외에도, 가족이나 관련 단체 그리고 기관 종사자 등 주변 인물들에 대한 인터뷰와 여러 현장을 방문하여 얻은 자료들도 중요하게 사용되었고, 통계수치와 정책자료, 다양한 이차자료 등도 폭넓게 동원되었다. 그러나 진술한 생애이야기는 이러한 주변 자료와 이차 자료를 수렴하면서 서사를 전달한다는 점을 살리고자 하였다.

한국의 다문화사회 논의가 한창이던 시기에 저술과 출판 지원을 받았으나 너무 늦게 결과물을 내게 되어, 아산사회복지재단에 또한 같은 주제의 연구자들에게, 죄송한 마음이 크다. 그러나 한국에서 다문화사회에 대한 논의가 잦아든 현 시점이야말로 그동안의 표출되었던 관심과 담론을 전 지구적 차원의 이주 문제로 되돌아보기에 적합하다. 다문화사회 논의의 소강상태를 이주 시대의 전면적 전개가 불러올 미묘하고 복잡하며 역동적인 변화들을 분석하고 성찰하기 좋은 조건으로 삼아, 이주 시대의 한국을 분석해야 할 것이다.

이 연구를 위해 그동안 인터뷰에 응해주셨던 모든 분들에게, 특히 이 책에서 소개하고 있는 이사벨과 사라, 제인, 마엣에게 마음 깊이 감사드린다. 그동안 만난 인터뷰 참가자들은 모두, 내가 자신의 삶에 관심을 보이는 것에 대해 호의적이었고, 자신의 삶에 남들이 경청할 만한 이야기가 담겨 있다고 생각하였다. 연구자로서 내가 타인의 이야기를 청해 들을 때는 항상, 그들이 자신의 삶과 삶의 조건에 대해 타인인 내게 말하고자 하는 입장이 있다는 것을 이해하고 그 지점을 파악하고자 노력하였다. 이차자료로만 소개하고 있는 이사벨 경장과 이자스민 전 국회의원에게는 자신들의 삶과 경험, 활동을 언론이나 다른 매체를 통해 공유해 준 것에 대해 감사드린다.

이 책은 그동안 진행해 온 이주와 젠더 연구작업 중 한국의 필리핀 이주여성에 대한 단락을 정리하는 의미를 가진다. 2003년 12월에 시작된 "이주여성의 일과 가정 그리고 삶"이라는 프로젝트에서부터 2019년 10월에 끝난 "한국여성의 국제이주 경험에 대한 연구: 트랜스보더 민족주의와 귀속의 정치"라는 프로젝트에 이르기까지, 여러 국내학자들과의 공동연구 작업을 통해 나의 좁은 시각을 넓히고 산만한 생각을 가다듬을 수 있었다. 이혜경, 정기선, 유명기, 김이선, 한건수, 전경수, 남영호, 박동성, 이재경, 윤택림, 이나영, 나성은, 박언주, 유철인, 황정미, 문경희, 이지영, 김현희 선생님들께 감사드린다. 또한 이주여성에 대한 첫 프로젝트에서 현장연구와 인터뷰 진행을 도와

주었던 후배 임안나와 전 후엔 로안, 이후의 프로젝트에서 지루한 인터뷰 녹취작업과 자료조사, 성가신 행정업무 등을 맡아 주었던 당시의 학생들, 김미연, 함혜영, 김선아, 남성민, 김현정, 김수민, 조영래, 김지은, 김진이, 조항인, 이형아, 김한결, 김채은, 손예은, 이하늘에게도 고마움을 전한다. 멀리서나 가까이에서 조용히 나의 모자라는 부분을 메워주는 굿문두에게도 늘 고맙다.

세상에 대한 비유로 잘 알려진 불교의 인드라망은 보배로운 구슬들로 연결된 수많은 그물코로 만들어진 한없이 넓은 그물이라고 한다. 서로 떨어져 있으나 그물에 연결되어 있는 이 구슬들은 서로의 모습을 겹겹이 투영한다. 한국의 다문화사회에 대한 그리고 아시아의 이주와 젠더에 대한 이 연구는, 그렇게 세상의 다른 이들에 대한 반영이면서 동시에 세상을 만들어 나가는 이들에게 투영될 또 하나의 구슬이다. 이번 작업을 디딤돌로 하여 우리의 삶이 서로를 비추고 비춰주는 모습을 조망하고 돌아보기 위한 이주 연구의 방향을 탐구해 나가고자 한다. 한국에서 살아가는 필리핀 출신 여성들의 건강과 행복, 성취를 기원한다.

2020년 9월

김민정

| 차 례 |

| 표 차례 |

제 1 장: 이주 시대의 젠더

제1장 이주 시대의 젠더

1. 이주자에 대한 새로운 이름

이 책은 한국에 사는 필리핀 출신 여성들의 이야기이다. 이주의 시대에 출신국가를 떠나 생활하는 사람들의 이야기는 듣기 힘들지도 유별나지도 않다. 하지만 이들은 '이주자'(migrants)라는 새로운 이름으로 불린다. 새로운 이름으로 불린다는 것은 그렇게 불리지 않는 다른 사람들과 구분되면서 새로운 위상을 부여받는 것을 의미한다. 2018년을 기점으로 "외국인주민" 수가 200만 명을 넘어선 (그리하여 전체 인구의 4%를 차지하는) 한국사회에서, 필리핀 출신 여성들은 어떤 이름으로 구분되고 어떤 사회적 위상을 차지하고 있을까?

국제 이주자들에 대한 한국 정부부처의 명칭과 관심은 서로 약간씩 다르다. 법무부와 외교부에서는 한국 국적 없이 거주하는 모든 사람들을 "재한외국인"이라고 부른다(법무부의 출입국외국인정책통계연보). 행정안전부는 이들 재한외국인 중 90일 이상의 체류자격을 가진 사람들과 귀화로 한국국적을 취득한 사람들, 그리고 출생이나 인지로 한국인이 된 "다문화가족"의 미성년 자녀들을 "외국인주민"이라고 부른다(행정안전부의 지방자치단체외국인주민현황). 즉 '재한외국인 중 일부'와 '그들과 특정하게 연관된(되었던) 한국인들'이 모두 외국인주민으로 분류되는 것이다. 여성가족부는 외국인주민들 중 "다문화가족지원법"에 의해 "다문화가족"으로 분류되는 사람들을 따로 분류한다(전국다문화가족실태조사). 이때 다문화가족은 "결혼이민자" 또는 "귀화(로 인한) 한국인"이 "출생(으로 인한) 한국인"과 결혼하여 이룬 가족을 말한다. 여기서 결혼이민자는 "재한외국인처우기본법"에 의해 "대한민국 국민과 혼인한 적이 있거나 혼인관계에 있는 재한외국인"이거나 "귀화한 국인"을 말한다. 즉 결혼이민자 안에는 재한 '외국인'과 '귀화한국인' 뿐만 아니라 이들과 가족을 구성한 '출생 한국인' 또한 '다문화가족'이라는 새로운 이름을 얻게 된다.

한편 통계청은 다문화가족의 구성원들을 "다문화인구"로 분류하여 혼인, 이혼, 출생, 사망에 대한 통계를 별도로 발표한다(통계청의 다문화인구동태통계) 여기에는 부부가 모두 귀화 한국인인 '한국인 부부'는 포함이 되지만, 부부 모두가 '외국인인 부부'는 포함되지 않는다. 즉 한국사회에서 다문화인구는 어떤 식으로든 한국인과 가족관계로 엮인(였던) 외국출신들 또는 외국인과 가족관계로 엮인(였던) 한국사람들을 말하며, 외국인만으로 구성된(되었던) 가족은 해당되지 않는다. 정부의 공식통계에 새로 등장한 "다문화인구" 범주에 외국인과 가족관계로 엮인 한국인들이 포함되고 다른 한국인과 구분되어 인식된다는 점은 주목된다. 흡사 프레이저(Frazer 1994[1890])가 주술의 인식체계를 설명할 때 동원하였던 "감염의 법칙"(law of contagion)이나 미국의 인종차별에 적용되는 "피한방울의 법칙"(one-drop rule)이 떠오르기도 한다.

한국사회에서 이주자들을 부르는 새로운 이름들은 2000년대 중후반 "재한외국인"과 "다문화가족"에 대한 법률을 제정하면서 공식화되었다.[1)] 당시 만들어지기 시작한 이주정책의 방향은 외국인 주민 중 45% 정도를 차지하면서 젊은 남성이 다수인 "외국인 근로자"에게는 실질적으로 귀화를 허용하지 않으면서, 외국인 중 10% 정도를 차지하면서 젊은 여성이 절대다수인 "결혼이민자"에게는 간이귀화를 통해 쉽게 국적을 취득하도록 하는 것이었다. 미숙련 저임금 직종의 인력난과 저출산 고령화라는, 변화하는 한국사회가 당면한 문제를 해결하기 위한 방식 중 하나로, 이주정책의 가닥이 잡힌 것이다. 그리고 다문화사회에 대한 논의는 이주자의 노동권이나 생활상의 문제에는 크게 관심을 보이지 않는 대신 한국사회의 가족구성 문제로 제기되었다. 결과적으로 한국사회에서는 사회변화에 대한 새로운 관점으로서 "다문화주의"라는 용어가 도입된 것이 아니라, 다문화가족이 대표적인, 외국 출신의 사회구성원과 관련된 여러 현상에 대한 표현으로 "다문화-"라는 수식어가 다양하게 사용되기 시작하였다.

"다문화-"라는 수식어는 문화적 다양성과 개방성을 강조하기 보다는 "단일문화" 성원들과 구분된다는 점을 부각하면서 한국사회 안의 사람들을, 한국인들 내부를, 구분하기 위한 방식으로 사용되었다. 개인에 대한 이 새로운 범주화는 가족성원의 인종이나 종족을[2)] 기준으

---

1) 2006년 4월 노무현 정부의 대통령자문기구인 "빈부격차차별시정위원회"가 "여성결혼이민자가족 및 혼혈인 · 이주자 사회통합 지원 대책"을 발표한 이후, 2007년에는 "재한외국인처우기본법'이 2008년에는 "다문화가족지원법"이 제정되고 시행되어 왔다.

2) 인종(race)은 인체계측을 통한 신체적 차이를 근거로 한 생물학적 분류체계이지만, 19세기 말과 20세기 초의 사회진화론과 관련하여 차별적 용어로 사용되었다. 이에 에릭 울프(Eric Wolf)는 인종이 성(sex)과 마찬가지로 사회문화적 구성물이라는 점을 지적하면서 사회적 인종이라는 용어 사용을 제안하기도 하였다. 종족(ethnic group)은 식민지배 이전 시기에 넓은 의미의 혈연집단을 일컫던 부족(tribe)의 대체어로, 1960년대 이후에 등장하였다. 같은 종족은 인종처럼 동일한 신체적 특징을 공유하지만, 종족을 구분하는 기준으로는 언어, 종교, 관습 등의 사회문화적 요소가 더 중

로 하여 새로운 유형의 가족을 규정하는 방식으로 진행되기 때문에, 이주자 개인을 새로운 시민으로 받아들이는 사회통합의 효과를 만들어 내는 데 한계를 가진다. 재한외국인과 다문화가족에 대한 법률이 제정되고 시행된 지 10여 년이 지난 지금, 글로벌 환경과 맞물려 사회변화가 가속화되는 한국사회에서는, 그동안의 이주정책이 어떤 이주자들을 유인하였고 그들에게 어떤 삶을 허용해왔는지에 대해 새로운 성찰이 필요하다.

한국의 이주정책이 다문화가족정책을 중심으로 진행되어 왔고, 다문화가족을 구성하는 국제결혼 전체에서 한국남성과 외국여성 부부가 차지하는 비율이 최근 10여 년간 75% 수준이었다는 점에 주목한다면, 이주 시대의 한국사회 분석에서 젠더는 중요한 요인으로 다루어져야 한다. 현대사회에서 젠더 간 위계는 다양한 사회 정체성의 층위에서 작동하며, 여러 차원의 사회 불평등이나 차별과 교차하는 과정을 통해 경험된다는 점에서 오늘날 젠더연구는 상호교차성(intersectionality)의 관점을 채택한다(McCall 2005; 이나영 2006; Cho, Crenshaw and McCall 2013). 젠더와 섹슈얼리티는 계급이나 종족 또는 민족, 인종, 종교 등과 다양하게 교차하면서 생성되며, 이로 인한 현실의 불평등 체계는 개별 행위자들의 경험세계에 대한 관찰과 분석을 통해 심층적으로 이해할 수 있다.

한국사회에서도 이주자의 젠더는 출신국가의 경제적 위상, 비자종류, 귀화가능성, 한국인과의 결혼여부 등의 내용을 결정하는 데 중요하게 작용하며, 결과적으로 이주자의 삶에 큰 영향을 미치게 된다. 이주자라는 새로운 사회적 지위가 시각적으로 구별되는 인종 및 성별

요하게 고려된다. 종족은 근대국가 형성 이전부터 존재하던 집단적 문화정체성을 일컫는 가장 보편적인 용어이다(한국문화인류학회편 2010: 6장).

특징과 결합하면서 이주 시대의 불평등은 도덕적이고 감정적 반응을 촉매로 하여 일상세계에서 힘을 발휘하게 된다. 오늘날 한국사회에서 짙은 피부색을 가진 동남아시아 출신으로 '보이는' 젊은 남성은, 실제 국적이나 체류자격, 직업, 가족관계 등과는 무관하게 "불법체류자"일지 모른다는 의혹의 시선을 받게 된다. 한국남성과 결혼한 동남아 출신 여성들은, 가난한 친정에 돈을 보내려고 애정 없는 결혼을 한 "매매혼의 희생자"일 것이라는 억측이 담긴 시선을 감수해야 한다.

한국사회에서 이주자에 대한 새로운 편견이 만들어지는 현실은 새로운 법률이나 정책의 도입 후에도 그 공정함과 합리성이 지속적으로 검토되어야 한다는 점을 보여준다. 또한 이주자들의 상황과 입장, 자기 해석, 대응 방식 등을 통해 한국의 이주문제를 이해하고 분석하는 작업이 중요하다는 점을 일깨워준다. 다문화사회라는 표현은 이주의 시대에 직면하지 않을 수 없는 '문화적 차이'에 대해 사회가 관대한 태도를 취하면서 갈등이나 이해충돌의 문제를 해결해나가야 한다는 방향성을 담고 있다. 그러나 현실의 다문화사회에서 문화적 차이를 강조할 경우 경제적 재분배와 정치적 동등의 문제를 가리는 효과가 만들어지므로, 인정투쟁(recognition struggle)이나 정체성 정치(identity politics)에 대한 주목이 필요하다(호네트 2011; 프레이저 2014). 프레이저(Nancy Fraser)가 지적하였듯이, 젠더와 인종 특징을 통해 구분되는 이주여성은 경제와 문화 위치를 표시하는 스펙트럼에서 경제적 불평등과 함께 성차별과 같은 문화적 경시도 경험하는 집단이다. 그래서 이주사회의 젠더 문제에 주목할 때 경제적 정의와 문화적 평가가 함께 해결되어야 한다는 점은 보다 명확하게 드러난다(이현재 2015: 43-45).

이 책은 그동안 "다문화사회"를 키워드로 하여 논의되어 왔던 '이주 시대 한국사회의 변화'를 '젠더화된 이주의 한국 사례'로 분석해보고자 한다. 오늘날 국제이주를 만들어내는 사회 환경은 너무도 만연하여 이를 벗어나 생활할 수 있는 사회집단이나 개인은 없다고 단언할 수 있을 정도이다. 한국사회의 다문화 논의도 국제이주가 가족과 사회관계, 국민국가 체제 속에서 어떻게 개개인의 삶을 방향 짓고 틀 지우는지, 개인들은 또 어떻게 국제이주와 관련된 구조적 제약과 기회에 대응해나가는지의 문제로 돌아볼 필요가 있다. 한국사회 안에 어떻게 "우리"와 "그들"이라는 새로운 구분이 등장하고 주목되거나 무시되는지, 그 의미는 무엇인지를 질문해보아야 한다. 이에 대한 답변을 찾기 위해 이 책에서는 글로벌 환경의 변화라는 소용돌이 속에서 전개되어 온 2000년대 이후 한국사회의 변화와 필리핀 출신 여성들의 삶에 주목해보고자 한다.

2. 이사벨의 이야기, 이주하는 여성들

2005년 1월, 내가 서울 천호동에서 인터뷰하였던 이사벨(가명)을 소개하는 것으로 논의를 시작하고자 한다.[3] 이사벨은 한국으로 오기 전에 이미 싱가포르와 홍콩에서 8년간 입주 가사도우미로 일을 했었다. 2002년에 홍콩에서의 계약기간이 만료되어 필리핀으로 돌아오니 35살이었고, 이렇게 계속 해외에서 일하고 돈 버느라 결혼적령기를 훌쩍 넘기게 된 것이 너무 걱정되었다고 한다. 그래서 자기 발로 한국 통일교 교회를 찾아가 한국남성과의 국제결혼을 신청하였다. 이사벨은 당시의 심정을 "난 가족이 필요했어요"라고 간결하게 표현하였다. 젊은 시절의 대부분을 해외 노동으로 보내고 난 후, 신체적으로

3) 이사벨(가명)의 이야기는 김민정 외(2006)에서 다른 이름으로 소개되었다.

아이를 낳을 수 있는 시간이 얼마 남지 않은 나이에 도달했다는 것을 깨달으며, 세 가지 가능성을 떠올렸다고 한다. 적당한 필리핀 남자와 결혼하여 필리핀에서 사는 것, 조카들을 돌보며 싱글로 중년을 맞이하는 것, 새로운 해외 생활로 인생의 변화를 선택하는 것. 필리핀에서 살면 익숙하고 편안하겠지만 좋은 직업을 가질 수 없을 것이므로 고생을 하더라도 돈을 모을 수 없는 미래를 의미하였다. 또 결혼을 안하고 중년이 된다면 아무래도 외롭고 힘들 것 같았다. 그러나 한국 남자와 국제결혼을 하고 한국으로 간다면 최소한 새로운 인생의 변화를 기대할 수 있을 것으로 생각하였다.

이사벨의 결혼이주는 이렇게 오랫동안 지속한 해외체류 생활의 연속선 위에 위치하였다. 늦은 나이에도 가족을 꾸리고 필리핀보다 높은 임금수준과 쾌적한 생활수준을 누릴 수 있다면, 국제결혼은 해볼 만한 시도였다. 이사벨은 한국으로 와서 아들을 낳고 가족을 꾸렸다는 점에 대해서는 큰 의미를 부여하였지만, 남편에게는 여러 가지로 불만이 많았다. 빌딩 주차요원으로 일하는 이사벨의 남편은 나이도 그리 많지 않고 인물도 나쁘지 않았지만, 살림을 맡은 이사벨에게 생활비를 주지 않는 것이 가장 큰 문제였다. 결국 이사벨은 첫 아이를 임신한 상태에서 다시 일을 시작할 수밖에 없었다. 처음에는 공장에 나가거나 집에서 액세서리 만드는 일 등을 닥치는 대로 하다가 홍콩에서 일한 경력을 살려서 한국에 사는 외국인 가정의 파출부 일을 하게 되었다. 이사벨의 결혼을 중개했던 통일교 교회는 한국에 사는 외국인들에게 가사나 간병 서비스를 제공하는 인력 소개회사도 운영하고 있었다. 이 회사는 코리아 헤럴드 같은 영자신문에 광고를 게재하여 고객을 모집하였고, 이사벨처럼 통일교 교회를 통해 결혼한 결혼이주여성들에게 파출부나 보모, 간병인 등의 일자리를 소개해주었다.

종교단체가 결혼 중개에 이어 결혼 후 외국인 배우자의 일자리 중개로까지 그 역할을 확장하면서 국제결혼 가정의 생활영역은 교회의 재정사업과 연계되었다.

싱가포르와 홍콩에서 가사도우미로 일했던 이사벨은, 결혼 후 한국에서도 외국인 가정의 파출부 일을 하면서야 비로소 안정적인 수입을 얻을 수 있었다. 인터뷰 당시 이사벨이 일을 다니던 집은 프랑스인 남편과 태국인 아내의 가족이 사는 곳이었다. 남편은 다국적기업 대형할인매장의 부사장이고 부인은 전업주부이며 취학 전인 두 자녀가 있었다. 가사 일을 하는 피고용인은 따로 있었고 이사벨은 베이비시터 일만 하였다. 20대 후반인 태국인 아내는 이사벨에게 아이들을 맡기고 쇼핑, 친구만나기, 식사 외출 등을 하였고, 한국의 양로원과 고아원으로 정기적인 봉사활동도 다닌다고 하였다. 한국사회에서 생활하는 국제결혼 이주여성으로서 한 태국 여성은 자기 대신 자녀를 돌봐주는 필리핀 여성 이사벨 덕에 다국적기업 경영진의 아내와 상류층 가정의 어머니 역할을 여유 있게 수행할 수 있었다.

다른 가정의 아이들을 돌보는 일을 하게 되면서 막상 자신의 아이는 돌볼 수 없게 된 이사벨은 필리핀 고향의 손위 올케를 초청하여 집안일과 육아를 부탁하였다. 이사벨의 올케는 한집에서 함께 살면서 이사벨을 대신하여, 청소와 빨래, 이사벨 남편의 식사 준비와 아들의 양육 등을 전담하였다. 인터뷰 당시에는 친척 방문을 위한 비자 신청 절차가 무척 까다로웠고 체류허가 기간도 6개월 정도로 짧았었다. 그래서 이사벨의 올케는 관광비자로 입국한 후 체류기간을 넘겨 미등록 체류자의 신분으로 지내고 있었다. 올케가 미등록 상태로 지내면 불안하지 않으냐고 묻자, 어차피 집안일을 맡아 하고 아이를 봐주러 온 것이어서 집 근처 가게 말고는 돌아다니지 않으니 괜찮다고 하였다.

이사벨 올케도 필리핀 고향에는 학교에 다니는 아이들이 있었지만, 아이들을 돌보는 일은 나이 드신 친정 부모님께 맡기고 한국으로 왔다. 필리핀에서 수입 없이 집안일과 육아를 하기보다는 한국에서 돈을 벌어 아이들 학비를 보내주는 것이 가정의 미래에 더 도움이 된다고 판단했기 때문이다.

이사벨의 20대와 30대 생애이야기는 여성들의 이주와 임금노동, 집안일과 육아, 결혼과 가족관계 등을 주요 내용으로 한다. 이사벨의 이주 인생에서는 필리핀, 태국, 홍콩, 한국, 프랑스 등의 국가 경계를 가로지르는 이동, 그 이동의 방향을 결정짓는 세계자본주의 체계 내 국가 간 위계, 국경을 넘으면서 비교우위를 가지는 사회적 성별분업 체계 등이 중요하게 작동한다.

미혼의 젊은 필리핀 여성으로서 이사벨이 가족들을 도우며 더 나은 생활을 하기 위해 선택할 수 있는 일자리는 홍콩 가정에서 입주 가사노동자로 일하는 것이었다. 서른 살을 넘기면서 오랜 해외 이주노동 생활을 끝내고자 했을 때 이사벨은 필리핀 안에서도 밖에서도 대안이 될 만한 다른 일거리를 찾을 수 없었다. 더 나이 들기 전에 결혼해야겠다고 생각했을 때 국제결혼을 하여 경제 여건이 더 나은 나라에서 살아본다는 것은 여러모로 나은 선택으로 보였다. 그렇게 한국남성과 결혼하였으나, 중하층 이주여성이 한국사회에서 전업주부로 남아있기는 힘들었다. 자녀가 있는데도 남편은 생활비를 주지 않았고 이사벨은 한국에서도 다시 가사도우미나 베이비시터 일을 해야 했다. 한국에서 만난 이사벨의 고용주는 형식적으로 분류한다면 이사벨과 마찬가지로 "국제결혼을 한 동남아 이주여성"이다. 그러나 고용주와 피고용주라는 관계를 맺은 이 두 동남아 여성은 한국사회에서 완전히 다른 계급에 속해있다. 국제결혼 이주여성들의 사회적 위치에는 세계경제체계 내에서 남편들이 속한 국가의 위상이 크게 반영된다. 세계화되는 사회적 장에서 '국가 성원권'이 새로운 방식의 '신분'처럼 작동하면서, 여성들은 결혼을 통해 상위 국가로의 편입 가능성을 더 많이 가질 수 있지만, 새로운 글로벌 성별분업 구조 속에서 젠더화된 성원권을 부여받게 된다.

한국에서 고용-피고용 관계로 만난 두 여성의 이주생활이 유지되기 위해서는, 미등록으로 장기체류하고 있는 또 다른 이주여성인 이사벨의 올케가 있어야 하며, 필리핀에 남아 이사벨 올케의 아이들을 돌봐줄 또 다른 필리핀 여성들이 필요하다. 어린 아들을 키우기 위해 밖에서 일해야 하는 이사벨의 현실과 일자리가 부족한 필리핀의 경제상황으로 인해 아이들의 학비를 벌려고 한국으로 온 이사벨 올케의 현실은 서로 닮아있다. 돈을 벌기 위해 다른 가정의 아이들을 돌보아야 하고 그래서 막상 자신의 아이는 직접 돌볼 수 없다는 현실은 근대사회가 요구해 온 모성의 역설이자 딜레마이다. 이주의 시대에는 이러한 사회적 성역할의 모순들이 국경들을 넘으면서 서로 연루되고 거듭 반복되면서 새로운 방식으로 구조화된다.

"글로벌한 돌봄노동의 연쇄고리"(global care chain)는 한국사회의 세 이주여성, 즉 다국적기업 임원인 프랑스 남성의 아내로 한국에 온 태국 여성과 주차요원으로 일하는 한국남성과 결혼한 필리핀 여성, 그리고 미등록으로 체류하는 이 필리핀 여성의 올케 사이를 설명할 수 있는 용어이다 (Hochschild 2000; 2002). 이사벨과 올케의 출신국인 필리핀으로 연결되는 고리를 따라가 보면 이들이 보내는 송금으로 필리핀에 남은 가족과 자녀들을 돌보는 또 다른 여성들을 만나며, 송금경제에 의존하는 필리핀의 사회변화와 새로운 방식의 가족생존 전략의 문제들을 접하게 된다(Parreñas, 2001). 국경을 넘는 이주를 통한 새로운 가족의 형성과 기존 가족관계의 변화, 그리고 송금이나 여러 초국가적 방식을 동원한 가족관계의 유지와 강화 방식을 통해, 이주 시대 개인의 삶은 구태의연한 것 같으면서도 새로운 방식으로 가족을 구성하고 유지, 변화해나가는 과정으로 진행된다.

이 돌봄의 연쇄 고리가 한국에서 전개되는 방향을 따라 가보면 이사벨의 남편과 시가의 상황을 접하게 된다. 필리핀에서 이사벨이 사진만 보고 결혼을 결심했던 한국 남편은 외모도 훤칠하고 나이도 이사벨보다 한 살 더 위였을 뿐이며 초혼이었다. 당시 동남아 여성들과 결혼하는 한국남성들의 다수는 중개업소를 통해 소개를 받았고 아내보다 훨씬 더 연상인 경우가 많았으며 아이가 있는 재혼도 드물지 않았다는 점을 고려한다면(보건복지부 2005: 56), 이사벨 남편의 조건은 크게 문제 삼을 바가 없어 보였다. 게다가 남편의 다른 형제자매들은 모두 대학을 나온 고학력자였고 이사벨을 점잖게 잘 대해주었다. 그러나 남편은 혼자 고졸 학력이고 성격이 거칠어 시가에서는 천덕꾸러기 같은 존재였다.

공사영역을 구분하는 성별분업 인식이 지배적인 한국사회에서 '멀쩡한' 직업을 가지지 못한 성인 남성은 나이를 먹을수록 결혼할 수 있는 가능성이 더 줄어들게 된다. 결혼이 늦어진 미혼의 아들은 여전히 나이든 부모와 함께 살면서 노모의 가사노동에 의지하는 경우가 많다. 독립을 하였더라도 혼자 알아서 집안 살림을 꾸려나가는 경우는 드물며, 어머니나 누이, 형수, 제수 등 가까운 가족이나 친척 여성들이 나서서 집안일을 챙겨주고 돌봐 주어야 한다는 책임감을 지게 된다. 이러한 사회문화의 구조 속에서 이사벨과의 국제결혼은 한국 시댁의 시어머니나 시누이가 떠맡아야 할 남편에 대한 돌봄 노동에 대한 책임이 아내인 이사벨에게로 전가되는 것을 의미한다(김민정,

2007). 이런 점에서 한국남성의 국제결혼 증가현상은 이주 시대로 접어든 한국사회에서도 글로벌한 돌봄노동의 연쇄고리가 작동함으로써 한국 가족의 성별분업 구조가 유지되는 측면을 반영한다.

이사벨의 무급 및 유급 돌봄노동을 둘러싸고 서로 맞물린 여성들의 관계는 돌봄노동의 성별성과 함께 세계 자본주의체계 속에서 이주를 통해 만들어지는 관계의 연쇄성을 보여준다. 전통적인 여성의 일은 경제적으로 차별화된 글로벌 공간 내에서 더 가난한 지역에 속한 여성들에게로 연쇄적으로 전가된다(맥도웰, 2010: 7장). 돌봄 연쇄고리의 개별 사슬들은 다양한 방식의 보상을 통해, 기업 임원직의 연봉 임금체계에서부터 계약직의 일당 임금제, 비공식적인 전근대적 임금, 가족 간의 호의와 선물에 이르기까지, 글로벌 체계를 구성하는 다양한 차원의 경제양식들을 연결해낸다(Sassen, 2002b). 이 연쇄고리를 이어나가는 행위자들은 체류자격의 구분을 통해 한국에서의 거주 자격에서 차등화된다. 즉 한국 국적자, 주재원비자나 동반비자 소지자, 배우자비자 소지자, 또는 불법체류자 등의 구분을 통해 국경을 넘을 이동의 자유와 체류의 합법성, 생활의 안정성 등에서 각기 차별화된 위치에 있게 된다. 결국 실생활에서 이주자들 간의 상호의존성과 관계의 연결성, 그리고 이주생활의 성별성을 둘러싼 환경과 위계의 배열을 구체화하는 것은 국가의 이주정책이다.

오늘날 여성이주 현상과 밀접히 관련된 돌봄의 연쇄 고리는 한국사회의 변화를 반영하며 동시에 한국사회의 새로운 변화를 촉발한다. 이사벨 남편의 입장에서 국제결혼은, 한국인으로서 비교우위를 가지는 결혼전략을 구사하면서도 가족 내 성역할의 변화요청에는 따르지 않는다는 점에서, 신자유주의 이주 시대에 나타난 한국남성의 젠더전략이기도 하다. 필리핀 여성 이사벨의 생애에서는 이동성이 특징적이다. 이사벨의 이동성은 근대가족의 성역할과 성별분업 인식을 기반으로 국제이주에서 비교우위를 가지지만 바로 그래서 이주노동과 결혼생활에서 취약한 상황에 놓이게 된다. 이렇게 2000년대 초에 한국생활을 시작한 이사벨은 이제 한국사회에서 결혼이민자로, 그리고 이사벨이 새로 구성한 가족은 다문화가족으로 불리는 삶을 살게 된다.

3. 나의 이야기, 다문화 한국사회의 출현

나의 이야기를 통해 다문화 한국사회로의 변화 국면을 되짚으면서 이 책을 구상하고 집필하게 된 배경을 소개하고자 한다. 나는 사회학과 석사과정생이던 1990년에 아시아지역 대학생들의 단기 교류 프로그램에 참여하면서 필리핀을 처음으로 방문하였다. 당시는 한국 사람들이 자유롭게 해외여행을 할 수 있게 된 지 일 년밖에 지나지 않은 시점이었고, 대학생들 사이에서는 유럽 배낭여행 붐이 막 불기 시작하던 때였다, 필리핀 방문을 계기로 1991년에는 서울 자양동 성당에서 한국에서 일하는 필리핀 사람들을 만나게 되었다. 당시는 한국인들도 해외로 나가기 시작하고 동시에 한국으로 들어오는 외국인 이주노동자들도 가시화되던 시기였다. 필리핀 출신 이주노동자들은 다른 동남아 출신 이주노동자들과 비교해 상당히 일찍부터 한국에 진출하였으며, 가톨릭 네트워크를 통해 서울시 자양동의 성당에서 정기적으로 미사도 보고 모임을 하고 있었다. 당시는 이주노동자에 대한 정책이나 법적 보호장치가 거의 없다시피 하던 시절이라, 기존의 노동운동이나 인권운동 활동가들이 한국사회에서 새로운 사회적 약자로 드러나는 이들의 상황에 관심을 보이기 시작하였다. 한국인 활동가들은 필리핀 이주자들이 성당에서 미사를 드리는 날에 방문하여 이들에 대한 현황조사와 고충 상담을 진행하였고, 나도 석사논문 자료수집 차 필리핀으로 출발하기 전에 잠시 한국 활동가들의 일을 도왔다.

1991년 대한민국의 국경을 넘어 출국한 국민 수는 모두 216만 6천여 명으로 입국자 수인 378만여 명의 60% 수준이었다.[4] 한편 그해에 한국으로 입국한 필리핀인의 수는 5만5천여 명으로, 한국계 중국인 입국자 수인 3만6천여 명보다 53%나 많았고, 일본인과 미국인, 대만인에 이어 4번째를 차지하였다. 다른 아시아 국민과 비교해 해외 이주노동의 경험이 많았던 필리핀인들은 한국정부가 1994년에 산업연수생 제도를 시행하기 이전부터 관광비자로 입국하여 미등록 상태로 남아 일하는 경우가 많았다.

이렇게 한국의 국경이 열리고 필리핀 사람들이 한국으로 들어오기 시작하는 시점에, 나는 석사논문 자료조사를 위해 1992년 하반기를 케손 시티(Quezon City)에서 보냈다. 돌아와서는 필리핀의 여성노동 참여율과 종사 직종이 경제성장기와 침체기에 따라 어떻게 달라지는지에 대해 석사논문을 쓰고, 문화인류학으로 전공을 바꾸어 1995년부터 박사과정을 시작하였다. 마침 당시 김영삼 정부가 "세계화 정책"을 선포하면서, 한국 고등교육 역사상 처음으로 국내 박사과정생들에게 해외지역연구를 위한 연구장학금 제도가 시작되었다. 덕분에 나도 1997년 11월부터 일 년 반 동안 필리핀 민도로(Mindoro) 섬의 한 농촌마을에서 여성들의 가족과 노동, 조직 활동에 대한 현장연구(fieldwork)를 진행할 수 있었다.

1997년도가 되면 한국의 국경 밖으로 나가는 국민 출국자 수는

---

4) 이후 언급되는 한국의 출입국 관련 통계는 별도의 언급이 없는 한 출입국·외국인정책본부 사이트의 통계 자료실에 있는 해당연도의 통계연보 수치이다. www.immigration.go.kr

527만여 명으로 입국자 수인 378만여 명보다 40%나 더 많아진다. 당시의 출입국통계를 보면 필리핀으로 출국한 한국인은 약 15만 명이었는데 절반 이상인 54%가 관광 목적이었고 17%는 사업 등과 같은 상용 목적이었다. 방문이나 연수는 5% 이하였는데 종교 관련도 3%나 되었다. 그래서인지 나는 필리핀 농촌 생활 초기에 현지인들로부터, 한국인에서 왔다면 선교사냐는 질문을 받곤 하였다. 마닐라 도심에서는 한국인을 자주 볼 수 있었고 대개가 관광객이거나 사업가, 학생 등이었지만, 관광지가 아닌 농촌 마을에서 당시 무척 드물게 목격되던 한국인은 선교목적으로 방문하여 교회나 학교 건물 등을 지어주고 다시 떠나는 선교사들이었다.

현장연구 마을에서는 전 세계로 진출한 다양한 유형의 필리핀 해외 이주노동자와 그들의 가족을 만날 수 있었다. 마을로 진입하는 대로변에 있는 마을이장(까삐딴, kapitan)의 집 뒤쪽에는 주기적으로 일본을 방문하여 댄서로 일하는 젊은 여성과 세 아이, 그리고 여성의 어머니가 함께 살았다. 아이들의 엄마가 일본에서 일하느라고 집을 비우는 때가 많았기 때문에 아이들의 양육은 할머니가 맡아 하였다. 마을 안쪽으로 쭉 들어가면 나오는 삼거리에는 사우디 건설 현장에서 일하고 돌아온 중년 남성과 아내가 운영하는 잡화점이 있었다. 이 남성은 나를 볼 때마다, 자신의 외국생활 시절이 생각나는지 불러 세워, 자신이 사우디에서 일하여 번 돈으로 콘크리트로 된 새집을 올리고 가게를 열게 된 사연을 여러 번 말하였다. 드넓은 논이 펼쳐지는 더 안쪽 구역에는 이탈리아 로마에서 가사도우미로 10년째 일하면서 돈을 보내주고 있는 한 중년 여성의 남편과 이들 부부의 세 아들이 사는 집이 있었다. 이 가족도 아내가 로마에서 송금해 준 돈으로 콘크리트로 된 새집을 지었고 논과 트라이시클(tricycle, 사이드카를 단 오토바이)도 구매하였다. 남편은 쌀농사를 지었고 장성한 미혼의 세 아들은 아버지의 농사일을 도우면서 트라이시클 운전을 하였다. 내가 거주하던 마을에는 아직 한국에서 일하고 있거나 일을 하고 온 사람의 가족은 없었지만, 이웃 마을에는 한국에서 일하다가 돌아온 사람이 있었다. 30대 정도로 보이던 그 남성은 내 이야기를 듣고는 우리 마을로 찾아와 한국에서 임금도 제대로 받지 못한 채 불법체류 단속에 걸려 강제 추방되었던 험악한 경험을 들려주었다. 마을 사람들은 그런 불행한 이야기를 함께 들은 후에도 나에게 한국에서 일자리를 알선해 줄 수 있는지 물어보곤 하였다.

1997년 당시 한국으로 입국한 필리핀인은 4만 5백여 명이었는데 다양한 목적으로 단기 체류를 허가받은 단기 상용이 34%로 가장 많았고, 관광통과가 15%였으며, 산업연수생 비자 입국은 11%인 4,500여 명에 불과하였다. 당시 외국인노동자들은 노동조건이 열악하고 불안정한 산업연수생으로 입국하기보다는 관광 목적으로 들어와서 미등록체류자로 남아 일을 하는 것을 선호하였다. 당시 나는 자양동 성당에서의 자원 활동을 통해 한국에서 외국인 노동자라는 처지가 얼마나 열악한지 잘 알고 있다고 생각했었다. 그러나 지금 돌이켜 보면 마을 사람들이 외국에 대해 품은 동경은 제대로 공감하지 못하였던 것 같다. 바쁘고 경쟁적인 한국에서 온 나의 입장에서 필리핀 농촌마을에서 산다는 것은, 현금수입이 적다는 점에서는 가난한 삶이나 풍요로운 자연환경과 각박하지 않은 인간관계를 누릴 수 있다는 점에서는 여유로운 삶으로도 보였기 때문이다. 물론 현장연구를 시작하기 전에 나는 필리핀의 해외 이주노동에 대한 기사나 논문을 읽었고 이 현상이 필리핀의 경제상황과 연결되어 있다는 점도 파악하고 있었다. 그러나 막상 현장연구를 진행하면서는 그들의 다양한 이주 동기와 상황을 구체적으로 충분히 이해하고 그 처지를 동감하는 수준에까지 이르지는 못하였다. 이제 와 돌아보면, 현장연구 당시 마을주민들의 해외 이주노동 실태와 가족관계 등의 문제에 관심을 기울이고 자료를 도으지 못한 점이 무척 아쉽다.

여행자율화 정책이 시행된 지 10년을 넘겨 2000년대로 접어든 시점에, 필리핀 현장연구를 마치고 한국으로 돌아온 나는 박사논문을 마무리하고 있었다. 그런데 당시 후배 중 한 명이 필리핀 이주노동자와 결혼한 한국여성들의 모임에 대해 석사논문을 쓰고 있어서(전수현, 2002), 자연스럽게 함께 이야기를 나누게 되었다. 2000년대로 접어들면서 한국사회에서도 국제 이주노동과 국제결혼 이슈가 사회과학 분야의 연구주제로 떠오르기 시작한 것이었다. 필리핀 지역연구자로서 나 역시, 한국사회에 새로 등장한 필리핀 사람들과 이들이 구성한 국제결혼 가족에 관심이 생겼다. 박사논문을 끝내고 난 2002년 겨울에 이들 가족을 만나 인터뷰하면서 이주의 시대로 접어든 한국사회의 변화를 실감하게 되었다.

한국사회의 국제결혼이라는 연구 주제에 관심을 가지면서 가장 먼저 감지한 것은 이들에 대한 당시 한국사회의 심한 거부반응이었다. 젊은 남녀가 결혼하여 아이를 낳고 함께 살아가려는 평범한 인생계획이, 한국여성과 필리핀남성 간의 결합이라는 이유만으로, 가족의 반대, 사회적 차별, 법적·정책적 난관에 부딪히는 것을 보게 되었다. 내가 필리핀 이주노동자 남편들과 함께 식당에라도 가면, 식당 주인은 먼저 들어간 그들을 보고 거칠게 반말을 하다가 뒤따라 들어오는 나를 보고 흠칫하기 일쑤였다. 이들과 결혼한 한국 여성들은 피부색이 진한 동남아 남성들과 데이트를 한다는 이유만으로 낯선 이들로부터 봉변을 당하곤 하였다. 필리핀 이주노동자에 대한 차별이 이들과 결혼한 한국여성에게로 전이되는 현상이 주목되었다. 여기에는 부계 혈통으로 친족관계를 인식하던 조선시대 양반계급의 전통을 동원하여 근대 국민공동체 의식을 구축해 온 한국의 근현대 역사도 한 몫을 한다.

과거 한국의 국적법은 한국남성의 외국인 아내와 자녀에게는 자동으로 한국국적을 부여하면서도, 한국여성의 외국인 남편과 자녀에게는 국적취득을 허용하지 않는 부계(父系) 혈통주의를 따랐다. 1998년에야 비로소 한국인 남녀 모두의 외국인 배우자와 자녀에게 국적취득을 허용하는 양계(兩系)주의가 채택되었고, 동시에 외국인 배우자에게는 2년의 유예기간을 두고 국적취득을 허용하는 내용으로 개정되었다. 2002년 말 당시의 한국여성과 필리핀남성 부부들은 대개가 국적법 개정 전에 만났기 때문에, 함께 살면서도 결혼신고나 출생신고를 미룰 수밖에 없었다. 내가 인터뷰를 하던 시점에는 새 국적법에 따라 자녀들을 한국인으로 출생신고는 할 수 있었지만, 아직 영주권 제도가 시행되기 이전이어서 필리핀인 남편의 체류자격은 여전히 불안정하였고, 한국사회의 인종차별로 마음고생을 많이 하면서 살고 있었다 (김민정 2008; 2018a).

1998년의 국적법 개정은 한국남성들의 외국인 아내들이 한국정부가 체류자격을 관리하는 재한외국인의 주요 집단이 되었다는 점을 의미한다. 2003년 한국의 체류외국인 수는 43만7천여 명으로 총인구의 0.9%를 차지하는데, 이들 중 43%는 산업연수생이거나 8월부터 새로 생긴 고용허가제의 비전문취업 비자로 들어 온 미숙련 노동자들이었다. 과거의 배우자 비자나 당시 새로 도입된 국민배우자 비자로 체류 중인 사람은 10%에 지나지 않았는데 이 중 93.5%는 여성이었다. 체류외국인 중 다수를 차지하는 이주노동자들은 한국 영토에 정착하는 것이 허용되지 않았고, 그들의 열악한 노동조건이나 처우에 대한 문제 제기도 제대로 받아들여지지 않았다. 그러나 한국인의 국제결혼에서 다수를 차지하는 한국남성의 아시아 출신 아내들에 대한 사회적 관심은 고조되었다. 혼인율과 출산율이 떨어지고 이혼율은 증가하는 가족 변화의 추세 속에서, 오히려 외국인 여성들이 아내와 어머니, 며느리의 역할을 더 충실하게 수행할 수 있을 것이라는 전통적 성역할에 대한 사회적 기대 때문이었다. 한국계 중국인 여성들과 달리 한국인과 외모가 구분되고 언어와 문화의 차이도 큰 동남아 출신 여성들에 대해서는 특히, 한국 가족관계에 적응하고 한국사회에 잘 동화될 수 있을지에 대한 우려와 관심이 높았다.

이런 상황에서, 2003년 말에 나는 사회학자 이혜경 선생님이 주도하는 연구팀에 합류하여 필리핀과 베트남에서 한국으로 온 결혼이주여성들을 본격적으로 인터뷰할 수 있는 기회를 얻게 되었다. 이사벨처럼, 종교적 이유보다는 가난한 고국을 벗어나고자 통일교의 사진 중매를 통해 결혼한 사람, 홍콩에서 입주 가사도우미로 일하다가 결혼적령기를 넘기고 한국으로 온 사람, 선원으로 베트남을 방문했던 한국남성을 만나 결혼하고 한국으로 와서 항상 항해 중인 남편 대신 시부모를 모시며 맏며느리 역할을 하는 사람, 한국남편과 먼저 결혼한 친척 언니의 소개로 한국남성과 결혼한 사람, 중개업소를 통해 필리핀으로 맞선 여행을 온 한국남성과 결혼한 사람 등, 현실에서의 국제결혼은 상당히 다양한 방식으로 진행되고 있었다. 대학가에도 필리핀으로 어학연수를 갔던 한국인 남학생에게 영어 개인교습을 해주다가 결혼하여 한국으로 온 경우에서부터, 한국 대학원으로 유학 온 필리핀 여학생이 한국남성과 결혼하여 한국에 정착하는 등 다양한 사례들이 있었다.

당연히 가족관계의 유형이나 가족 갈등의 원인과 전개 양상, 가족 문제의 심각성 정도도 다양하다. 그러나 언론에서 이들 아시아여성들은 거칠게 양극화된 이미지로만 다루어졌다. 국적취득을 목적으로 위장결혼을 하여 결혼의 신성성을 훼손한 파렴치한이거나, 그렇지 않다면 세상 물정에 어두워 한국 남편과 시가에게 착취당하고 유린당하는 나약한 희생자라는 식이었다. 이러한 이분법적 이미지와 담론은 어느 쪽이 되었던 결혼이주여성의 행위자성을 제대로 설명하고 인정하지 않는다는 점에서 편파적이고 차별적이다. 이주여성 개인이 처한 구체적인 딜레마적 상황 속에서 국제결혼을 선택한 맥락을 이해하고 성차별적 국제분업과 가부장적 가족관계가 새로운 방식으로 결합하여 작동하는 구조와 방식을 파악할 필요가 있었다(김민정 외 2006; 김민정 2007).

국제결혼을 통한 필리핀 여성들의 한국이주는 한국사회에 새로 등장한 "다문화가족"의 문제로 제시되었다. 이러한 방식은 여성이주자를 새로운 시민으로 받아들이기보다는 한국 가족과 사회가 부여하는 성역할을 수행할 외부인으로 보는 인식을 반영한다. 결과적으로 한국(남성) 가족의 구성 및 유지와 직접적으로 연관되지 않는, 여성이주자의 삶에 특징적인 다른 여러 측면에 대해 사회는 무관심하였다. 한국사회가 한국으로 입국하는 필리핀 사람들을 성별에 따라 각기 다른 자격으로 받아들여 왔다는 사실에 대해서는 특별히 주목하려고 하지 않았다. 2000년대 중반 이후 고용허가제가 자리를 잡으면서 남성은 비전문취업자로 여성은 결혼이민자로 입국하는 성별화 경향은 더욱 뚜렷해졌다. 2008년의 경우 비전문취업비자(E-9)로 입국한 필리핀인의 86%가 남성이었고 국민배우자가 대부분을 차지하는 거주비자(F-2)로 입국한 필리핀인의 96%가 여성이었다(김민정, 2012a).

그렇다고 필리핀여성들이 안정적 체류가 보장되는 결혼이주 자격만으로 입국한 것은 아니다. 2008년 통계를 보면 미등록으로 체류하는 필리핀인들 중 여성 비율은 그렇지 않은 경우보다 더 높았다. 필리핀인 입국자 7만9천여 명 중 여성의 비율은 32%이지만, 미등록체류 필리핀인 만3천여 명 중 여성의 비율은 43%로 더 높았다. 특히 비전문취업으로 입국한 필리핀인 중 여성의 비율은 14%에 불과하였지만 이렇게 입국하여 미등록상태로 체류하는 필리핀인 중 여성의 비율은 37%로 2.6배나 더 높았다. 또한 예술흥행(E-6-2) 비자로 입국한 외국인 4천8백여 명의 48%는 필리핀인이었고 이중 여성 비율은 86%에 달하였다. 즉 2000년대 말 한국사회에서 배우자 비자로 입국하지 않은 필리핀 출신 여성들은 미등록체류자로 남아서 저임금 미숙련 업종에서 일하는 경우가 많았으며, 예술흥행 분야에서는 특히 필리핀 여성들이 다수를 차지하고 있었다.

이렇게 다문화사회라고 불리기 시작한 시점의 한국사회에서 필리핀인 이주에서 나타나는 성별화 방식은 결혼이주에만 한정되지 않았다. 또한 이주생활이 지속되면서 이주노동자가 결혼이민자가 되기도 하고, 예술흥행 이주노동자가 미등록상태로 남아 공장에서 일하거나 결혼이민자가 되는 등, 한국의 체류자격 분류에 맞추어 고정된 형태로 이주자의 삶이 진행되는 것은 아니었다.

이런 점을 고려하면서 결혼이주 외에도 한국사회의 필리핀 여성들에게서 특징적으로 나타나는 두 유형의 체류자격에 대해 사례연구를 진행하였다. 우선 미등록 장기체류자로 일을 하는 필리핀 여성들과 그 가족들에 대해 2009년과 2010년에 걸쳐 경기도 가구공단과 필리핀 현지에서 현장연구와 인터뷰를 진행하였다. 필리핀에 자녀를 두고 온 기혼여성이 체류자격 없이 한국의 공단 안에서만 생활하면서 노동과 송금으로 젊은 시절을 다 보내는 상황은 다층적 차원에서 검토되어야 한다. 국가의 이주정책과 이주자의 가족전략, 지역 사회관계의 맥락 속에서 이주자의 관점을 이해하면서 미등록체류가 이주 시대 삶의 한 유형이 된 점을 분석해볼 수 있었다. 이 사례연구에서는 해외 이주 노동이 중산층 지위를 유지하기 위한 가족전략으로 사용되는 필리핀 사회의 맥락을 보다 구체적으로 이해하는 것이 중요하였다. 가족 중 누군가가, 미등록 체류상태라 하더라도, 해외에서 계속 체류를 하고 있을 때 가족성원들은 순서를 바꾸어 또는 세대를 이어 이주노동에 종사하면서 해외송금 자원을 확보하는 생활전략을 펼칠 수 있었다(김민정, 2011).

한편, 한국정부가 허가하는 노동이주 유형 중에서 필리핀여성의 비율이 특히 높은 분야는 예술흥행 부문이다. 이 분야에 대해서는 그동안 여성학계나 인권단체의 실태 조사가 진행되어 왔으나 기지촌에서 성매매가 강제되는 인신매매적 상황이 주로 주목을 받았다(설동훈 외 2003; 두레방 2007). 그러나 이러한 사회적 관심은 특정 이주여성 집단에게 일방적으로 수동적 피해자라는 이미지를 부여하는 효과를 가져올 수 있다. 이러한 의도하지 않은 결과를 피하기 위해서는 보다 '일반적으로 보이는' 고용과 노동 상황에 대한 이해도 필요하다. 이러한 문제의식을 가지고 예술흥행비자로 체류하면서 관광호텔에 고용되어 라이브무대 가수로 일하는 필리핀 여성들을 인터뷰하였다. 관광호텔 라이브무대의 연주자들은 과거에는 대규모 혼성 밴드였는데, 컴퓨터 음악 반주 기술이 대중화되면서 그리고 노동이주 현상이 확대되면서 여성 듀오나 혼성 트리오로 대체되고 있었다. 이렇게 라이브무대 운영 비용을 줄이려는 시도는 가수들의 '여성화'로 나타났는데, 이러한 여성화는 연예 노동자로서 여성가수들의 자율성이 훼손되는 방식으로 진행되는 것을 파악할 수 있었다(김민정, 2009).

2010년부터는 다문화 한국사회의 변화에 대해 한국 여성들의 국제이주 경험을 병렬적으로 이해하는 작업을 진행하고 있다. 이를 위해 2002년에 처음 만났던 필리핀 남성과 결혼한 한국 여성 가족들을 다시 방문하여 또 하나의 다문화가족으로 살아가는 방식을 추가로 연구하였다(김민정 2018a). 재외한인 연구가 관심을 기울이지 않는 여성의 경험에 주목하여 한국 전쟁기에 필리핀 남성과 결혼하여 필리핀에서 살게 된 한국 여성노인들의 생애이야기를 수집하고(김민정 2015a; 2015b; Kim, M. 2019), 한국의 경제개발시기에 미국과 독일로 이주한 한국여성의 경험과 이들에 대한 한국사회의 인식을 비교하는 연구도 진행하였다(김민정 2018b).

한국사회의 이주와 젠더에 대한 나의 연구는 이렇게, 한국과 필리핀의 국경을 넘어서 사람들이 맺은 다양한 인연과 새로운 삶의 전개가 어떻게 젠더화되는지에 주목하면서, 이러한 사회변화의 의미를 분석하려는 시도이다. 소위 다문화가족을 중심에 두고 이주정책을 펼쳐온 한국사회의 맥락에서는 국제결혼에 주목하지 않을 수 없다. 국제결혼은 개인 의사로만 이루어질 수 없으며, 이를 통해 구성된 가족관계는 국가의 이주정책뿐 아니라 노동, 가족, 복지 정책 등의 영향을 크게 받는다. 무엇보다 배우자의 성별과 출신국가 간의 결합방식에는 성역할에 대한 사회담론과 세계 경제체계 내의 국가위계가 중요하게 작동한다. 국제결혼 현상을 여성이주의 다른 상황들과 함께 분석할 때, 국제이주의 젠더화된 특징들이 해당 국가의 성차별적 상황으로 만들어진다는 점은 더욱 뚜렷해진다. 이런 점에서 지난 15년간 한국사회에서 다문화가족이 다문화 한국사회의 주요 집단으로 간주되어 온 현상 자체를 돌아볼 필요가 있다. "다문화"를 강조하고 내세우는 풍조를 통해 젠더 위계와 국가 위계에 내포된 정치적 문제들이 문화의 차이로 상대화되는 것에 대해 질문해 보아야 한다. 이 책의 부제에서 '다문화'라는 표현에 작은따옴표를 사용한 이유도 여기에 있다.

4. 자료와 구성

이 책의 내용을 구성하는 데 사용된 주 자료는 지난 2002년 이후 15년간의 연구과정에서 수집한 개인 심층인터뷰와 현장연구의 내용이다. 기관이나 활동단체 관련자들을 제외하고, 한국과 필리핀 간의 국제이주와 관련하여 모두 65명의 이주자 및 이들의 가족 성원들과 심층인터뷰를 하고 자택이나 주거지역을 방문하여 지역생활에 대한 현장연구를 진행하였다.

한국에서 생활하는 필리핀 결혼이주여성들과 이들의 가족과는 2003년부터 2010년에 걸쳐 모두 30명과 심층인터뷰를 진행하였다. 구체적으로는 필리핀 결혼이주여성 15명과 이들의 한국가족 성원인 남편이나 시어머니, 아이들 11명, 그리고 맥락적 비교를 위해 진행한 한국계 중국인과 베트남, 인도네시아 출신 결혼이주여성 4명에 대한 사례가 포함된다. 인터뷰 당시 결혼이주여성들의 나이는 20대에서 40대에 걸쳐있었으며, 이들의 거주 지역은 서울의 외곽지역이거나 경기도, 강원도, 전라도, 경상도 등으로 다양하였다. 한편 2012년과 2014년 사이에는 필리핀 남성과 결혼하여 필리핀에서 거주해 온 한국여성 9명과 필리핀 여성과 결혼한 한국남성 2명에 대한 심층인터뷰를 진행하였는데, 이들의 생애경험 역시 한국에서 생활하는 필리핀 이주여성들의 삶을 이해하기 위한 비교의 맥락을 제공해주었다.

이주노동자로 분류될 수 있는 필리핀 여성들과 이들의 가족과는

2008년부터 2011년까지 모두 24명과 심층인터뷰를 하였다. 2008년에서 2010년 사이에는 인구 240여만 명 규모의 B시에서 연예유흥비자로 일을 하는 2명과 경기도의 A공단에서 미등록상태로 장기체류하면서 공장일을 하는 7명의 필리핀 여성들을 인터뷰하고 현장연구를 진행하였다. 연예유흥 이주노동에 대해서는 이들의 공연장과 숙소를 방문하여 공연 상황과 고객과의 관계, 고용관계 및 거주조건, 휴일상황, 다른 필리핀 이주자들과의 관계 등에 대해서도 심도 있게 조사하였다. 경기도 공단지역의 미등록 장기체류자에 대한 인터뷰는 현장의 교회 예배에 정기적으로 참석하면서 충분히 친밀감을 형성한 후에 진행되었다.

2010년 초에는 필리핀을 방문하여 이들 미등록 장기체류 여성들의 가족들을 인터뷰하였다. 말라떼(Malate), 케손 시티, 팡가시난(Pangasinan), 삼보앙가(Zamboanga), 딸락(Talrac) 등지에 흩어져 있는 여성이주노동자들의 고향 집을 일일이 방문하여 이들의 송금으로 생활하면서 자녀들을 대신 돌보는 배우자나 형제자매, 부모, 자녀 등 11명을 인터뷰하였다. 한편 2011년 초에는 과거 미군기지가 있던 도시로 유흥업소가 밀집해 있는 앙헬레스(Angeles)시를 방문하여 일본이나 사우디아라비아를 오가며 연예유흥 이주노동자로 일하는 필리핀 여성 4명에 대한 심층인터뷰를 진행하면서 한국 사례와 비교되는 맥락을 조사하였다.

이주여성들의 생활조건과 삶을 이해하기 위해서는 이들의 이주방식과 일의 내용, 생활조건 등을 좌우하는 여타의 주변 인물들과 관련단체의 활동에 대한 조사도 필수적이다. 한국에서는 주한필리핀 대사관 근무자분들, 이주여성 지원단체와 다문화가족지원센터 활동가분들, 이주민 지원 활동을 하는 여러 단체와 교회 운영자 분들, 국제결혼 가족 자녀들의 담임교사 분들, 법무부 이민정책 담당자 분들, 통일고 관계자 분들, 그 밖에 한국 남편으로서 필리핀 국제결혼에 대한 블로그를 처음으로 개설했던 분이나 국제결혼중개업소 상담원들과도 만나서 다양한 입장과 목소리를 듣고자 하였다. 필리핀에서는 코이카(KOICA)와 한국문화원 관계자 분들, 마닐라와 수빅(Subic)의 한인회 관계자 분들, 코시안(Kosian) 관련 활동가 분들을 만나 현지의 상황과 재필한인으로 사시는 이야기를 들을 수 있었다.

한국과 필리핀 정부가 간행하는 각종 통계자료와 보고서도 기본적인 추이와 변화 방향을 파악하기 위해 사용되었다. 한국 정부가 발간하는 통계수치 중에서는 출입국외국인정책본부의 "출입국(외국인정책) 통계연보", 행정안전부의 "외국인주민현황", 그리고 통계청의 연도별 "국제인구이동통계"와 "다문화인구동태통계"를 참조하였다. 필리핀에서 발간되는 통계자료로는 재외필리핀인위원회(CFO: Commission on Filipinos Overseas), 필리핀해외고용청(POEA: Philippine Overseas Employment Administration), 필리핀통계청(PSA: Philippine Statistics Authority), 필리핀중앙은행(Bangko Sentral ng Filipinas)에서 발행하는 통계수치를 통하여 필리핀 해외 이주노동자 및 재외 필리핀인의 수와 구성, 송금액 등을 파악하였다.

아래에서는 필리핀과 한국의 국경을 넘은 필리핀 여성들의 삶과 이주생활에 대해 다음의 순서로 논의하고자 한다. 2장 "필리핀의 여성이주"에서는 필리핀이 아시아에서 이주의 여성화라는 현상을 일찍부터 주도해 온 국가라는 점에 주목한다. 여성이주에 대해 상당히 허용적인 필리핀의 역사와 사회문화적 배경을 살펴보고 필리핀 여성이주의 전반적 상황을 분석하여, 한국사회에서 필리핀 여성들의 경험을 이해하기 위한 맥락을 제시한다. 이어지는 3장에서부터 5장까지는 한국사회에서 생활하는 필리핀 출신 여성들의 삶에 대한 삽화(vignette)

를 그려낸다. 그동안 내가 만났던 한국사회의 필리핀 여성 중에서 세 명을 선정하여 필리핀 여성들의 이주유형과 경험을 대변할 법한 그들의 이주 생활 이야기를 소개한다.

3장에서 소개하는 인물은 "영세공단의 미등록 장기체류자, 사라"이다. 내가 사라를 처음 인터뷰한 것은 2009년 12월로 한국에서 생활하는 여러 필리핀 사람들을 이미 많이 만나 본 후였다. 사라는 그들 중 남녀를 통틀어 한국에서 두 번째로 오래 체류한 필리핀인이었다.[5] 사라는 1991년에 한국으로 온 이후 나와 마지막 인터뷰를 했던 2010년까지 20여 년에 가까운 세월 동안 한 번도 한국을 떠나지 않았(다기보다는 떠날 수 없었)다. 이렇게 비현실적으로 보이는 장기체류가 현실화될 수 있는 상황에 대해서는, 국가의 이주정책 외에도, "불법체류"와 성역할의 의미가 이주자들 자신의 방식으로 재해석되는 방식을 통해 이해할 수 있었다.

4장에서 소개하는 인물은 내가 2008년 여름부터 겨울까지 만났던 "관광호텔의 라이브무대 가수, 제인"이다. 한국과 필리핀을 오가며 가수생활을 하는 제인은 필리핀과 한국 양쪽의 에이전시를 통해 고용계약을 맺고 법적 체류자격을 갖추어 한국 생활을 반복해 왔다. 그러나 한번 방문할 때마다 체류기간이 2년으로 제한되고 필리핀에서 6개월을 보내야 다시 비자신청을 할 수 있기 때문에 제인의 체류자격은 상당히 불안정하였다. 또한 연예노동에서 강조되는 젠더화된 노동의 특성상 현실에서는 에이전시에 대한 의존, 일터에서 자율성의 박

---

5) 내가 만났던 한국에 온 지 제일 오래된 필리핀 출신은 4장에서 소개하는 리코이다. 그는 1984년에 처음 한국에 왔지만 2000년에 한국여성과 결혼하여 정착하기 전까지는 뮤지션으로 일하면서 한국과 필리핀을 오가며 살았기 때문에 한국에서 머문 시간은 사라보다 더 짧았을 가능성이 크다.

탈, 필리핀 이주노동자 공동체에서 느끼는 소외감 등을 겪고 있었다.

5장에서 소개하는 인물은 "비수도권 지역 한국남성의 아내, 마엣"이다. 한국남성과 결혼한 마엣은 사라나 제인과 달리 한국에서의 체류권을 안정적으로 보장받으며 국적 취득도 가능한 이주여성이다. 마엣은 사라와 달리 (다문화가족이라는 하위분류 범주를 통해) 한국 가족에 소속되어, 아내와 어머니라는 가정 내 성역할을 직접 수행할 것이라는 사회적 기대를 받는다. 마엣은 또한 제인과 달리 고용관계를 좌우하는 에이전시가 아니라 가족관계를 구성하는 한국인 남편과 아이들을 통해 한국과 연결되기 때문에, 안정적인 체류를 보장받는다. 마엣이 한국사회에서 자신의 자리와 역할을 찾아가는 과정에 개입되는 종족정체성과 젠더전략은 이주 시대 한국사회의 자화상을 표현하는 '디테일한' 특징들이다.

이어 한국사회에서 공직에 진출한 귀화한국인들을 대변하는 필리핀 결혼이주여성들을 소환하고자 한다. 6장, "경찰공무원과 국회의원, 아나벨 경사와 이자스민 전의원"에서는 필리핀 출신의 '한국여성', 아나벨 경사와 이자스민 전 국회의원에 대한 언론 보도 내용을 소개하고 비교 분석해본다. 이들에 대한 언론 보도와 사회적 담론 사이의 간격은 다문화사회를 표방하는 한국사회가 결혼이주여성들의 매개적 역할에 깊이 의존하면서도 이들의 위치와 활동영역을 상당히 제한하고 있음을 보여준다. 언론에서 다루는 이 두 필리핀 출신 한국여성의 삶은 개인의 성공담이라는 형식을 취한다는 점에서 어느 정도 공통된다. 그러나 사회에 봉사하는 경찰관은 괜찮지만 법을 만드는 국회의원 자리는 허용할 수 없다는 듯한 판결자의 태도가 언론과 인터넷 여론을 주도하면서, 그동안 결혼이주여성들을 내세워 진행되어 왔던 한국식 다문화정책의 한계와 모순을 보여준다.

7장, “다문화 사회의 ‘문화’와 반다문화 ‘정서’”에서는 한국의 다문화사회 논의를 종합적으로 이해하기 위해, 다문화사회에서 동원되는 ‘문화’ 개념의 한계와 다문화정책의 시행 이후 반동(backlash)으로 등장하는 반다문화 ‘정서’ 현상을 검토한다. 다문화사회 논의에서는 현실에서는 불균질화되고 있는 국민과 가족, 시민들이 여전히 이분법의 틀로 재단되면서, 다문화가족(정)이라는 말이 종족 차별적이고 젠더 차별적인 범주로 인식되는 방식을 살펴본다. 마지막 장인 “이주라는 생애전략과 젠더”에서는 앞에서 언급하였던 한국사회 내 필리핀출신 여성들의 생애 경험 중 이동성과 가시성에 주목하면서, 이주 시대의 국가와 가족 변화, 이주여성에 대한 연구방향을 돌아본다.

이주 시대 한국사회의 젠더에 대한 연구는 사회과학의 고전적인 질문들을 다시 한 번 정면으로 제기한다. 국가의 경계를 넘은 여성들의 다양한 삶의 측면들은, 여성을 가족의 영역으로 할당해 온 근대의 성별 이분법이 글로벌 시대에는 어떻게 변주되며 새로운 효과를 만들어내는지 돌아보도록 한다. 이주여성들의 돌봄과 노동은 어떻게 상호 호환적으로 인식되는지, 그리고 왜 그들의 삶이 합법과 불법의 경계를 불분명하게 넘나들 수밖에 없는지, 다문화가족을 대상으로 이주정책을 펴는 한국사회가 결혼이주여성에게 글로벌 시대의 매개자 역할을 부여하면서도 어떻게 차별의 기제를 정교화하는지, 무엇보다 이러한 상황에서 요구되는 이주여성의 수행자성을 우리는 어떻게 포착하고 논의해야 할지 등을 풀어보고자 한다.

제 2 장: 필리핀의 여성이주

제 2 장 필리핀의 여성이주

1. 이주의 여성화와 필리핀

1) 이주의 여성화

2000년대로 접어들면서 아시아에서 급증한 국제이주 현상에 대해 젠더 연구자들은 "이주의 여성화"라는 특징에 주목하였다. 이주의 여성화는 국제이주자 중 여성의 수가 늘고 여성의 비율이 증가하였다는 사실 이상을 의미한다. 국제 이주자의 수는 1960년의 7천5백만 명에서 2015년의 2억4천4백만 명으로 3.3배가량 증가하였고, 전체 세계 인구에서 차지하는 비율도 같은 기간 중 2.5%에서 3.4%로 증가하였다(UN DESA 해당연도). 이들 중 여성의 비율은 1960년에 이미 46.6%에 달하였고(Zlotnik, 2003), 1990년에는 49.1%로 전체의 절반을 차지하였다(UN DESA, 1990). 이 수치는 2010년까지 49% 이상을 유지하다가 2015년에는 48%로 오히려 살짝 떨어졌다(UN DESA 해당연도).

"이주의 여성화"는 성별 위계구조와 관련하여 다음의 두 가지 특징을 보인다는 점에서 주목된다. 하나는 여성이주노동자들에게 특화된 성별화된 노동시장이 확대되면서 국제이주를 하는 여성이 증가하였다는 점이며, 다른 하나는 아시아 지역을 출신국으로 하는 국제이주 여성의 수가 증가하였다는 점이다. 즐로트닉(Zlotnik, 2003)은 동아시아 및 동남아시아 국제이주자 중 여성의 비율이 1960년의 46.1%에서 1990년 48.5%로 꾸준히 증가하였다고 추산한다. 1980년대 이후 아시아는 특히 여성 국제이주자들의 출신 지역일 뿐만 아니라 방문 지역으로도 떠올랐다. 일본에 이어 싱가포르와 대만, 홍콩과 한국 등의 경제발전으로 아시아 내에서도 국가 간 임금 격차나 생활 수준의 차이가 확대되면서 지역 내의 노동이주가 증가하였는데 특히 여성 이주노동력에 대한 수요가 증가하였기 때문이다(Sijapiti, 2015).

특히 2000년대로 접어드는 시점에 아시아 여러 나라에서 여성이주노동자의 수와 비중은 증가하였다. 싱가포르는 2002년 미숙련 이주노동자의 40%인 14만 명이 여성이었고, 말레이시아는 2001년 등록 이주노동자의 20%인 16만2천 명이, 태국은 1996년과 2001년 사이에 등록된 비정규 이주노동자의 43%인 56만8천 명이 여성이었다. 또한 대만에서는 2002년 말 등록 이주노동자의 56%인 17만 명이 여성이었고, 홍콩에서도 1990년대 말 미숙련 이주노동의 삼분의 이를 차지하는 15만 명이 가사도우미로 일하는 여성이었다(Yamanaka and Piper 2003: 5; 김민정 외 2006: 159-160에서 재인용). 국가별로 여성의 이주방식은 다양하게 나타났지만, 전통적으로 여성이 집안에서 수행하던 노동에 대한 상업화된 수요가 급격하게 증가한 것과 관련된다는 점은 공통된다. 전반적으로 가사도우미, 간병인, 성산업과 유흥업 등에서의 여성노동 수요가 증가하였으며, 이주노동자들에게 정착을 허용하지 않는 한국에서는 국제결혼을 통한 여성이주가 급격히 늘었다.

필리핀은 1970년대 이후 해외 이주노동을 통해 경제발전전략을

〈표 2-1〉 필리핀 (육지근무) 신규 해외노동자수의 변화와 여성비율(명, %), 1992-2010

	남성	여성	여성비율 (%)	성별 미기재*	전체
1992	128,380	132,213	50.7		260,593
1993	115,902	140,325	54.8		256,227
1994	103,953	155,066	59.9		259,019
1995	88,999	125,190	58.4		214,189
1996	94,408	111,653	54.2		206,061
1997	97,938	123,509	55.8		221,447
1998	86,195	133,523	60.8	6	219,724
1999	85,367	152,042	64	5	237,414
2000	70,427	174,768	69	7,835	253,030
2001	72,187	186,018	69	11,546	269,751
2002	77,850	197,441	69	10,837	286,128
2003	66,401	166,325	68.9	8,785	241,511
2004	72,355	209,372	74.3	86	281,812
2005	79,079	201,538	71.8	44	280,661
2006	123,668	184,416	59.9	38	308,122
2007	160,046	146,285	47.7	52	306,383
2008	174,930	163,324	48.3	12	338,266
2009	156,454	175,296	52.8	2	331,752
2010	154,677	185,602	54.5		340,279

* 성별을 기재하지 않은 해외노동자들은 대부분 종사 직종도 표기하지 않음.
출처: POEA((Philippine Overseas Employment Administration), 1992-2010.

구사해 왔으며 해외 이주노동자 중 여성의 비율이 높아 "이주의 여성화"를 대변하는 국가이다. 2013년 현재 전체 국민수의 10%에 해당하는 천만 4천여 명의 필리핀인이 모두 221개의 국가에서 거주하고 있다(CFO, 2013). 이렇게 상당한 규모의 재외필리핀 인구에 따르는 연쇄효과로 해외에서 일하기 위해 출국하는 필리핀 사람들의 수도 계속 증가했다. 해외 이주노동자들을 일컫는 필리핀 정부의 공식 명칭은 OFW(Overseas Filipino Workers)인데, 이들의 수는 2015년 말 현재

2백만 4천여 명이며 같은 해 이들의 송금액은 297억 달러(약 35조 원)에 달하였다(*The Philippine Star* December 26, 2015). 이들 중 여성의 비율은 1992년에 이미 50%를 넘어섰는데 1990년대 말부터는 더욱 증가하여 2004년에는 74%에 육박하면서 정점을 찍었다(〈표 2-1〉 참조). 당시 해외이주 여성노동의 급격한 증가는 일본에서 엔터테이너 수요가 증가하면서 발생한 것이었다. 2004년 이후 일본의 엔터테이너 비자발급 법규가 바뀌자 필리핀 해외노동자 중 여성비율은 급격히 감소하였지만, 여전히 50% 이상의 수준을 유지하고 있다.

필리핀 여성들의 해외이주 노동은 사실 1950년대로까지 거슬러 올라간다. 일찍부터 필리핀 여성들은 미국에 진출하여 간호 직종에 종사해 왔기 때문이다. 스페인에 이어 1890년대 말부터 필리핀을 지배하던 미국은 20세기 초부터 필리핀 현지에서 미국식 간호 교육을 시작하였다. 이차대전 이후 필리핀이 미국으로부터 독립한 후에는 1948년부터 시행된 "교환방문자 프로그램"(The Exchange Visitor Program)을 통해 미국에서 간호교육을 받은 필리핀 여성들이 많이 배출되었다(Choy 2003). 이후 필리핀 정부가 이주노동 정책을 본격화하면서 필리핀 여성들은 일찍이 1970년대부터 유럽과 사우디아라비아 등 중동지역에서 가사노동 직종에 진출하여 일하기 시작하였다. 1980년대부터는 홍콩이나 싱가포르에서는 주로 가사노동자로, 일본에서는 주로 연예노동자로 일하기 시작하였다.

결과적으로 필리핀 해외 이주노동자들의 종사 직종은 상당히 성별화되어 있다. 해외노동자 중 여성의 비율이 72%에 달하던 2005년도의 경우 신규 육지근무 해외노동자의 다수가 종사하는 상위직종 1위는 "가사서비스 노동자"였고, 2위는 "해외취업 공연예술가"였다. 이들 가사서비스 노동자의 98%와 해외취업 공연예술가의 96%가 여성

〈표 2-2〉 필리핀의 (육지근무) 신규 해외노동자 상위직종 10위와 여성비율(명, %), 2010

직종	남성	여성	여성비율(%)	전체
전체	154,677	185,602	54.5	340,279
1. 가사서비스노동자	1,703	94,880	98.2	96,583
2. 건물청소 및 관련 노동자	2,612	9,521	78.5	12,133
3. 간호사	1,828	10,254	84.9	12,082
4. 간병인 및 경비	543	8,750	94.2	9,293
5. 웨이터, 바텐더 및 관련노동자	4,393	4,396	50.0	8,789
6. 전선공 및 전기작업자	8,576	30	0.3	8,606
7. 배관공	8,391	16	0.2	8,407
8. 용접공	5,037	22	0.4	5,059
9. 가사일 및 관련서비스 노동자	701	4,098	85.4	4,799
10. 벽돌공, 석공 및 타일공	4,478	29	0.6	4,507

출처: POEA((Philippine Overseas Employment Administration), 2010.

〈표 2-3〉 필리핀의 (육지근무) 신규 해외노동자 상위직종 10위와 여성비율(명, %), 2005

직종	남성	여성	여성비율(%)	전체
전체	79,079	205,206	71.8	284,285
1. 가사서비스노동자	1,564	83,524	98.2	85,088
2. 해외취업 공연예술가	1,604	37,891	95.9	39,495
3. 공장 및 관련 노동자	22,699	16,778	42.5	39,477
4. 건설노동자	26,803	3,275	10.9	30,078
5. 웨이터, 바텐더 및 관련노동자	673	15,473	95.8	16,146
6. 간병인 및 경비	2,187	12,507	85.1	14,694
7. 의료 관련 노동자	1,412	11,195	88.8	12,607
8. 건물관리 및 관련 노동자	3,219	7,332	69.5	10,551
9. 호텔 및 레스토랑 관련 노동자	6,441	228	3.4	6,669
10. 봉제, 재단 및 관련노동자	116	2,931	96.2	3,047

출처: POEA(Philippine Overseas Employment Administration), 2005.

이었으며, 상위직종 4위를 차지한 '건설노동자'의 89%는 남성이었다(〈표 2-2〉 참조) 필리핀의 해외노동에서 대체로 여성들은 가사노동, 청소, 간호, 간병 등의 직종에 종사하고, 남성들은 전기배선, 배관, 용접, 벽돌공 등의 직종에 종사하며, 공장 노동이나 웨이터·바텐더 직종에서의 남녀 비율은 비슷한 편이다(〈표 2-2〉와 〈표 2-3〉 참조).

여성들은 별도의 교육이나 자격증을 요구하지 않는 더 적은 수의 비전문직종에 몰려있다는 점은 해외노동자들의 출신지역 분포가 성별로 차이를 보이는 것을 통해서도 확인된다(IOM 2015: 60-62). 2012년 신규채용자의 경우 남성들은 전반적으로 루손(Luzon) 섬의 메트로 마닐라(Metro Manila), 까비떼(Cavite), 빠딴가스(Batangas). 라구나(Laguna), 불라깐(Bulacan), 리살(Rizal), 빰빵가(Pampanga) 등 인구밀도가 높고 수도권과 가까운 지역의 출신들이 많았지만, 여성들의 출신 지역은 민다나오(Mindanao)만 제외하고 전국에 고루 분포하는 편이었다. 남성 직종의 경우 취업에 필요한 기술교육과 취업 정보에 대한 의존도가 높아서 도시지역 출신의 해외노동자들이 더 많았지만, 여성들은 별도의 기술교육이 크게 필요하지 않은 가사노동이나 청소, 간병 같은 서비스직 미숙련노동에 주로 종사하기 때문에 출신지역 분포가 남성과 비교해 더 고르게 나타나는 것으로 해석된다. 예외는 민다나오 지역으로 이 지역 출신 해외이주노동자의 대다수는 여성이었다. 예를 들어 2012년에는 만5천여 명의 마긴다나오(Maguindanao) 출신의 해외이주노동자 중 여성이 93%로 절대다수를 차지하였는데, 이는 중동이나 말레이시아 같은 이슬람권 국가에서 무슬림 여성이주노동자에 대한 수요가 높기 때문이다.

필리핀 해외 이주노동의 이러한 성별화 현상은 여성들이 남성들보다 상대적으로 더 저임금 직종에서 일하며 수입도 더 적을 것이라는 점을 예측하도록 한다. 해외 송금액에서의 남녀 차이를 통해 이를 간접적으로 확인해보면, 2015년 4월에서 9월 사이 해외 이주노동자 필

〈표 2-4〉 필리핀 해외노동자의 업종별 성별 현금송금액(백만/천 페소), 2015년 4-9월

업종	현금송금 총액(백만 페소)			현금송금 일인당 평균액 (천 페소)			
	전체	남성	여성	전체	남성 a	여성 b	b/a
정부관련 및 행정·관리업종	7,289	5,717	1,572	111	124	80	0.65
전문업종	19,865	10,425	9,440	101	124	84	0.68
기술 및 전문직보조업종	13,888	11,618	2,270	101	119	57	0.48
사무업종	6,581	2,889	3,692	59	72	52	0.72
서비스 및 판매업종	20,126	10,883	9,243	56	64	49	0.77
농업 및 삼림·어업 종사자	-	-	-	-	-	-	-
무역 및 관련업종	16,977	16,538	439	68	69	47	0.68
공장 및 기계작동 및 조립자	21,666	20,367	1,299	78	83	43	0.58
노동자 및 미숙련 피고용자	29,247	5,647	23,599	41	54	39	0.72
전체	135,637	84,083	51,553	65	82	48	0.59

* 조사대상은 필리핀 출국 5년 이내의 해외노동자로, 이들이 2015년 4월-9월에 송금한 액수.
** 1페소는 한화로 22-25원.
출처: PSA(Philippine Statistics Authority), 2016.

리핀 여성의 일인당 현금 송금액은 4만8천 페소(약 백20만 원가량)이었는데 이는 남성의 60% 수준이었다. 전 업종에서 여성의 일인당 현금 송금액은 남성보다 적었는데, 이는 같은 업종이라 해도 여성은 남성보다 더 낮은 임금을 받는 직무를 맡는다는 점을 암시한다(〈표 2-4〉 참조).

"성별화된다는 것"은 남녀의 차이를 지속적으로 생산하고 재생산하는 과정과 구조가, 즉 젠더에 대한 가정들이 생산되는 과정이며 이런 가정들에 의해 형성된 제도를 의미한다(Lober 1994; 김경희 2009: 151). 가정에서 여성이 담당하는 돌봄노동이 이주노동 시장에서 여성에게 특화된 노동으로 전환되는 현상은 가족과 사회의 성역할이 서로 교착된 견고한 사회구조물이라는 점을 보여준다.

〈표 2-5〉 필리핀인과 결혼한 외국인 배우자의 국적별 결혼건수 변화와 구성비(건, %), 1989-2015

연도	미국	일본	호주	캐나다	독일	한국	영국	대만	노르웨이	스웨덴	기타	전체	증감률 (%)
1989	3,314	2,149	1,401	225	137	4	70	38	12	24	345	7,819	
1990	5,549	4,820	1,370	238	382	14	353	32	36	59	903	13,856	77.2
1991	8,921	4,910	1,423	479	596	10	368	206	31	69	990	18,003	29.9
1992	8,676	5,147	1,482	573	662	19	286	215	33	61	1,186	18,340	1.9
1993	8,235	5,448	1,892	713	967	46	212	439	42	74	1,285	19,353	5.5
1994	6,733	4,901	1,536	773	924	37	199	483	36	112	1,114	16,848	-12.9
1995	5,564	6,374	1,444	844	843	80	227	616	48	93	1,316	17,449	3.6
1996	6,743	5,932	1,358	818	757	337	243	660	89	86	1,553	18,576	6.5
1997	6,496	4,814	1,191	623	774	290	308	619	137	117	1,476	16,845	-9.3
1998	4,755	4,240	1,253	681	724	303	353	516	204	121	1,338	14,488	-14.0
1999	5,390	4,547	1,210	765	680	456	346	561	169	106	1,089	15,319	5.7
2000	5,642	5,146	1,067	549	655	232	255	451	150	117	904	15,168	-1.0
2001	6,898	5,250	1,304	711	624	311	275	461	171	126	918	17,049	12.4
2002	7,724	5,464	1,271	660	604	442	327	440	193	183	988	18,296	7.3
2003	7,022	5,297	1,239	915	540	375	319	287	227	187	991	17,399	-4.9
2004	8,165	5,430	1,414	872	443	486	414	251	244	207	1,007	18,933	8.8
2005	8,621	6,322	1,677	974	467	725	506	293	222	210	1,083	21,100	11.4
2006	10,190	8,601	1,541	988	528	415	619	282	284	278	1,178	24,904	18.0
2007	11,789	6,114	1,267	978	441	804	600	207	314	269	1,144	23,927	-3.9
2008	8,333	4,142	1,348	1,011	417	809	500	195	253	256	1,172	18,436	-22.9
2009	10,111	3,197	1,596	960	471	1,551	556	261	275	343	1,289	20,610	11.8
2010	9,411	2,698	1,489	1,089	521	1,694	702	247	209	306	1,410	19,776	-4.0
2011	9,442	2,322	1,659	1,061	1,903	542	736	292	313	279	1,685	20,234	2.3%
2012	10,194	2,105	1,853	990	1,754	616	818	301	307	339	2,132	21,409	5.8%
2013	9,743	1,992	2,054	1,136	1,572	654	915	251	301	265	2,438	21,321	-0.4%
2014	11,456	1,779	1,659	1,131	1,005	630	969	293	408	286	2,760	22,376	4.9%
2015	10,920	1,658	1,456	1,247	845	652	973	336	345	265	2,905	21,602	-3.5%
전체	216,037	120,799	39,454	22,004	16,519	16,251	12,549	9,333	5,053	4,838	36,599	499,436	
비율	43.26%	24.19%	7.90%	4.41%	3.31%	3.25%	2.51%	1.87%	1.01%	0.97%	7.33%	100%	

출처: CFO(Commission on Filipinos Overseas), 2016.

이러한 성별화된 사회구조로 인해 이주노동자들의 정착을 허용하지 않는 국가에서 여성들은 가사노동과 육아 등을 담당하는 성역할을 통해 국제결혼으로 이주할 가능성을 더 가질 수 있게 된다는 점은 역설적이다. 이는 국제결혼을 통한 여성이주의 증가 역시 이주의 여성화로 논의되는 배경이기도 하다. 세계가 하나의 자본주의 체계로 통합되고 국가 경계를 넘는 지리적 이동을 통한 생애 기획의 기회가 증가하면서, 결혼이주는 사회경제적으로 더 불리한 여성들이 상승 이동을 도모할 수 있는 가장 효과적이면서 사회적으로도 허용되는 수단이다 (Del Rosario 1994). 즉 오늘날의 국제이주 상황에서 노동이주 여성은 현대적인 국제이주자이고 결혼이주여성은 전통적이고 수동적인 희생자라는 식의 이분법적 사고는 현실을 반영하지 못한다(Palriwala and Uberoi 2008: 26).

여성이주노동자들이 많은 필리핀에서는 국제결혼을 통해 해외이주를 실행하는 여성들도 상당히 많다. 국제결혼으로 해외이주를 한 필리핀인의 수는 1989년부터 2015년까지 모두 50만 명으로 집계되는데 이 중 90%가량이 여성이었다(〈표 2-5〉 참조). 국제결혼을 통한 필리핀 여성들의 이주는 노동이주가 시작된 직후인 1970년대 후반부터 가시화되는데, 1980년대와 1990년대까지는 필리핀 여성과 미국, 일본, 호주, 캐나다, 독일인 남성과의 결혼이 대다수였다. 필리핀에 미군기지가 주둔해있던 1992년까지는 특히 필리핀 여성과 미군 남성과의 결혼이 많았고, 일본에서 연예노동자로 일하던 필리핀 여성들이 일본인 남성과 결혼하는 경우도 많았다. 그 밖에 국제결혼을 중개하는 업체가 잡지에 필리핀 여성들이 펜팔 상대자를 찾는다는 광고를 실어서 서구의 남성들과 연결해주어서 결혼이 이루어지는 경우도 많았다. 이러한 국제결혼 중개업이 상품 카탈로그를 보고 물건을 주문하는 방식을 연상시킨다고 하여 국제결혼을 한 필리핀 여성들에게는 "우편주문신부"(mail-order bride)라는 오명이 붙여지기도 하였다.

콘스타블(Constable)에 의하면 "우편주문신부"는 서구권의 대중매체에서 가난한 나라의 여성이 사회적 지위상승을 위해 외국남성과 결혼하는 여자들을 일컫는 표현으로 등장하였다. 이들 여성이 인신매매와 가정폭력의 잠재적 희생자로 그려지는 과정에서 언론은 이들을 소개하는 카탈로그를 통해 드러나는 인종, 국적, 젠더에 기반한 상징 폭력을 강조해왔다. 그러나 다양한 국제적 맥락에서 행해진 민족지 연구들은 남녀의 복잡한 결혼동기와 관련경험, 결혼이주자들의 사회문화적, 역사적 맥락을 이해하는 것이 중요하다는 점을 보여준다(Constable 2015: 721-817).

필리핀은 이렇게, 오늘날 아시아 내의 국제이주를 특징짓는, 이주의 여성화 현상을 대표적으로 보여주는 사례이다. 필리핀 이주노동의 여성화 현상은 여성들의 취업 기회가 미숙련 직종으로 제한되고, 노동과정에 대한 통제나 임금수준은 남성보다 더 열악하며, 돌봄 노동이 여성의 일로 규정되는 편향을 강화한다. 그러나 다른 한편으로는 여성이기 때문에 전문기술이 없어도 해외로 나가 취업할 기회를 더 가질 수 있다는 역설적 효과를 만들어내기도 한다. 국제결혼을 통한 여성들의 국제이주가 남성들보다 훨씬 더 많이 나타나는 것 또한 돌봄 노동에 대한 젠더규범과 밀접하게 관련된다는 점에서 이주의 여성화 현상으로 해석된다. 여기서 여성은 근대 가족제도의 성역할 규범으로 인해 이주노동자에게는 정착을 허용하지 않는 국가에서도 안정되게 체류할 수 있는 가능성을 더 많이 가지게 된다.

2) 여성의 이주와 노동, 가족

여성들의 국제이주는 국경을 넘어 생활의 장을 확대해나가면서 젠더화된 사회역할을 기반으로 이주자 개인의 행위 동기와 인생계획을 모색하고 실행하는 과정이다. 이주 행위를 둘러싼 사회구조에 대해서는 세계적 차원의 불평등한 경제체계와 같은 거시적 수준에서부터 초국가적 공간구성과 사회관계에 주목하는 중범위 수준의 설명, 극가간의 위계관계에 기반한 이주자의 행위자성이라는 미시적 차원에 이르는, 다층적 차원에 주목할 필요가 있다.

거시적 수준에서 여성이주를 설명하는 사센(Sassen)은 새로운 방식의 국제 분업이 세계 노동시장을 양극화하는 과정에 이주의 여성화 현상이 위치한다는 점을 지적한다(Sassen 2002a). 오늘날 신국제분업은 한편으로는 선진국 대도시에서 여성의 고급 노동력을 필요로 하는 서비스시장으로, 다른 한편으로는 이들의 생산과 소비를 지원하기 위한 저임금 단순서비스 시장으로 양극화하고 있다. 제1세계 대도시 여성들의 취업이 증가하면서 이들이 가내에서 수행하던 가사노동과 육아, 간병, 성적 노동 등에 대한 새로운 수요가 발생하는데, 제3세계 주변부 지역 출신의 이주여성 노동력이 이러한 수요를 충족시켜주는 것이다. 경제의 세계화가 보다 치밀하게 진행됨에 따라 선진국 대도시의 전문직 여성 계급에게 서비스를 제공하는 새로운 "서비스 계급"(serving class) 직종이 생겨나는데 이는 과거 무임금이나 저임금으로 여성이 맡아서 하던 전통적 서비스 역할을 기반으로 한다. 이렇게 제1세계에서 제3세계 여성이 수행하는 다양한 서비스 노동은 세계화라는 변화 과정을 전형적으로 대변하지 않으면서도 경제 세계화의 핵심적 조건이 되는 회로(circuits)를 형성한다. 이에 사센은 일자리를 구해 이주하려는 제3세계의 여성과 중개인들, 본국 정부 등이 관련된 재화와 용역의 흐름을 "세계화의 대항지형"(counter geographies of globalization)이라고 부른다(Sassen, 2002b).

이렇게 볼 때 오늘날 이주여성은 세계화의 역사구조와 미시적 영향력을 함께 드러내 주는 사람들이다. 국가 경계를 넘은 이주자 개인의 삶의 차원에 주목할 때, 세계경제체제의 규정력과 향방은 구체적이고 명료하게 파악된다. "개인적인 것이 정치적인 것이다"라는 구호를 통해 페미니스트 연구자들이 강조해 온 개인의 행위자성에 대한 주목이 이주 연구에서 중요한 이유이다. 여성이주자의 주체성에 주목하여 선구적 작업을 한 콘스타블(Constable)은 홍콩에서 일하는 필리핀 입주가정부에 대한 1997년의 연구(Maid to order Hong Kong)에서, 이들을 단순한 희생자로 보지 않고 일상생활 속의 권력관계를 간파하고 저항하는 행위자로 그려냈다(Constable, 1997). 이후 2007년 개정판에서는 홍콩의 중국반환과 경제 위기, 사스(SARS) 위기 등을 거치며 홍콩에서 인도네시아 출신 입주가정부가 증가하는 상황을 분석하는데, 이를 통해 여성이주자들의 존재가 홍콩 사회문제의 성격과 강도를 제시하는 척도로 간주될 수 있음을 보여준다(Constable 2007).

중범위 차원의 분석은 이주여성의 노동과 가족관계가 지역사회의 변화와 영향 속에 상호 결합하는 방식에 주목한다. 이는 거시적 차원의 국제적 재생산 노동분업의 체계와 미시적 차원에서 개인의 이주동기 및 욕망, 경험이라는 행위자성을 결합하는 방식으로 시도된다. 빠레냐스(Parreñas)는 "세계화의 하인들"(Servants of Globalization)이라는 제목으로 로스앤젤레스와 로마에서 입주가정부로 일하는 필리핀 여성들의 사례를 분석하였다(Parreñas, 2001). 이들 필리핀 이주여성들은 사센이 언급한 새로이 출현하는 서비스 계급의 구체적인 사례이며, 이들의 초국가적 이주과정에서 이주여성들의 젠더와 계급, 국가위계는 서로 엇갈리며 만난다. 다양하게 펼쳐지는 이주여성들의 삶의 양태는 노동현장과 가족을 둘러싼 중범위 수준의 사회적 장에서 여성들이 수행하는 돌봄 활동으로 수렴된다. 이들은 해외에서 임금노동자로

〈표 2-6〉 필리핀 신규 입주가사도우미의 주요국가별 송출자 수 변화(명), 1992-2007

	홍콩	쿠웨이트	사우디아라비아	아랍에미레이트	레바논	카타르	요르단	싱가포르	오만	사이프러스	기타	전체
1992	13,584	666	17,517	6,035	570	4,138	52	2,773	1,548	44	10,976	57,903
1993	17,903	316	17,800	8,882	877	3,742	55	3,430	988	67	17,019	71,079
1994	22,625	611	16,522	6,771	1,035	3,618	451	2,365	1,024	208	16,146	71,376
1995	22,134	376	14,520	4,795	1,115	2,677	684	1,365	568	490	14,739	63,463
1996	17,430	148	15,135	4,233	642	2,091	486	233	310	392	20,783	61,883
1997	25,986	78	2,005	3,749	82	2,291	31	1,611	408	328	10,965	47,534
1998	22,439	4,281	2,575	4,410	96	2,044	40	1,507	714	465	8,478	47,049
1999	19,590	6,309	9,620	4,940	536	1,677	23	1,639	747	603	7,707	53,391
2000	27,713	9,225	10,660	5,422	1,583	1,329	36	1,518	83	922	9,779	68,270
2001	27,513	10,212	10,902	5,228	2,050	1,585	23	1,356	564	1,034	10,911	71,378
2002	22,870	12,835	11,934	4,950	1,933	1,899	11	1,428	24	1,204	4,346	63,434
2003	13,874	11,070	8,652	4,314	1,668	1,736	9	974	70	598	2,985	45,950
2004	16,501	17,054	7,741	5,826	6,073	2,438	10	1,348	645	1,112	4,070	62,818
2005	17,514	19,707	9,227	9,113	11,735	4,998	2,748	2,429	1,419	982	2,595	82,467
2006	19,532	19,097	11,898	11,844	7,710	6,524	4,359	3,162	2,068	1,178	4,040	91,412
2007*	22,127	4,806	2,581	3,149		1,912	1,285	1,568		1,763	2,193	47,877

* 2007년 10위 안의 국가는 레바논과 싱가포르 대신 이탈리아 4,951명, 스페인 1,542명
출처: POEA(Philippine Overseas Employment Administration), 1992-2007.

서 돌봄노동을 수행할 뿐 아니라 물리적으로 함께 하지 못하는 자신의 가족관계 안에서도 정기적인 연락과 송금, 선물 보내기 등을 통하여 어머니로서 그리고 여성 친족원으로서의 역할을 수행한다. 이러한 필리핀 여성들의 초국적(transnational) 어머니 역할은 이주가 개인의 결단이라기보다는 가족 차원의 결정이라는 점을 보여준다(Piper and Roces, 2003).

한편, 에런라이히와 혹쉴드(Ehrenreich and Hochschild, eds. 2002), 질(Gills 2002) 등이 주목하였듯이, 서구사회에서 아시아 여성들의 저임금 서비스 노동, 국제결혼, 매매춘 등에 대한 수요는 각기 별개로 진

행되지 않으며 서로 밀접히 연관된다. 혹쉴드(Hochschild 2002; 2003)는 특히 서구 가족에서 제3세계의 이주여성들이 수행하는 노동에 내포된 친밀성과 돌봄의 성격에 주목하였다. 오늘날 서구사회에서 이주여성들이 담당하는 다양한 서비스 노동들은 선진국 여성의 지위 변화로 생긴 "돌봄의 소진"(care drain)에 대응하는 양상으로 나타나며 그런 점에서 새로운 제국주의적 관계 영역에 위치한다고 볼 수 있다. (Ehrenreich and Hochschild, eds. 2002; Hochschild 2002; 2003; Sassen 2000; 2002a; 2002b; Gills 2002).

여성들의 경우 노동이주와 결혼이주라는 국제이주의 동기가 서로 더 긴밀하게 맞물려 나타난다는 점에서 남성들과는 다른 이주경험을 한다(Piper and Roces 2003). 젊은 여성들이 국제이주를 통해 인생을 계획할 때 특히, 이주노동의 직종을 전환하거나 노동과 결혼을 함께 결합하는 시도를 하게 될 가능성은 더 커진다. 필리핀의 경우 2011년의 해외이주 여성노동자 중 25~30세는 27%, 30~35세는 25%로 25세에서 35세까지의 젊은 인구 집단이 전체의 절반을 넘는다(NSO 2011). 반면 남성은 45세 이상이 23%로 가장 많았으며, 25~30세와 30~35세는 각기 21%로 여성보다 그 비율이 더 낮다. 즉 필리핀의 해외이주 여성노동자들은 미혼이거나 아직 아이가 어린 기혼여성들인 경우가 많다. 이는 해외노동 수요의 특징 때문인데, 이들에게 허용된 일은 육체적으로 힘들거나 친밀성과 감정이 요구되는 돌봄노동이나 서비스 직종이어서 중년 이후에는 수행하기 힘들고 고용주들도 젊은 여성을 선호하기 때문이다. 앞서 언급한 이사벨 사례처럼, 이주노동을 반복하면서 해외 생활이 길어질수록 필리핀에서 정주 생활을 하는 것은 점차 더 힘들어지며, 국제결혼을 통해 다시 해외 생활을 이어나가더라도 방문국에서 이주여성에게 특화된 노동시장으로 진출하게 되는 경우가 많다.

젊은 여성들이 가족을 떠나 국경을 넘어서, 가족과 민족의 물리적 경계를 벗어나 생활하는 경험을 하게 되면 근대의 성별화된 가족제도와 사회노동의 현실에 변화가 생길 수도 있을 것이다. 그러나 성별화된 서비스 노동에 대한 국제수요가 창출되는 상황은 가족 내 성역할의 연장으로서 성별화된 사회노동이 세계화의 맥락 속에서 이주의 여성화로 나타나는 것이다. 다른 사회를 경험하고 경제력을 갖추게 된 이주여성들이 출신국으로 돌아와 이전과는 다른 인생의 선택지를 가질 수도 있고, 방문국에 남아 다문화사회에 대한 의제를 제시하며 새로운 변화를 끌어내는 집단이 될 수도 있을 것이다. 그러나 신자유주의적 경제재편이라는 구조적 압력 아래에서 이주의 여성화는, 전반적으로 기존 성역할 체계가 재조정되면서 유지되는 방식으로 진행될 가능성도 커 보인다. 그러므로 오늘날 아시아 여성이주에 대한 연구는, 여성들이 지리적 이동을 통해 사회문화적으로 주어진 자리를 벗어나거나 선택하는 방식으로 경험하는 국제이주의 의미와 그 파급효과에 대해 좀 더 면밀하게 검토해야 한다.

3) 국가의 이주정책

여성이주 경험의 가능성과 한계를 현실화하는 데 있어서 출신국과 방문국의 이주정책과 사회문화적 환경은 중요한 요인으로 작동한다. 여성들이 어떤 나라로 가서 어떤 일을 하게 될지는 일차적으로 방문국의 이주정책에 의해 결정된다. 일본의 연예·유흥산업 이주노동 시장에서 절대다수를 차지하던 필리핀 이주노동자들이 경험한 변화는 이런 점을 분명하게 보여준다.

〈표 2-7〉 필리핀 신규 해외취업 공연예술가의 주요국가별 송출자 수 변화(명), 1992-2007

	일본	한국	중국	홍콩	사이판	바레인	싱가포르	크로아티아	베트남	대만	기타	전체
1992	49,216	107	2	259	173	53	21	-	-	-	167	49,998
1993	41,410	174	-	220	42	28	33	-	-	-	147	42,054
1994	52,386	194	-	265	1	29	81	-	-	-	346	53,302
1995	22,940	28	8	134	1	20	24	-	-	8	289	23,452
1996	18,232	4	-	11	-	24	52	-	-	31	210	18,564
1997	31,071	50	5	27	-	32	131	-	-	58	298	31,672
1998	35,335	46	17	8	-	58	55	-	16	23	218	35,776
1999	43,822	47	30	1	-	65	60	-	12	22	237	44,296
2000	59,568	3	35	18	1	36	60	-	2	11	125	59,859
2001	70,244	94	13	13	1	43	90	-	-	8	129	70,635
2002	73,246	256	3	4	1	9	54	-	-	6	106	73,685
2003	57,605	237	15	5	-	-	41	-	-	-	98	58,001
2004	70,628	615	47	22	5	12	24	-	5	2	129	71,489
2005	38,533	687	93	75	17	9	2	-	~	7	72	39,495
2006	6,672	487	62	42	30	24	19	15	14	13	53	7,431
2007*	4,597	1,350	21	113	45	43					90	6,421

* 2007년 10위 내 국가는 싱가포르, 크로아티아, 베트남, 대만 대신 아랍에미레이트 100명, 인도네시아 23명, 이탈리아 22명, 말레이시아 21명.

출처: POEA(Philippine Overseas Employment Administration), 1992-2007.

일본은 일찍이 1981년부터 필리핀 정부가 발급하는 자격증을 인정하는 방식으로 필리핀 여성들을 "엔터테이너"로 고용하는 이주노동 정책을 시행했다. 이러한 이주정책이 실시되자 일본에서 일하는 필리핀 여성의 절대다수는 엔터테이너 자격으로 체류하였을 뿐 아니라, 연예노동자로 해외에 취업한 전체 필리핀 여성의 98~99%가 일본에서 일하는 상황이 전개되었다(〈표 2-7〉 참조). 그리고 일본 내의 필리핀 여성 엔터테이너들이 인신매매와 착취적 성산업의 희생자가 되고 있다는 문제제기가 끊이지 않았다. 이러한 비판을 벗어나고자 일본 정부는 지원자들의 자격조건을 강화하고 필리핀 측의 담당부서를 해외고용청(POEA)에서 교육부(Department of Education)로 바꾸어, 연예 이주노동자들이 전문예술인으로 간주될 수 있는 형식을 갖추었다. 그러나 이런 변화는 새로운 형식요건을 맞추기 위해 중개 브로커의 역할이 더 커지는 결과를 가져왔다.

그러던 중 미국 내무부가 발행한 인신매매보고서(TIP: Trafficking in Persons Reports)에 일본 연예노동이주자들의 상황을 비판하는 내용이 실리게 된다. 국제적으로 체면이 훼손된 일본정부는 엔터테이너 비자 요건을 대폭 수정하여 2005년 3월 15일 이후로는 필리핀 정부의 자격증을 인정하지 않는 까다로운 기준을 만들었다. 이 새로운 규정에서 연예 노동이주자의 자격은 2년간 전문 교육을 받았거나 직업경력을 가진 사람으로 제한되었는데 일본에서의 경력은 인정하지 않았다(Parreñas 2011: 32-35: 김민정 2012a: 41에서 재인용). 그 결과 일본 내 필리핀 엔터테이너의 수는 2004년의 7만여 명에서 2006년의 6천 6백여 명으로 급감하였다(〈표 2-7〉 참조).

필리핀 여성들이 서구를 위시하여 중동과 아시아 지역 등지에서 입주 가사도우미 일을 하는 것도 해당 국가에서 그런 직종의 일만을 이주노동자들에게 허용하기 때문이다. 필리핀에서 2005년도에 "가사서비스 노동자"로 새로 계약을 맺고 출국한 여성은 모두 8만3천여 명으로 전체 여성 신규 노동이주자의 41%를 차지하였다. 2010년에 그 수는 9만4천여 명으로 늘어났을 뿐 아니라 전체 여성 신규 노동이주자에서 차지하는 비율도 51%로 증가하였다(〈표 2-2〉와 〈표 2-3〉 참조). 특히 동아시아와 아랍 지역에서 필리핀 가사서비스 노동자들의 취업이 증가하였는데 이는 해당 국가의 상황과 정책에 크게 영향을 받은 결과이다. 입주 가사도우미의 경우 1992년부터 2007년 사이에 홍콩으로 취업한 사람은 전체 여성 해외노동자 수의 20~40%를 차지하였으며, 홍콩과 쿠웨이트, 사우디아라비아에 취업한 사람들까지 다 합치면 전체의 50~60%에 달한다(〈표 2-6〉 참조). 이렇게 특정 직종의 취업이 특정 국가에 몰려 나타나고 방문국의 정책변화로 취업자 수가 급변하는 양상은 여성이주의 성격과 규모를 결정하는 것이 방문국의 노동수요와 이주정책이라는 점을 보여준다.

출신국가의 이주정책 역시 아시아 내 여성이주의 성격과 특징을 만들어 내는 데 중요한 역할을 한다. 오이시(Oishi)는 아시아 지역 내에서 여성들의 노동이주는 남성들의 경우와 달리 국가별로 커다란 차이를 보인다는 점을 지적한다(Oishi 2005). 아시아 지역에서 매년 이주노동자로 출국하는 국민수가 10만 명 이상인 주요 노동력 송출국을 대상으로 해외 이주노동자의 여성 비율을 비교해보니 두 집단으로 확연하게 나뉘었다. 2002년도 수치를 보면 필리핀과 스리랑카, 인도네시아는 이주노동자의 여성비율이 65% 이상이지만, 방글라데시와 인도, 파키스탄은 그 수치가 0.3% 정도에 불과하였다(Oishi 2005: 5). 이주노동자 전체 숫자나 송금액이 국가 경제에서 차지하는 비중으로 본다면, 방글라데시와 인도, 파키스탄도 필리핀이나 스리랑카, 인도네시아와 비슷한 상황이었다. 즉 이들 국가는 모두 국민 수 대비 이주노동자의 수가 많고 국가 경제에서 송금액의 비중이 높은 나라들이다. 그런데 이주노동자의 여성 비율에서만 극단적으로 큰 차이가 나타나는 것은 특정 국가들에서 성과 연령을 제한하는 이주정책을 펴왔기 때문이다.

이슬람이 지배적인 방글라데시의 경우, 1976년부터 모든 분야의 미숙련·저숙련 여성노동력은 해외 이주노동을 할 수 없도록 규정하였다. 방글라데시 정부는 1988년에 이러한 규제조항을 완화하였다가 1997년부터 또다시 적용하였다. 2003년에 들어서야 규제조항을 약간 수정하여 미숙련과 저숙련 직종에서 여성은 35세 이상이면 이주노동을 할 수 있도록 하였으며 이와 함께 보증금 제도나 교육센터 설립과 같은 보호 장치를 마련하였다. 2006년에는 규제를 조금 더 완화하여 가사노동과 봉제업에서는 25~35세의 여성도 취업할 수 있도록 하였고, 이후에는 청소직에서만 여성이주노동자에 대한 연령 제한을 풀었다 (Siddiqui 2005: 8; Sikder 2008: 260; 김민정 2011: 319에서 재인용).

이렇게 국가별로 차이를 보이는 이주집단의 특성은 흔히 종교나 국민성의 문제로 설명되어 왔다. 그러나 특정 성별이나 연령대, 계급에 속하는 개인이 어떤 동기와 목적으로 어떻게 이주하여 어떤 일을 하면서 주류 사회에 포섭되거나 배제되는지와 관련된 사회적 상황에서, 종교나 국민성 같은 '소위 문화'가 결정적인 영향력을 발휘한다고 볼 수는 없다. 앞서 본 바와 같이 출신국과 방문국의 구체적인 이주정책 내용이 더욱 직접적인 결정요인으로 작용하기 때문이다. 물론 각 국가의 이주정책에는 역사문화적 요소가 반영된다. 그러나 이주정책에서 역사문화적 요소는 특정 집단의 체류에 대한 정책적 규제나 허용을 정당화하기 위해 동원되는 측면이 더 강하다. 이에 오이시(Oishi)는 "사회적 적법성"(social legitimacy)이라는 개념을 통해 남녀를 다르게 취급하는 국가의 이주정책 같은 사회문화적 요인이 개인의 이주동기 및 선택과 연결되는 지점을 설명한다(Oishi 2005: 13).[6] 여성의 해외이주에 대한 사회적 적법성이 부족한 방글라데시 사회는 해외 이주여성들에게 도덕적 낙인을 부과하기 때문에 결과적으로 교육 수준이 낮고 생존을 위해 주위 시선을 의식하지 않는 여성들만이 해외이

6) 사회적 적법성은 사회나 공동체가 개인의 특정한 행동패턴에 대해 보내는 지지 또는 보증(endorsement)으로 정의된다(Oishi 2005: 145).

주를 하게 된다. 그리고 국가는 이런 여성들을 보호하기 위한 정책을 시행하려고 하지 않는다(Oishi 2005: 168).

필리핀은 방글라데시와는 반대로 여성의 해외이주에 대해 사회적 적법성이 부여되는 사회이다. 다양한 교육 수준과 경제 수준의 필리핀 여성들은 다양한 방식으로 해외이주를 하며 국가는 기본적으로 이들의 이주를 적극적으로 지원하는 정책을 편다. 한정된 기간만 해외 체류를 하는 이주노동자뿐만 아니라 국제결혼으로 타국에서 가족을 꾸리고 새로운 국적 취득이 예상되는 결혼이주자에 대해서도 필리핀 정부는 일찍부터 관심을 가지고 제도적 보호조치를 모색해왔다. 1988년에 이미, 필리핀 여성들이 여권을 발급받기 전에 재외필리핀인위원회(CFO)를 통해 국제결혼에 대한 안내와 도움을 받는 제도를 도입하였다. 1990년에는 "반우편주문신부법"(The Anti-Mail-Order Bride Law)으로 알려진 법안(Republic Act No. 6955)을 제정하여 결혼중개업 자체를 불법화하였다. 결혼이주에서 생겨날 수 있는 필리핀 여성의 피해를 막으려는 노력은 2003년 "반인신매매법"(The Anti-Trafficking Act, Republic Act No. 9208)의 제정으로 이어졌다. 이를 통해 부부간 연령이나 교육의 격차가 크거나, 언어소통이 힘들거나, 결혼에 대한 기대가 많이 다르거나 할 경우에는 문제의 소지가 있는 결혼으로 간주하여 비자발급에 제동을 걸 수 있도록 하였다. 개별국가와 양해각서를 체결하는 방식으로 여성 결혼이주자들의 피해를 미연에 방지하려는 노력도 하고 있다. 재외필리핀인위원회는 2012년에 한국의 여성가족부와 함께 한국에서 생활하는 필리핀 결혼이주자들의 정착과 적응을 위해 서로 협조하기 위한 양해각서를 체결하였다(IOM 2015: 53-58).

필리핀 경제가 해외이주자들의 송금에 크게 의존하기 때문에 필리핀 정부의 국가발전계획에서도 이주 관련 항목의 비중은 크다. 2011년에 베니그노 아키노 3세(Benigno Aquino III) 대통령이 발표한 "필리핀 발전 5개년 계획"(Philippine Development Plan, 2011-2016)에서는 전체 9장 중 7개의 장에 걸쳐 송금 문제에서부터 경제교육, 필리핀 문화교육, 필리핀 투자정보 전달, 지식습득 프로그램, 인신매매 척결, 노동자 권리 보호, 귀환노동자 재통합 등 이주와 관련된 계획이 포함되어 있다(IOM, 2015: 112). 이렇게 볼 때 필리핀 국가의 정책 방향과 사회 분위기는 국제이주 전반은 물론이고 여성들의 국제이주에 대해서도 상당히 관용적이며 긍정적이다.

2. 필리핀 여성이주의 사회적 적법성

1) 토착문화와 식민지배 역사 속의 여성

여성이주를 허용할 뿐 아니라 독려하는 것처럼 보이는 여성이주에 대한 필리핀의 "사회적 적법성"(social legitimacy)은, 그렇다면 어떤 역사문화적 배경을 가지고 어떻게 작동하는지 질문해 볼 차례이다. 한국사회는 필리핀과는 반대로, 여성의 국제이주에 대해 그다지 관용적이지 않은 편이라고 말할 수 있다. 과거 조선시대의 유교적 가치와 부계혈통조직이 하나의 역사문화적 배경이 되어 특정한 방식으로 영향을 미치고 있다고 볼 수 있다. 가족과 교육, 노동, 정치, 사회 분야 등에서 근대 제도와 법률은 자유와 평등이라는 보편적 가치를 지향하지만 실제의 자본주의 경제체제와 민주국가라는 정치조직의 구성 및 운영에서는 각 사회의 역사문화적 특징들이 소환되고 동원되면서 차이가 만들어진다. 이런 점에서 여성이주에 대한 사회적 적법성의 맥락을 이해하려면 필리핀 사회의 역사문화적 배경을 살펴보아야 할 것이다. 과거 필리핀 사회에서 지배적이던 사회문화적 요인 중 어떤 것들이 오늘날 어떤 상황에서 취사 선택되고 젠더 선별적으로 적용되는지 질문해 볼 수 있을 것이다.

필리핀이 포함되는 동남아 지역의 토착(indigenous) 문화는, 권력개념과 젠더관계의 인식에 있어서, 한국이나 중국, 일본이 포함되는 동북아 지역과 상당히 다르다. 서구의 식민지배를 받기 이전 동남아 토착사회의 여성들에 대해 동남아지역 연구자들은, 동북아시아나 남아시아 여성들에 비해, 더 많은 자율성을 가지고 다양한 사회 활동을 하면서 "상대적으로 높은 지위"에 있었다는 점을 강조한다(Ward 1963; Van Esterik 1982; 1996). 동남아시아 지역 중에서도 수도작에 의존하지 않고 중국의 영향도 덜 받은 도서부 동남아의 토착사회에서 이러한 점은 특히 더 두드러졌다. 남녀 간의 구분과 차이는 분명하게 인식되고 여러 유형의 표식을 통해 그러한 인식이 드러나지만, 양성 간의 관계는 절대적인 위계관계가 아니라 상호보완적인 이분법으로 인식되었다. 이에 앳킨슨(Atkinson)과 어링턴(Errington)은 동남아의 젠더관계가 "상대적으로 평등하고 상호보완적"이었다고 설명한다(Atkinson and Errington, 1990). 도서부 동남아 토착사회에서는 양성 간의 경계도 넘나들 수 있는 것으로 인식되어 제3의 젠더범주에 대한 명칭이나 종교적 의미에서의 복장도착(transvestism) 같은 관행들이 두루 나타난다. 이런 점에서 도서부 동남아의 토착사회는 탈근대나 탈식민주의 젠더 논의에서도 "경쟁과 이론(異論)의 여지가 있는"(contested) 다양한 역사문화적 맥락을 제공하는 것으로 주목받았다(Peletz 1995).

필리핀의 역사는 마젤란의 도착으로 서구와 접촉한 1521년과 이차세계대전이 끝나면서 독립하는 1946년을 기준으로 하여 대략 세 시기로 나누어 볼 수 있다. 즉 서구 접촉 이전의 토착문화 시기(900~

1521년), 마젤란의 항해로 시작되는 스페인의 식민지배와 이어지는 미국의 식민지배 시기(1521~1946년), 그리고 세계대전이 끝난 이후 독립국가의 시기(1946년-현재)이다. 토착문화 시기의 필리핀 지역은 위계가 복잡하게 발달하지 않고 양변적으로(兩邊, bilateral) 친족관계를 인식하는 사회였는데 이런 점은 상호보완적으로 양성 관계를 인식하는 배경이 된다(Kikuchi 1989). 토착 시기 필리핀 지역의 정치체제는 중앙집권화된 왕권이 발달하지 않은, 느슨하게 구조화된 덜 위계화된 사회였다(Reid, 1988; Scott 1994). 귀족과 평민, 노예라는 세 종류의 신분 질서가 있었지만, 이러한 신분제는 엄격하게 시행되지 않았다. 당시의 노예는 빚을 지고 대신 일을 해주는 부채노예이거나 전쟁에서 패배한 전쟁노예였기 때문에 노역으로 빚을 다 갚거나 다른 전쟁에서 큰 공을 세우면 그 신분을 벗을 수 있었다. 당시의 정치적 지도자들은 해상 무역을 장악하여 얻은 상업 이익을 가지고 정치 권력을 행사하였다. 그래서 농업 이익에 기반한 국가들과는 달리 토지를 정복하고 장악하는 일은 중요하지 않았고 대신 무역과 부역, 전쟁에 동원될 추종자들을 모으는 것이 중요했다.

한편, 필리핀 지역의 토착문화에 특징적인 양변친족은 부계(父系, patrilineal)나 모계(母系, matrilineal) 사회처럼 '아버지 쪽 또는 어머니 쪽의 혈통 중 하나'를 선택하여 '수직적인 조상-후손 관계'를 따져 단일혈통집단을 구성하지 않는다. 양변친족은 '아버지 쪽과 어머니 쪽 친척 모두를 동등하게' 간주하면서 '나를 중심으로 한 동심원의 친척 관계'를 인식하는 방식이다(Keesing 1975: Chapter 6; 김민정, 2002). 양변적으로 친족을 인식하는 사회에서는 대체로 자녀의 성별이나 출생 순위와는 무관하게 부모의 재산을 균분상속하고, 성인이 된 자녀들이 결혼할 때 신혼부부의 거주지는 아내나 남편 중 한쪽으로 정해지기보다는 새집을 지어 독립하는 '신거제'(新居制, neolocality)를 따랐다. 즉 양변적 친족 인식은 양성을 동등하게 간주하는 평등의 원리를 보여주는데 이러한 점은 친족용어에서도 성이나 연령 구분이 발달하지 않는다는 점으로도 나타난다. 성원권의 경계가 분명한 혈통(출계)집단(descent group)을 구성하지 않기 때문에 세대를 이어 전승되는 가족성(性)(family name)도 없었다. 오늘날 필리핀에서 사용하는 부계 가족성은 스페인의 식민지배 시기 후반부에 도입된 것이다. 스페인의 식민지배 이후 필리핀에서는 스페인인과 토착민의 혼혈인 메스티소들만 스페인의 관습을 따라 부계 가족성을 사용하였다. 그러다가 19세기 중반에 접어들어 식민정부가 지역별로 스페인의 성씨 목록을 할당하면서 일반인들도 부계 가족성을 가지게 되었다(Kaut 1967: 397).

가톨릭 포교를 내세운 필리핀에 대한 스페인의 지배는 1565년에 시작되었으며 이후 무려 333년간 지속되었다. 스페인의 지배를 받으면서 필리핀에는 가부장적인 가톨릭 성 규범과 스페인 법 제도가 도입되었다. 하지만 식민통치의 직접적인 영향력은 행정 중심지역으로 한정되었고 식민지배 말기가 되어서야 그 지배력은 일반 대중들에게까지 미칠 수 있었다. 스페인의 입장에서 볼 때 필리핀은 멕시코와 비교해 덜 중요한 식민지였으며, 상당히 오랫동안 필리핀은 멕시코를 통해 간접통치를 받았다. 결과적으로 식민지배 행정기구가 위치하지 않은 주변부 필리핀 지역에서 스페인 지배력은 느슨한 편이었다. 18세기 말에 식민지배의 경제기반이 무역에서 상업작물 경작으로 바뀌면서야 비로소, 필리핀 사회의 변화는 가속화되었다. 필리핀은 세계자본주의 시장에서 환금작물 재배지로 탈바꿈하였고, 지주와 소작농 및 농업노동자와 같은 새로운 계급 관계가 빠르게 확산하였다(Steinberg 1994). 가톨릭의 가르침은 물론이고 스페인의 가족법과 상속법, 행정

지배체계는 전반적으로 가부장적이었고 토착사회의 "상대적으로 평등하고 상호보완적인" 젠더관계는 스페인의 지배로 인해 많이 약화되었다. 식민지배세력을 대변하면서 중간 지배자의 역할을 맡아 온 현지인 엘리트층은 특히, 스페인의 종교와 교육, 법 제도를 더 적극적으로 수용해야 했기 때문에 스페인의 가부장적 관습의 영향을 더 많이 받았다(Feliciano, 1994).

스페인의 지배에 이어 필리핀은 1898년부터 1946년까지 미국의 식민지배를 받았다. 미국 식민지배의 영향으로 필리핀은 아시아에서는 드물게 근대의 법과 교육체계를 일찍이 받아들였고, 그 영향으로 필리핀은 오늘날에도 법과 교육제도가 선진적인 국가로 남아있다. 그러나 독립 이후의 발전 과정에서 미국에 대한 정치경제적 의존은 심화하고, 오랜 식민지배로 인해 생겨난 빈부격차도 심화하였다. 근대사회의 성별분업 규범이 확대되고, 할리우드식의 대중문화와 미국식의 소비문화가 유입되면서 빈부격차의 확대와 함께 근대적 젠더관계는 불평등하게 구축되었다(Blanc-Szanton 1990). 새로 도입된 근대적 법과 제도 아래에서 여성들이 국회와 전문직에 진출하는 경우가 결코 적지 않았지만, 빈곤층의 여성들은 생계에 대한 책임을 지고 전근대적이거나 비공식적인 영역에서 저임금으로 경제활동을 하거나 폭력적인 상황에 부닥쳤다. 즉 계급 간 정치·경제적 자원의 격차가 더 커진 상황에서 상층 엘리트층 여성들의 사회참여나 경제활동은 어느 정도 보장되었지만, 빈곤층 여성들의 생활조건은 더욱 악화되었다(Eviota 1992).

이러한 역사적 과정을 단순하게 도식화해본다면, 필리핀 사회는 양성관계가 상호보완적인 토착사회에서 성불평등한 근대사회로 이행한 것처럼 보인다. 한국사회의 역사 경험은 이와는 반대로 느껴지기 때문에 한국사람들은, 필리핀 사회에서 마주하는 젠더격차의 현장에서 혼란을 느끼며 단편적인 평가를 하게 되곤 한다. 예를 들어 사업이나 학술교류를 위해 필리핀을 방문한 한국남성들은 회사 임원직이나 관공서 고위직, 대학 내 보직 등의 자리에 여성이 절반 이상 있는 것을 보게 되면, 필리핀은 여성이 해방된 나라라거나 여성상위 국가라며 과장된 평을 한다. 다른 한편 시민단체 활동가나 여성학 연구자로서 필리핀을 방문한 한국여성들은 필리핀 중하층 여성들 삶의 거친 모습을 접하게 되고 필리핀 여성들은 가족부양의 책임을 떠안고 관광 매매춘이나 해외 이주노동, 가내폭력의 희생자라고 단정하기도 한다.

필리핀 젠더격차에 대한 이러한 상반된 평가는 신분 위계가 성 위계보다 더욱 중요하게 작동해 온 전근대적 사회조직 방식이 반영되어 복합적인 젠더효과를 만들어 내는 것으로 이해해볼 수 있다. 중상층에서는 여성이라는 점이 사회활동을 제약하는 일차적인 요소로 작동하지 않으며, 오히려 여성 이미지가 권력에 접근할 기회를 제공하는 자원이 되기도 한다(Roces, 1998). 한편 가족 자원이 부족한 중하층에서는 여성이라 하더라도 남성들을 대신하여 생계에 대한 책임을 지고 더 많이 희생하면서 가족관계를 꾸려나가야 하기 때문에 더욱 위험하고 폭력적인 차별적 상황에 부닥치게 된다.

스페인과 미국의 식민지배가 3백 년 이상 지속되면서 필리핀 사람들의 생활방식은 피상적으로나마 서구화되었고 무엇보다 20세기 이후로는 공용어로 영어가 사용되기 시작하였다. 이러한 점은 분명 필리핀의 해외 이주노동이 지속해서 증가하는 사회문화적 배경이 될 것이다. 그러나 이에 앞서, 양변친족제도와 상대적으로 상호보완적인 젠더관계를 특징으로 하는 토착문화 전통으로 인해 근대적 경제와 정치활동에서도 여성들의 참여가 상대적으로 높았다는 점은 중요하게 고려되어야 한다. 오늘날 필리핀 여성들의 해외이주에 대한 사회적 적법성을 이해하기 위해서는 식민지배를 통해 서구사회와 오래 접촉해 온 역사뿐 아니라 그 이전 시기의 토착문화에 특징적이던 상호보완적 젠더관계에도 관심을 가져볼 필요가 있다.

2) "바공바야니"와 여성 해외 이주노동자

오랜 식민지배의 역사를 통해 필리핀은 스페인의 식민지 건설 노동력으로 차출되는 등 서구사회와 여러 방식으로 접촉했다. 특히 미국은 1898년에 필리핀을 스페인으로부터 양도받은 후 미 해군의 선박 승무원으로 필리핀인들을 대거 채용하였는데 그 수가 1920년대와 1930년대에는 미 해군의 5%에 달할 정도였다(Espiritu 1995: 14-15; 김민정 2015b: 114에서 재인용). 또한 1903년부터 펜시오나도(Pensionados, 연금을 받는 사람들이라는 뜻) 프로그램을 통해 필리핀인들이 미국의 교육과 의료 제도를 배울 수 있는 기회를 제공하였다. 이렇게 미국으로 파견되었던 필리핀인들 중 미국 사회에 남은 사람들을 중심으로 재미 필리핀 사회가 구성되기 시작하였고, 특히 간호직종에 필리핀 여성들이 진출하는 길을 열었다(Teodoro 1999).

필리핀 정부의 주도로 국민이 해외로 진출하여 이주노동자로 일하기 시작한 것은 1970년대 중동의 "오일붐" 시기이다(김민정 2006b: 67). 당시에는 한국도 필리핀과 비슷하게 독일과 사우디아라비아로 노동력을 송출하는 해외 이주노동 정책을 폈지만 그리 오래 가지 못하였다. 그러나 한국과 달리 필리핀의 해외노동자 수는 계속해서 증가하였다. 1974년 필리핀의 마르코스(Marcos) 정부는 만성적 실업문제를 해결하고자 해외고용프로그램(OEP: Overseas Employment Program)을 만들어 노동력 수출정책을 본격적으로 시행하였다. 이 기구는 1982년 노동부 산하의 필리핀해외고용청(POEA: Philipiine Overseas Employment Administration)으로 바뀌어 오늘날까지 존속하고 있다. POEA는 특히 코라손 아키노(Corazon Aquino) 정부로 들어서면서 해외 이주노동의 계약조건을 규제, 감독하고 이주노동자들을 위한 복지활동으로까지 그 역할을 확장한다. 마르코스 정부 시절인 1977년에 이미 "해외노동자를 위한 복지와 훈련기금"이라는 이름으로 이주노동자들의 복지를 위한 재원도 마련되었는데, 이는 이후 1986년에 생기는 해외노동자복지청(OWWA: Overseas Workers Welfare Administration)의 전신이다.

1995년에는 이주노동자들의 인권헌장격인 이주노동자와 재외필리핀인법안(RA8042)이 제정되는데, 여기에는 이주노동자와 가족 간의 재통합 서비스와 사회복지 서비스에 대한 내용이 포함되어 있다(김민정 2006b: 68). 이어 1997년에는 필리핀 이주노동자들이 진출한 해외 각 지역에 필리핀노동자자원센터(FWRC: Filipino Workers Resource Center)가 설립되었고, 노동부 산하의 해외노동사무소(POLO: Philippine Overseas Labour Office)가 그 운영을 맡았다. 필리핀은 또한 UN에 의해 1990년에 채택되고 2003년에 발효된 "이주노동자와 그 가족의 권리 보호에 관한 국제협약"(International Convention on the Protection of the Rights of All Migrant Workers and Members of their Families)도 비준하였다. 즉 시간이 흐를수록 필리핀 정부의 이주노동자 정책은 이주노동자들을 보호하기 위하여 계약조건과 노동상황을 개선하고, 남은 가족 성원들과 귀환이주자들을 위한 복지 서비스를 제공하는 방향으로 확대되었다. 이에 국제인권단체 휴먼라이츠와치(Human Rights Watch)의 2006년도 보고서는 필리핀 정부가 시행하는 해외 자국민과 이주노동자 보호조치를 긍정적으로 평가하였다(Human Rights Watch, 2006).

이러한 과정에서 필리핀의 해외 이주노동은 1980년대 중반을 기점으로 하나의 흐름을 형성하게 된다. 영구이주보다는 한시적인 계약노동 이주가 증가하고, 중동지역에 이어 동아시아 신흥공업국으로의 이주가 증가하고, 생산, 운송, 건설 등에 치중되던 남성 직종 대신 가사도우미 등 서비스직 여성 직종의 비중이 증가하는 현상이 두드러지기 시작하였다. 그 결과로 2000년대 초에는 특히 이주의 여성화 현상이 뚜렷해진다(Opiniano 2004: 8; 〈표 2-1~3〉 참조). 새로운 이주 추세에서 주목되는 또 다른 특징은 해외에서 체류하다가 필리핀으로 돌아온 사람들이 또다시 해외로 일하러 나가는, 재이주자의 비율이 증가하는 것이다. 오랜 해외노동을 마치고 귀국을 결심하였더라도 고국인 필리핀 사회로 재통합되는 것이 점점 더 어려워지면서 다시 해외로 나가는 재이주 상황이 확산하기 시작하였다(Battistella 1999).

필리핀인들의 해외이주는 지난 50여 년간 지속해서 증가해왔으며 개인의 이주는 가족, 지역사회, 국가, 세계로 확대되는 중층적 사회구조의 영향을 받으면서 동시에 변화를 만들어내는 요인이 되었다. 해외이주는 이제 필리핀에서 개인의 사회 심리적인 측면, 가족경제와 가족관계, 교우관계와 이해집단, 중개업소, 국가정책, 시민단체, 국제기구, 성과 아동문제, 정치경제와 사회문화적 문제 등이 긴밀히 엮여 휘돌아가는 "소용돌이"(vortex)처럼 진행되고 있다(Estopace 2002).

필리핀 사회에서 해외 이주노동의 지속적 확대는 두뇌유출이나 가족해체와 같은 부정적 영향을 가져온다는 점에서 비판받기도 한다. 그러나 송금을 통해 자녀 세대의 교육을 확대하고 중산층 소비에 기반한 산업구조를 만들어내면서 국가 경제에 이바지한다는 긍정적 평가를 무시할 수 없다. 무엇보다 필리핀 정부는 이들 해외 이주노동자와 재외필리핀인에 대해 특별한 위상을 부여하면서 이주노동을 장려

해왔다. 마닐라 국제공항의 출입국 심사대에는 이들을 위한 "OFW"(재외필리핀노동자) 창구가 따로 마련되어 있다. 재외필리핀인들에게는 이중국적이 허용되며, 2003년부터는 재외국민 부재자 투표도 시행되고 있다. 필리핀의 국가개발 5개년 계획에서도 해외 이주노동자와 재외필리핀인은 필리핀의 고용과 개발, 외환, 외교, 교육, 가족 등 제반 정책에서 중요한 위치를 점한다(IOM 2015: 112). 해외에 체류하는 필리핀인들을 이렇게 특별한 위치의 국민으로 인식하는 것은 이들의 경제적 기여가 크기 때문이다.

2016년의 경우 해외에 거주하는 필리핀인들이 국내로 보내는 송금액은 국내총생산(GDP)의 10%에 해당하며, 필리핀 전체 가구 중 20%가 해외송금을 받고 있다(Bangko Sentral ng Pilipinas 2016). 실제로 필리핀 중산층의 자녀교육과 소비는 해외에서 체류하는 가족이나 친척들의 송금으로 유지된다고 해도 과언이 아니다. 이러한 상황들을 고려할 때 해외 이주노동자들이나 재외필리핀인들이 필리핀 사회에서 특별한 위상을 가지는 점은 충분히 이해할 수 있다. 필리핀 국내에는 해외의 가족성원이나 친척들로부터 해외 일자리에 대한 정보를 얻고 그들의 도움으로 해외 이주노동을 나가고자 하는 사람들이 항상 대기 중이다. 한편 해외에서 체류하는 필리핀인들은 정기적으로 필리핀에서 휴가를 보내거나 필리핀으로 돌아와 노후를 보낼 가능성을 생각하면서, 필리핀에 있는 가족과 친척 관계를 유지하고 국내 문제에도 계속해서 관심을 둔다.

이러한 사회 분위기 속에서 해외 이주노동자는 가족과 국가를 살리기 위한 새로운 국가 영웅인, "바공바야니"(Bagong Bayani: New Hero)의 이미지를 가지게 되었다. 바공바야니라는 말은 해외 이주노동자들의 노고를 칭송하고 고무하는 어감을 담아 1980년대 말인 코라손 아키노 정부 시기에 만들어졌는데 현재까지도 널리 사용되고 있다. 특히 취약한 노동조건에 처해있는 입주 가사노동을 하는 여성노동자들이 대표적인 이미지로 제시되곤 하였다. 홍콩이나 싱가포르, 아랍 지역에서 일하는 입주 가사노동자들은 필리핀과는 현저하게 다른 유교나 이슬람 문화권의 국가에서 일할 뿐 아니라 사회로부터 고립될 수 있는 개별 가정 공간에서 일하기 때문에, 피해 가능성도 크고 문제가 생겨도 외부에 알리지 못하여 희생당할 개연성이 더 높기 때문이다. 이들은 또한 자신의 아이들은 막상 다른 가족의 손에 맡겨놓고 필리핀을 떠나와 타국에서 다른 가족의 아이들을 돌보아야 한다는 점에서 더욱더 안타까운 상황 속에서 일하는 것으로 여겨졌다. 실제로도 해외에서 일하는 필리핀 입주 가사도우미들은 험한 일을 겪으면서 사회적 이슈로 떠오르는 경우가 드물지 않았다.

신규 해외노동자의 여성비율이 60%에 육박해가던 1990년대 중반에 발생한 아래의 두 사건은 특히 필리핀 사회를 뜨겁게 달구었다. 하나는 싱가포르에서 입주 가사도우미로 일하던 플로르 콘템플라시온(Flor Contemplacion, 당시 42세) 사건이다(*Asiaweek* March 31, 1995; April 7, 1995). 플로르는 동료 필리핀 여성과 그녀가 돌보던 3세 아이를 살해했다는 누명을 쓰고 적절한 변호를 받지 못한 채 1995년 3월 17일에 싱가포르에서 교수형을 당하였다. 주변의 증언과 상황을 종합하여 보면 아이는 사고로 익사하고 그것을 발견한 아이의 아버지가 격분하여 아이를 돌보던 필리핀 여성을 목 졸라 살해한 것으로 추정할 수 있는 정황이었다.

당시 이 사건은 갑자기 늘어난 필리핀 여성이주노동의 현실을 고발하고 입주 가사도우미의 노동조건에 대해 사회적 관심을 촉구하는 중요한 계기가 되었다. 라모스(Ramos) 대통령은 플로르를 (살인자가 아닌) '바야니'(영웅)라고 불렀고, 영부인이 직접 공항으로 나가 플로르의 시신이 담긴 관을 영접하였으며, 필리핀 사회 곳곳에서는 싱가포르의 사건처리 과정에 항의하는 시위가 발생하였다. 이 사건은 당대의 유명한 필리핀 여배우 노라 아노르(Nora Aunor)가 주연을 맡아 영화로도 만들어졌다.

플로르가 사형을 당하고 나서 얼마 지나지 않아 이번에는 15세 소녀인 사라 발라바간(Sarah Balabagan)이 아랍 에미레이트에서 사형선고를 받고 수감 중이라는 이야기로 필리핀 사회는 다시 동요하였다(*Philippine Daily Inquirer* August 4, 2009). 1994년에 필리핀의 한 중개업체가 사라의 나이를 가짜로 기입하여 두바이(Dubai)의 가정에 입주 가사도우미로 취업을 알선하였는데, 소개된 곳은 67세의 혼자된 남성과 그의 아들 4명이 사는 집이었다. 거기서 사라는 강간을 시도한 고용주를 여러 번 칼로 찔러서 죽게 한 혐의로 1995년 6월에 사형선고를 받게 되었다.

앞선 플로르 사건 등으로 필리핀 안팎의 여론은 중동지역 가사도우미들에 대한 열악한 처우와 비인간적 대우에 대한 비난으로 들끓던 중이었다. 결국 아랍 에미레이트 대통령의 청원으로 고용주 친척집단이 소송을 철회하였고 필리핀 독지가가 보상금을 기부하면서 사라는 자유의 몸이 되었다. 사라는 "바공바야니"로 환대를 받으며 필리핀으로 돌아왔고 이 이야기도 비나 모랄레스(Vina Morales)를 주연으로 영화로 만들어지고 흥행에서도 크게 성공하였다.

1990년대 이후 현재까지 매년 4만 명에서 9만 명에 이르는 숫자의 필리핀 여성들이 입주 가사도우미로 일하기 위해 필리핀을 떠나고 있다. 플로르와 사라도 그 수십만 명에 속한 평범한 해외 이주노동자였으나, 살인이라는 중범죄에 연루되면서 세계의 주목을 받는 아시아의 여성이주노동자가 되었다. 싱가포르에서 거칠 것 없이 진행되었던 플로르의 사형집행처럼, 명백한 반대 증거가 있더라도 가난한 이주여성이 범죄자로 지목되는 것은 빠져나올 수 없는 덫에 걸린 상황과도 같다. 플로르와 사라의 인생은 해외 이주노동 생활이 얼마나 불확실하고 위험을 내포한 인생 여정인지를 보여준다. 운이 나쁘면 모두가 피하는 범죄자로 전락하면서 생명을 내놓아야 하는 극단적인 상황으로 치달을 수 있는 것이다.

플로르가 살인 누명을 쓰고 억울하게 형장의 이슬로 사라졌다고 생각하는 사람들이 많았기 때문에, 이후 사라의 죄는 정당방위로 받아들여졌고 무사히 필리핀으로 귀국할 수 있었다. 즉 플로르의 한발 앞선 비극이 사라의 생명을 구해야 한다는 사회 인식을 만들어 내었다. 이렇게 필리핀 해외 이주노동자들은 목숨을 담보로 하는 극단의 곤경에 처하고 이런 상황이 언론에 보도되어 시선을 끌게 될 때야 비로소, 비공바야니로 조명받으며 명예회복을 하게 된다. 바공바야니라는 말은 실상 이주노동자들의 삶에서 일상적 곤경이 중요한 특징이며, 이것이 이주노동 환경이 내포한 불운의 개연성과 만날 때 돌이킬 수 없는 비극을 만들어 낼 수 있다는 점을 보여준다. 이런 점에서 곤경과 불운의 삶을 살았기 때문에 바공바야니라고 불릴 수 있다는 것은 역설적이다.

"바야니"는 원래 외세 치하에 있던 필리핀의 독립을 위해 목숨을 바친 순국선열을 일컫는 말인데, 전투적인 호국영웅의 이미지보다는 종교적 순교자의 이미지를 더 많이 담고 있다. 과거 외세의 지배에서부터 오늘날 세계화로 이어지는 역사 속에서 필리핀 사회는 외국과 긴밀하게 연결된 상황 속에서 국가의 생존을 도모해 왔다. 이러한 역사와 사회문화적 배경 속에서 그리고 이주노동에 의존하는 국가 경제정책에 의해서, 이주노동자들을 바공바야니라고 부르는 것은 필리핀 사회에서 상식적인(commonsensical) 것으로 받아들여지게 되었다(Encinas-Franco, Jean. 2015).

여성이주노동자들은 특히 더 열악한 노동상황에 처하기 쉬우므로 더욱더 곤경을 극복하고 불운에 맞서야만 해외 이주노동자의 생활을 지속할 수 있다. 이런 점에서 여성들의 해외 이주노동은 개인을 넘어서서 가족을 위한 희생으로, 그러므로 국가를 위한 결정으로 받아들여지면서 대표적인 바공바야니의 이미지를 구성해왔다.

3) 가족주의와 모중심적 가족

여성들이 집을 떠나 일하면서 가정의 경제를 책임지는 것은 근대 사회를 특징짓는 성별 분업에 맞지 않는 현상이다. 근대 사회에서 자산이 없어서 자기 노동력을 판매하여 생활해야 하는, 노동자 시민계급은 가족의 생계부양을 책임지는 성인 남성으로 전제되었다. 하지만 남성들의 사회적 생산노동은 맑스가 "무임금노동"이라고 표현한, 가사노동을 비롯한 가족관계를 유지하는 여성들의 재생산노동을 통해서만 실현 가능하였다(마리아 미즈, 2014[1998]). 이렇게 임금지불 여부로 구분되는 사회의 생산노동과 가정의 재생산노동은 근대의 성별분업 체계로 자리 잡으면서 근대적 성규범과 도덕의 바탕을 이루었다.

그렇다면 여성이주노동의 증가라는 필리핀 사회의 변화는 근대 성별분업에 기반한 가족관계의 도덕이나 사회적 성규범의 변화를 의미하는 것일까? 필리핀 가족관계에서 여성의 위치와 역할이 여성의 경제활동이나 여타의 사회 활동과 어떤 관련이 있는지를 알아보는 것으로 답변을 모색해 보고자 한다.

근대 가족관계는 어머니가 출산과 양육을 전담하는 점을 자연적인 것으로 보면서 "모성"(motherhood)은 여성들이 타고나는 보편적 속성이라고 보았다. 그러나 모성은 자녀라는 타인의 필요와 욕구를 우선으로 돌보면서 어머니 자신의 필요와 욕구는 희생하거나 유예할 것을 요구받는 일이다. 즉, 모성은 독립된 인격체로서 자유와 권리를 주장할 수 있는 근대 개인의 속성과 구분되며 공적 영역에서 여성들을 배제하는 효과를 가져온다. 다른 한편으로는 여성이 공적 영역에 진출할 경우 도덕적인 존재로 주목받아 사회적 존경을 받을 수 있는 자질이 되기도 한다. 이런 점에서 모성은 서구 페미니즘 논쟁의 정점에 위치하여 왔으며, 1960년대 이후 현재까지 페미니즘 이론의 갈래와 운동 전략의 차이는 모성에 대한 옹호와 비판을 중심으로 전개되었다고 해도 과언이 아닐 것이다(Umansky 1996).

근대의 모성은 자본주의의 핵가족 모델에 대한 논쟁을 통해 논의되기 시작하였다. 전근대 사회에서 가족은 지역공동체와 친족공동체의 한 부분으로 유기적으로 결합해 있었기 때문에, 가족 영역에 속한다는 사실만으로 여성이 친족집단이나 지역사회의 활동에서 배제되지는 않았다(조한혜정, 1988). 그러나 근대의 핵가족은 정치, 경제, 사회 등 가족 밖 영역과 분리되고 고립된 사적 영역으로 축소되었기 때문에, 가족 영역으로 제한된 여성의 위치는 취약해지고 여성이 가족 밖 활동에 나설 때는 다양한 방식으로 도덕적 제약이 가해졌다.

현실에서 억척스럽게 경제활동에 종사하거나 적극적으로 사회 활동을 하는 여성들은 "강한 어머니"로 재규정되면서 용인되었다. 가족 내에 남성이 없거나, 있더라도 생계부양자로서 무능력하거나, 전쟁이나 극심한 경제 불황기에 여성들은, 생활전선의 전면에 나서지 않을 수 없었다. 거의 모든 사회에서 경제상 하층 계급의 여성들은 자식들을 먹여 살리기 위해 돈을 벌어야 하는 삶을 살았고 이러한 가정 밖 노동은 어머니 역할로 간주되었다. 이렇게 근대 핵가족의 성역할 모델에서 벗어나는 예외적인 상황을 설명하기 위해 20세기 중후반기에는 사회학에서는 "모중심적"(matrifocal) 가족에 대한 논의가 등장하였다. 영국 동부지역의 노동계층이나 미국 흑인 사회의 가족이 주요 사례로 주목을 받았는데, 이들 가족의 모중심성은 집안에 남성이 없는 하층계급의 사회적 상황으로 간주되면서 근대 핵가족의 성별 규범의 예외로 여겨졌다(Young & Willmott 1957; Smith 1973).

그러나 동남아시아 지역 가족의 모중심성에 대해서는 일부 여성 인류학자들을 중심으로 다른 방식의 설명이 제시되었다. 동남아시아 사회에서 어머니는 가족관계에서 중심적 위상을 차지하면서 가족 영역을 관장하는 위치에 있다는 것이다. 가정의 종교의례를 집전하거나 가족을 더 넓은 사회관계로 연결하는 역할을 담당하는 권위를 가지는 존재로 제시되었다(Tanner, 1974). 필리핀의 여성학자 일로(Illo)는, 필리핀어로 '가정주부'라는 말은 여성의 활동이나 영향력을 가정 영역 안으로 한정하는 함의를 가지지 않으며 상당히 광범위한 활동과 권한을 부여한다는 점을 지적한다. 가정주부에 해당하는 필리핀어는 '마이'(may: 가지다, 통제하다)와 '바하이'(bahay: 집, 가정)의 합성어인 "마이바하이"(maybahay)로, 문자 그대로 번역하면 "집/가정을 소유/관장하는 사람"이라는 뜻이다. 영어의 "가정주부"(house wife)처럼 집안일을 하는 사람이라는 좁은 뜻이 아니라 집(house)–가구(household)–가족(family)으로 이어지는 전 영역의 모든 일을 통제하고 관리하는 사람이라는 뜻이라는 것이다. 가정주부에 대한 명칭과 함의에서도 볼 수 있듯이 필리핀 사회는 기혼여성의 가사노동과 다양한 바깥 활동을 상호 대립적인 것으로 여기기보다는 통합적인 관점에서 함께 수용한다

(Illo 1999; 김민정 2004: 64에서 재인용). 아길라르(Aguilar)의 조사에서도 필리핀의 기혼여성들 대부분은, 어머니라는 정체성을 가장 중심에 두지만 집안일과 바깥일을 양립해야 할 경우 두 가지 모두가 어머니라는 일을 더 잘하기 위해서라고 생각하기 때문에 정체성의 혼란을 겪지 않는다고 응답하였다(Aguilar 1996).

여성의 활동과 위치에서 모성이 가지는 함의와 해석의 차이는 문화마다 가족과 사회 간의 관계 설정이 다르게 나타날 수 있기 때문이다. 어머니가 자식과의 관계에서 권력을 가지는 것은 보편적이지만, 가족과 사회의 분리가 심하여 어머니가 사회적으로는 무기력한 존재가 될 경우에는 가족 내 어머니의 위치와 권력도 취약해진다. 반대로 가족과 사회의 연결이 강할 경우에 여성의 활동은 어머니의 역할을 통해 사회적으로 확장될 수 있으며 모성이라는 여성적 자질은 가족 밖의 관계로까지 확장될 수 있는 여지를 가진다. 필리핀을 위시한 동남아 사회에서 가족과 사회의 연결성은 단순하거나 간단명료하지 않다. 서구의 시각에서는 앞서 설명한 양변친족 원리(Geetz 1961; Eggan 1967; Hüsken and Kemp 1991)뿐 아니라 위계를 애매하게 만드는 관계 맺기 방식(Rafael 1988; Cannell 1999; Atkinson and Errington 1990), 후원제와 같은 수직적 연대의 중요성과 국가 사회보장체제의 미비 등(Scott 1972; Kerkvliet 1990), 다양한 방식으로 드러나는 필리핀 사회의 역사문화적 고유성들이 전근대적 현상으로 폄하될 수 있기 때문이다.

필리핀 사회에서 가족 간의 유대는 유독 강하며 특유의 가족주의가 발동하여 온 것으로 평가된다(Medina 1991; Go 1993). 노동력의 재생산을 가족에게 의존해야 하는 근대 국가에서 가족은 국민공동체의 근간이 되고 도덕적으로 우위를 점하는 기본 사회조직으로 인식되었다. 따라서 가족 간의 유대나 도덕규범에 대한 은유는 더 큰 국민공동체를 유지하기 위해 개인들을 묶어내기 위한 이데올로기로 차용되었다. 필리핀 사회에서 가족의 중요성이 유독 강조된다고 할 때, 이는 "약한 국가"로 분류되는 발전국가의 특징을 반영하는 것으로 해석되었다(David 2001: 121-124). 국가가 시민의 권리보장이나 사회복지 서비스를 충분히 제공하지 못하는 상황에서 후발 경제개발 과정이 야기하는 여러 불안으로부터 개인을 보호해 온 것은 가족이었기 때문이다. 국가를 대신하여 가족이 개인의 복지후생을 담당해 온 것은 특히 중하층 계급에서 가족 내 여성의 위치와 역할을 강화한다. 이러한 국가와 사회, 가족 영역 간의 관계는 필리핀 가족의 '모중심적'(matrifocal) 성격을 설명하는 배경이 된다(Mülder 1997: 37-44).

1999~2000년에 내가 현장연구를 진행했던 필리핀 민도로 지역의 농촌 마을에서는 어머니라는 위치가 외부자원을 끌어오는 매개자 역할을 하는 것이 주목되었다(김민정, 2002). 마을에서 기혼여성들의 가정 밖 활동은 주로 종교 활동과 지역 내 사회활동이었다. 필리핀의 토착가톨릭(folk Catholic)은 제설융합적인 토착종교문화에 의해서 설명되는 측면이 큰데, 여기에는 사제가 부족한 농촌 현실이 중요한 배경이 된다. 가톨릭 사제가 상주하지 않는 마을에서는 기혼여성들이 가족과 이웃, 나아가 마을 단위로 행하는 다양한 종교의례를 주도하였다. 망자(亡者)를 위한 추모기도회에서부터 사순절 주간에 진행하는 예수수난사(passion) 읽기, 5월에 진행되는 성모 마리아에게 바치는 기도(Flores de Mayo), 부활절이나 성탄절, 마을 축제 때 진행되는 마을 수호성인 행진(procession) 등의 종교의례들은 사제에 의해 집행되는 공식 종교행사가 아니라 가족과 가까운 친척들, 나아가 마을 단위의 안녕을 기원하는 공동체 활동이었다. 이때 어머니라는 위치는 가족과 마을 공동체를 대변하여 수호성인들에게 기도를 드리고 도움을 요청

한다는 점에서 종교적 매개자를 의미하였다.

어머니라는 위치는 또한 국가나 국제적인 사회단체가 마을에 제공하는 구호나 복지 서비스를 끌어오기 위한 활동과도 관련되었다. 이 역시 기혼여성들이 자원이 부족한 가족과 마을 공동체를 대변하여 외부의 도움을 매개하는 역할을 담당하는 것을 의미하였다. 당시 마을에서는 정부가 운영하는 가족계획과 모자보건 프로그램, 지역 정치인 아내들이 주도하는 여성조직 등이 있었고, 국제적인 사회단체의 후원을 받아 진행되는 아동 후원에서부터 지역개발 사업, 협동조합 운동 등 다양한 마을 조직활동이 진행되고 있었다. 마을의 기혼여성들은, 좁게는 지역정치의 넓게는 세계 경제체제의 영향이 반영된, 이러한 여러 정치적, 사회적, 경제적 활동에 동원되거나 참여하였다. 기혼여성들의 이러한 활동은 선진국에서 필리핀으로 그리고 정부를 통해 마을로 전달될 수 있는 자원에 대한 접근과 영향력을 얻기 위한 것이기도 했다. 그렇지만 그렇게 가족 밖의 활동과 모임에 참여하면서 농촌 마을의 기혼여성들은 외부사회에 대한 소식과 정보를 접하고 지역 정치인이나 정부 관료들과 개인적인 연결망도 만들어 낼 수 있었다.

이런 점에서 필리핀 가족의 모중심성은 성역할 분업을 유지할 수 없는 주변부의 예외적 가족관계라고 치부할 수 없다. 그러나 필리핀 가족의 모중심성은 여성의 활동영역을 넓혀주고 성과를 인정하는 맥락을 제공하는 동시에 어머니라는 위치가 가족을 위한 경제활동과 네트워크 구축에 대한 책임과 부담을 지게 되는 것을 의미한다. 급격한 정치·경제적 변화에 뒤처져있고 만성적인 자원 부족 상태인 농촌 지역의 중하층 가족에서 이러한 책임과 부담을 진 어머니의 위치로 얻을 수 있는 것은 어머니라는 상징적 지위에 따르는 권위와 도덕적 정당성에 그친다. 그러므로 필리핀 가족의 모중심성은 특정한 역사문화적 전통이 결과한 여성해방적 징후로 해석할 수 없다. 필리핀 사회의 변화과정 속에서 가족과 여성을 규정하는 근대적인 이분법 성역할 모델이 행위자들에 의해 재규정되면서 재해석되는 측면을 이해하고 그 의미를 파악하는 것이 필요하다(김민정 2004: 66).

분명한 점은 모중심적 가족의 특징이 여성의 사회적 활동과 물리적 이동의 자유를 상당히 허용하고 가족 내 여성의 역할을 확장하면서 가족 부양의 책임과 의무를 폭넓게 규정하는 논리로 작동하기 때문에, 여성이주의 사회적 적법성의 맥락을 제공한다는 것이다.

3. 한국과 필리핀 사이의 필리핀 여성

한국 정부가 1989년 여행자율화 정책을 시행하였을 때 당시 필리핀 사람들은 동남아 지역에서는 가장 먼저 한국에 진출한 사람들이었다. 여기에는 필리핀 사회에서 해외 이주노동이 활성화되어 있다는 점도 작용하였겠지만, 한국과 필리핀의 교류가 상당히 일찍 시작되었고 긴밀하게 진행되었다는 점도 영향을 주었을 것이다.

1948년 8월 15일에 출범한 대한민국 정부는 1949년부터 외국과 수교를 맺기 시작하는데, 이때 필리핀은 영국과 프랑스, 미국, 대만에 이어 5번째의 수교국이었다. 1950년에 발발한 한국 전쟁 당시에는 유엔군의 일원으로 7천여 명의 필리핀군이 참전하였고, 군인이 아니더라도 미 해군의 군무원이나 미국계 건설 회사의 근무자로 일하면서 한국의 전후복구 과정에 참여한 필리핀 민간인들이 많았다(김민정 2017: 142-143). 1960년대의 필리핀은 미국의 원조와 도움을 받아 "아시아 민주주의의 전시장"으로 인식되었고(Rosenberg 1979), 남북한 간의 전쟁으로 전 국토가 피폐화된 한국과 비교한다면 상대적으로 여유로운 편이었다, 그래서 1960년대 한국의 신문기사에 등장하는 "비율빈"(比律賓, 필리핀)은 한국이 수해를 입었을 때 수재민구호 의연금을 보내주고, 합작영화를 제작하면서 영화기술을 전수해주고, 또 제7대 대통령이었던 라몬 막사이사이(Ramon Magsaysay)의 전기가 한국어로 번역되어 소개되는 나라였다(김민정 2015a: 271).

한국과 필리핀은 무엇보다 식민지배 시기를 거쳐 독립한 이후 미국의 지원을 통해 경제개발을 추진한, 제3세계 권역의 아시아 국가라는 공통점을 가지고 있었다. 또한 두 국가 모두 계엄령을 동원한 개발독재를 통해 근대화를 진행하였기 때문에 사회과학 연구에서는 함께 비교사례로 채택되곤 하였다(Hutchcroft 2011). 하지만 한국은 저개발국에서 경제적 도약을 한 대표적인 성공사례로 여겨지지만, 필리핀은 실패사례로 대비되었다(Vogel 1991). 두 나라의 관계는 1969년을 기점으로 국민소득의 우열이 뒤바뀌면서 달라지기 시작하는 데 1970년대 들어서면서 양국의 경제적 격차는 확연하게 벌어진다(김민정 2015a: 272-273).

1950년대와 1960년대의 필리핀은 한국의 전후복구와 근대화 여정에 도움을 주었지만, 1970년대와 1980년대에 중진국으로 진입하게 된 나라는 한국이었다. 1990년대에 들어서면, 이제 한국이 필리핀을 원조하는 위치에 서게 된다(대한민국 ODA 홈페이지). 1980년대 말 한국정부가 국경을 개방하면서 해외 이주노동의 역사와 경험이 풍부한 필리핀 사람들은 바로, 한국을 새로운 방문국가로 고려하기 시작하였다. 양국의 경제적 격차가 확연하게 벌어지면서 지리적으로도 가까운 한국에서 일하거나 거주하기를 희망하는 필리핀 사람들이 늘어나게 된 것이다.

2015년도 한국의 출입국외국인정책통계연보와 주민등록인구통계

〈표 2-8〉 한국인과 한국 내 외국인. 한국 내 필리핀인 중 20~30대 인구수 및 구성 비율(명, %), 2015

<table>
<tr><th></th><th colspan="2">한국인*</th><th colspan="2">한국 내 외국인**</th><th colspan="2">한국 내 필리핀인**</th></tr>
<tr><td>전체</td><td colspan="2">51,529,338명 (100%)</td><td colspan="2">1,899,519명 (100%)</td><td colspan="2">54,977명</td></tr>
<tr><td>20-29세</td><td>6,699,048명</td><td rowspan="2">27.9%</td><td>525,912명</td><td rowspan="2">52%</td><td>17,102명</td><td rowspan="2">73%</td></tr>
<tr><td>30-39세</td><td>7,670,966명</td><td>462,669명</td><td>23,097명</td></tr>
</table>

출처: *행정안전부, 2015; **법무부 출입국외국인정책본부, 2015.

에 의하면(〈표 2-8〉 참조), 백9십만 명에 달하는 외국인 체류자 중에서 필리핀 국적자는 약 5만5천 명으로 전체의 2.9%를 차지한다. 이렇게 볼 때 한국 내 외국인 중 필리핀 사람들의 비율은 미미한 편이지만, 한국 내 외국인 체류자의 1/2은 중국 국적자이고 1/3은 재외동포에 해당하는 한국계 외국인이기 때문에 국가 순위로는 중국, 미국, 베트남, 태국에 이어 5번째를 차지한다. 한국 내 필리핀인의 73%에 해당하는 4만여 명은 20세 이상 40세 미만의 청장년으로 주력 노동인구층이라고 할 수 있다. 이 수치는 한국에서 체류하는 외국인 중 해당 연령층의 비율인 52%보다 훨씬 높으며, 한국인 중 해당 연령층의 비율인 28%와 비교하면 무려 2.6배나 많은 수치이다. 즉 한국 내의 필리핀인들은 다른 국적의 체류외국인들과 비교하여 더 젊은 편이며, 한국 인구와 비교하면 특히나 더욱더 젊은 생산 인구층에 속한다. 한국 내 필리핀인들이 이렇게 생산적인 노동인구 층에 집중된 것은 한국사회가 외국국적자에게 선별적으로 체류자격을 주기 때문이다.

2015년에 한국에서 사는 외국인 중 다수를 차지하는 체류자격 유형은 재외동포(F4, 32만8천여 명), 방문취업(H2, 28만5천여 명), 비전문취업(E9, 27만6천여 명), 단기방문(C3, 15만4천여 명), 영주(F5, 12만3천여 명), 결혼이민(F6, 12만여 명), 관광통과(B2, 10만여 명)이며, 이 일곱 가지의

〈표 2-9〉 한국 내 체류외국인 및 필리핀인의 성별 체류자격별 수와 구성비율(명, %), 2015

	총계	성별	합계	C3 단기 방문	E6 예술 흥행	E9 비전문 취업	F1 방문 동거	F2 거주	F6 결혼 이민
전체 체류 외국인	1,899,519명	남 (55%)	1,044,986 (100%)	79,919 (7.6%)	1,113 (0.1%)	251,275 (24%)	33,922 (3.2%)	15,850 (1.5%)	19,282 (1.8%)
		여 (45%)	854,533 (100%)	74,186 (8.7%)	3,811 (0.4%)	24,767 (2.9%)	51,837 (6.1%)	23,031 (2.7%)	101,203 (11.8%)
체류 필리핀인	54,977명	남 (52.4%)	28,807 (100%)	3,080 (10.7%)	279 (1.0%)	22,204 (77%)	533 (1.9%)	98 (0.3%)	296 (1.0%)
		여 (47.6%)	26,170 (100%)	3,619 (13.8%)	3,052 (11.7%)	3,299 (12.6%)	2,524 (9.6%)	389 (1.5%)	10,244 (39.1%)

출처: 법무부 출입국외국인정책본부, 2015.
* 비자 상세 분류는 "대한민국 비자포털" 참조. www.visa.go.kr
C3: 단기방문, 단체관광, 일반상용, 동포방문, 일반관광, 환승 등
E6: 예술연예, 호텔유흥, 운동
E9: 제조업, 건설업, 농업, 어업, 서비스업
F1: 외교동거, 동포의 배우자, 유학생 부모
F2: 국민의 자녀, 영주자 가족
F6: 국민의 배우자, 자녀양육자

체류자격을 가진 사람들이 전체 외국인의 73%를 차지한다. 특히 재외동포와 방문취업 체류자격을 가진 외국인이 전체의 1/3을 차지하는데 이는 재중동포를 비롯한 재외동포들이 한국 내 체류외국인의 다수를 구성하고 있기 때문이다(법무부 출입국외국인정책본부 2015). 같은 해에 한국에서 생활하는 필리핀 사람들 중에는 비전문취업(E-9)과 결혼이민(F-6) 체류자격을 가진 사람들(각기 25,503명과 10,540명)이 전체의 66%를 차지한다(〈표 2-9〉 참조). 여기에 세 번째로 규모가 큰 단기방문(C-3) 체류자격을 가진 사람(6,699명)을 더하면 이 세 유형의 비자로 체류하는 경우가 전체의 78%에 달한다. 즉 한국 내 외국인 전체 인구와 비교할 때 필리핀 사람들은 훨씬 더 제한적인 체류자격을 가지고 생활하고 있다.

한국에서 생활하는 필리핀 사람들의 체류자격이 성별로 크게 차이

를 보인다는 점 또한 주목된다. 2015년 한국에 사는 필리핀 남성 2만 8천8백여 명 중 77%에 달하는 절대 다수는 고용허가제에 의한 비전문취업(E-9) 비자를 가지고 체류하였다. 한편 같은 해 한국에 사는 필리핀 여성은 26,170명으로 전체 필리핀인의 47.6%를 차지하였다. 필리핀 여성들의 경우 39.1%에 해당하는 만여 명은 결혼이민(F-6) 비자로, 13.8%에 해당하는 3천6백여 명은 단기방문(C-3) 비자로, 12.6%인 약 3천3백 명은 비전문취업(E-9) 비자로, 11.7%인 3천여 명은 예술흥행(E-6) 비자로, 9.6%인 2천5백여 명은 방문동거(F-1) 비자를 가지고 생활하였으며 이 다섯 종류의 비자로 체류하는 수가 전체 필리핀 여성의 77%를 차지하였다. 즉 한국 내 필리핀 남성의 다수는 고용허가제라는 단일 범주에 속하는 동질적인 집단을 구성하고 있지만, 필리핀 여성은 훨씬 더 다양한 체류자격을 가지고 거주한다는 점에서 이질적인 집단이라고 할 수 있다.

체류자격 유형별로 한국 내 필리핀 사람들의 남녀 구성 비율을 보면 성별화 현상은 더욱 뚜렷하다. 비전문취업 비자로 체류하는 필리핀 사람 중 87%는 남성이지만 결혼이민 비자로 체류하는 필리핀 사람 중 97%는 여성이다. 체류자 수가 천 명 이하인 소규모 집단에서 필리핀 남성이 여성보다 더 많은 체류유형은 "공무, 사증면제, 관광통과, 단기취업, 기술연수, 주재, 기업투자, 무역경영, 선원취업, 연구, 기술지도, 전문직업, 특정활동, 기타"이다. 반면 필리핀 여성의 수가 남성보다 더 많은 체류유형은 "구직, 유학, 일반연수, 종교, 교수, 방문동거, 거주, 동반, 재외동포, 영주"이다. 여성이 다수인 체류자격 유형의 수는 남성이 다수인 경우보다 더 적지만, 종교와 교수 체류자격에서 여성의 수가 남성보다 더 많은 것은 전체 외국인들의 남녀 구성비와 상당히 다른 점이다. 한편 "외교와 문화예술" 분야에서는 한국

〈표 2-10〉 한국 내 체류외국인 및 필리핀인의 성별 체류자격별 미등록자 수와 구성비율(명, %), 2013

		전체	C3 단기방문	E6 예술 흥행	E9 비전문 취업	F1 방문 동거	F2 거주	F6 결혼 이민
전체외국인 1,576,034명	남성	124,355명	28,608명	150명	47,154명	1,895명	1,316명	153명
	미등록비율	14.3%	41.3%	13.5%	21.1%	8.0%	9.7%	0.9%
미등록체류자 183,106명 (11.6%)	여성	58,751명	15,881명	1,354명	7,904명	2,441명	8,009명	1,316명
	미등록비율	8.3%	25.4%	35.4%	33.5%	6.5%	30.6%	1.3%
필리핀인 47,514명	남성	7,527명	1,852명	118명	5,103명	38명	7명	3명
	미등록비율	32.2%	66.7%	36.5%	29.6%	9.9%	10.6%	1.2%
미등록체류자 13,029명 (27.4%)	여성	5,502명	1,825명	1,269명	1,445명	226명	402명	108명
	미등록비율	22.8%	59.2%	40%	42.4%	11.7%	41.4%	1.2%

출처: 법무부 출입국외국인정책본부(2013)
* 2014년부터는 미등록(불법)체류자에 대한 국적별 세부통계가 연보에 수록되지 않아 2013년의 수치를 제시한다.
** 비자 상세 분류는 위의 표와 같다.

내 필리핀인의 남녀 비율이 같다.

재한외국인들 전체와 비교할 때 재한필리핀인에게서는 몇 가지 체류자격에서 여성화의 정도가 상당히 심하게 나타난다. 재한외국인 중 결혼이민 체류자격으로 거주하는 여성의 수는 남성의 5배이지만 필리핀인의 경우에는 34배에 달한다. 예술흥행 체류자격에서는 전체외국인 중 여성의 수가 남성의 3배이지만 필리핀인의 경우에는 11배이며, 방문동거와 거주 체류자격에서는 전체 외국인 중 여성의 수가 남성의 1.5배이지만 필리핀인의 경우에는 4~5배이다. 즉 한국 내 필리핀 사람들에게서 특정 체류자격의 여성화는 유독 더 심하다.

재한외국인 여성들과 비교할 때 재한필리핀 여성들에게서 주목되는 또 다른 특징은 미등록으로 체류하는 비율이 상대적으로 더 높다는 점이다(〈표 2-10〉 참조). "불법체류"에 대한 국가별 통계가 마지막

〈표 2-11〉 한국 내 체류외국인 및 필리핀인의 체류자격별 남녀 수와 구성비(명, %), 2013

	총계	성별	합계	C3 단기방문	E6 예술흥행	E9 비전문취업	F1 방문	F2 거주	F6 결혼이민
전체 체류 외국인	1,576,034	계	1,576,034	131,951	4,940	246,695	60,927	39,704	117,007
		남e	870,176	69,339	1,110	223,117	23,541	13,506	17,985
		여a	705,858	62,612	3,830	23,578	37,386	26,198	99,022
체류 필리핀인	47,514	남f	23,370	2,776	323	17,221	383	66	254
		여b	24,144	3,081	3,171	3,411	1,924	971	8,817
미등록 전체 외국인	183,106	계	183,106	44,489	1,504	55,058	4,336	9,325	1,469
		남g	124,355	28,608	150	47,154	1,895	1,316	153
		g/e%	14.3%	41.3%	13.5%	21.1%			
		여c	58,751	15,881	1,354	7,904	2,441	8,009	1,316
		c/a%	8.3%	25.4%	35.4%	33.5%			
미등록 필리핀인	13,029	남h	7,527	1,852	118	5,103	38	7	3
		h/f%	32.2%	66.7%	36.5%	29.6%			
		여d	5,502	1,825	1,269	1,445	226	402	108
		d/b%	22.8%	59.2%	40%	42.4%			

출처: 출입국외국인통계연보 (2013)
* 2014년부터는 미등록(불법)체류자에 대한 국적별 세부통계가 연보에 수록되지 않는다.
* 비자 상세 분류는 "대한민국 비자포털" 참조. www.visa.go.kr
C3: 단기방문, 단체관광, 일반상용, 동포방문, 일반관광, 환승 등
E6: 예술연예, 호텔유흥, 운동
E9: 제조업, 건설업, 농업, 어업, 서비스업
F1: 외교동거, 동포의 배우자, 유학생 부모
F2: 국민의 자녀, 영주자 가족
F6: 국민의 배우자, 자녀양육자

으로 공표된 2013년의 경우, 필리핀 여성 중 미등록체류 비율은 22.8%이었다. 이 수치는 필리핀 남성 중 미등록체류 비율인 32.2%보다는 낮지만, 전체 외국인 여성 중 미등록체류 비율인 8.3%는 물론, 전체 외국인 남성의 미등록체류 비율인 14.3%보다도 훨씬 높았다. 체류자격별로 보면(〈표 2-11〉 참조), 단기방문(C3), 비전문취업(E9), 거주(F2), 예술흥행(E6)으로 입국한 필리핀 여성의 미등록체류 비율은 40%를 넘는다. 이중 "단기방문" 체류자격은 다양한 목적으로 90일 이상 체류하지 않을 외국인에게 발급되는데 필리핀인 남녀 모두 미등

록 체류 비율이 높은 편이다. "거주" 체류자격은 현재 국내에 생활기반을 두고 장기체류하는 외국인에게 주어지는데, 2010년 이전에는 하위유형으로 국민의 배우자(F-2-1) 자격이 포함되었기 때문에 입국 후 국적취득을 하지 못한 필리핀 여성들로 인해 미등록 비율이 높은 것으로 추정된다. 노동자격과 관련하여 "비전문취업"은 남성화된 직종으로, "예술흥행"은 여성화된 직종으로 대비되는데, 두 직종 모두에서 필리핀여성들의 미등록체류 비율은 똑같이 높게 나타난다. 이는 불법체류 상태에서라도 경제활동을 계속하기 위해 이주노동자로서 한국 생활을 지속하려는 필리핀여성들이 많다는 점을 보여준다.

정리하면, 한국에서 생활하는 필리핀 여성들은 필리핀 남성과 비교할 때 특정 체류자격에서의 여성화 정도가 훨씬 더 심하게 나타나며, 다른 국가 출신의 외국인들과 비교할 때 미등록 체류 비율이 훨씬 더 높게 나타난다. 이렇게 성별화된 활동영역 속에서 그리고 불안정하고 위험해 보이는 미등록 체류 상태에서 이주여성으로 산다는 것은 필리핀 이주여성의 삶에 대해 또 한국사회에 대해 무엇을 의미하는 것인지 질문해볼 필요가 있다.

아래에서는 필리핀 여성 세 명의 한국생활 이야기를 통하여 미등록체류, 예술흥행, 결혼이주라는 세 가지 체류자격 유형이 어떻게 한국사회에서 성별화된 이주생활을 구성하게 되는지 살펴보고자 한다. "불법"(미등록)체류자라는 범주는 "한국에 있어도 되는 외국인"과 법으로 허용하는 체류기간이 지나 "한국에 있을 수 없는 외국인"을 구분하는 이분법적 인식을 바탕으로 한다. 가장 먼저 소개할 공장 노동자 사라의 사례는 이주자들의 현실 생활과 그 의미를 파악하기 위해서는 이러한 이분법적 인식을 넘어서야 한다는 점을 보여준다. 필리핀에 있는 가족과의 관계에서 사라의 한국 이주생활을 조망할 때, 이주자들에 합법과 불법이라는 구분은 초국가적으로 구성되고 진행되는 가족관계와 가족 생애주기 속에서 임의적인 것으로 이해될 수 있다.

두 번째로 소개할 제인은 예술흥행 체류자격을 가지고 한국의 관광호텔 라이브무대에서 공연하는 가수이다. 예술흥행 체류자격은 전문직이 아니면서도 반복적으로 비자발급을 받아서 장기적으로 한국에서 일을 할 수 있는 유일하면서도 여성화된 분야이다. 이 분야는 한국의 성문화 및 유흥산업의 성격 변화와 밀접히 관련된다는 점, 무대공연 활동이 예술로 포장된 노동의 성격을 가진다는 점, 외국 여가수로서 가지는 흥행적 요소에 성적 함의가 내포된다는 점 등이 주목된다.

세 번째로 소개할 마엣은 지방의 소도시에서 한국남성과 두 아이를 두고 살고 있는 소위 "결혼이주여성"이다. 결혼이주는 간이귀화가 허용되는 체류자격이며, 결혼이주여성들은 가족정책 및 복지, 교육정책으로 시행되는 한국 이주정책의 주요대상이기도 하다. 한국 국적을 취득할 수 있는 자격이 한국인과 가족을 구성하는 일로 맞바꿈 되는 과정은 어떻게 현실화되는지, 그리고 가족 내의 성역할과 이주자의 시민권 간의 관계는 어떻게 설정되며 서로 어떤 영향을 주는지 검토해볼 수 있다.

이어지는 장에서는 신문보도 내용을 통해 필리핀 출신 귀화 한국인으로서 공직에 진출한 경찰공무원 아나벨 경사와 전 국회의원 이자스민의 행보를 소개한다. 이들의 공직진출은 결혼이주여성들이 한국사회가 요구해 온 가족 내 성역할이라는 한계를 넘어, 이주자의 시민권을 충분히 행사할 수 있을 것이라는 기대를 갖도록 한다. 그러나 이 두 여성의 공직생활에 대한 한국사회의 논의 방식은 시민의 권리 승인의 측면에서 볼 때 여전히 편파적이고 제한적이다.

이렇게 다음에서는 미등록 장기체류 공장노동자에서부터 국회의원에 이르는, 한국을 살아가는 필리핀 출신 여성들의 다양한 삶의 현장을 찾아가고자 한다. 이를 통해, 우리가 "한국 내 필리핀 이주여성"으로 범주화하는 사람들의 이주자로서의 수행성과 그 젠더적 함의에 대해 돌아보고자 한다.

제 3 장: 영세 공단의 미등록 장기체류자, 사라

제3장 영세 공단의 미등록 장기체류자, 사라[1)]

1. "불법체류" 이주자들의 게토 공간

2009년 12월 당시 52세의 사라를 내가 처음 만난 곳은 수도권 외곽의 A라는 영세공단 구역 안에 있는 교회였다. A공단은 16만 평 규모로 서울 중심지에서 40여 킬로미터 떨어진 산간지역에 위치한다. 당시 모두 190여 개의 공장과 업체가 입주해 있었는데 가구조립과 플라스틱 성형 공장, 그리고 가구 전시장이 주를 이루었다.

이곳은 원래 1960년대 초 한센병 환자들의 재활농장으로 사용되다가, 환자들이 노령화되자 1980년대 말에 공장건물 임대업 허가를 받아 공단으로 전환된 곳이었다. 공단의 전성기는 1990년대 말 경제위기 전후였는데, 고용허가제가 시행되기 이전이었기 때문에 산업연수생이라는 열악한 지위를 이탈한 미등록체류 외국인 노동자들이 공단의 핵심 노동력이었다. 지역의 활동가들 말에 의하면 노동자들뿐

1) 사라(가명)는 미등록 장기체류 필리핀 여성노동자를 분석했던 필자의 기존 연구(2011)에서 다른 가명으로 소개되었으며, 이 장의 다른 이름도 모두 가명이다. 여기서는 기존 연구에는 포함되지 않았던 필리핀 가족들의 인터뷰 내용을 포함하여 분석한다.

아니라 공장 자체도 무허가로 운영되는 곳이 많다고 한다. 이 공단에서 이주자 지원활동을 하는 단체는 대부분 종교기관이었으며 2010년 당시에는 성공회에서 운영하는 단체가 이주민 지원활동을 주도하고 있었다. 이 단체의 활동가는 당시 공단 내 이주노동자의 수는 약 600여 명으로 대부분 필리핀인과 방글라데시 출신이며, 이들 중 85% 정도는 미등록체류자라고 추산하였다. 한국인 인구는 원주민 130명에 외지인 80여 명 정도로 보아, 이주노동자 수의 삼분의 일에 불과하였다.

넓지 않은 공단 내부에는 공장건물, 이주노동자들의 숙소, 주민들의 숙소, 초등학교, 식당, 술집, 가게 등 생활을 위한 거의 모든 시설이 영세하나마 완비되어 있었다. 공단 내에서 한국인의 위치는 공장주이거나 건물주 또는 가게 운영자인데, 이들의 주거나 사회활동 공간은 공단 밖으로 옮겨나갔기 때문에 공단 내의 외국인 이주노동자의 공간과 구분되었다. 공단 내에서 한국인과 이주노동자는 작업장에서는 고용주와 피고용자의 관계로, 종교시설에서는 목사와 신도의 관계로, 영업장에서는 사업장 운영자와 고객의 관계로 만났다. 이러한 관계는 두 종족집단 간의 위계적 관계를 말해주는 것이기도 하지만, 공단지역 내 한국인들의 생활과 활동이 외국인 이주노동자들의 불안전한 체류상태와 저가 노동력, 구매력 등에 의존하고 있다는 점을 보여준다. 그래서 공단에 속한 한국인 주민들은 정부가 이주노동자들의 "불법체류"를 단속하는 것에 대해 상당한 반감을 표하였다. 거의 다가 건물주인 소위 "원주민"들의 입장을 대변하는 공단 대표는 인터뷰에서, 자신들과 이주노동자들과의 관계를 "공생관계"라고 표명하였다.

이렇게 당시 A공단은 역사가 오래되었고 공단과 관련된 한국인과 이주노동자 모두에게 이미 잘 알려진 미등록 이주노동자들의 게토 지역이었다. 그리고 앞에서 설명한 공존과 공생의 논리로 인해 내부 범죄나 고용주의 악덕행위 발생이 상대적으로 적고 평화로운 편이었다. 이주노동자의 입장에서 볼 때 이 공단은 대표적인 표적단속 지역이며 실제로도 추방된 사례가 많아서 더 위험하게 느껴질 수 있었다. 그러나 일자리를 구하기 쉽고 단속 정보가 공유되기 때문에, 미등록 체류라는 불안한 신분을 고려한다면 오히려 더 안전하다는 느낌이 들 수 있었다. 이러한 역설적 상황은 여러 종교시설이 많이 들어 와 제도적 보호 밖에 있는 이주노동자들의 문제를 도와주고 해결해주기 때문에 가능하였다. 실제로 이주노동자들 대부분은 소속감을 느끼는 교회나 종교기관을 각자 하나씩 가지고 있었고 이런 방식으로 한국사회와 연결되는 것은 미등록체류자로 살아가기 위한 필요조건이라고 말하였다.

A공단의 한 교회에서 만난 필리핀 여성 사라는 35살이던 1991년 11월에 관광비자로 한국에 입국하였다. 그리고 나와 인터뷰를 시작했던 2009년 12월까지 18년 동안 단 한 번도 필리핀을 방문하지 못하였고, 한국에 온 지 1년 8개월이 지난 후부터는 미등록 상터로 A공단 안에서만 생활하였다. 당시 나는 필리핀 여성들이 많이 나가는 한 교회를 주기적으로 방문하여 예배와 이후의 점심 교류시간을 함께 하면서 교회공동체 성원들과 얼굴을 익히고 개별 인터뷰를 진행하였다. 이들 중 한국생활을 가장 오래 한 사람이 사라였다. A공단에서는 일감 여부에 따라서 노동시간에 변화가 있었는데, 당시에는 일감이 많은 시기여서 필리핀 여성들의 인터뷰 시간을 잡기 힘들 정도로 노동시간이 아주 길었다. 사라와의 첫 인터뷰를 잡은 날은 토요일이었는데도 4시에나 공장 일이 끝났고 이후에도 이어서 회식이 있었기 때문에 6시가 되어서야 숙소에서 사라를 만날 수 있었다.

사라의 숙소는 4평 남짓한 원룸형 "집"으로 개조한 "컨테이너"로 공단 구역 외곽에 위치하였다. 컨테이너 내부에는 화장실과 간이부엌은 있었지만 난방설비는 없어서 추울 때는 전기난로나 전기담요를 사용하여야 했다. 공단의 이주노동자들은 생활비를 아끼기 위해 컨테이너 한 칸을 두 명이 쓸 수 있도록 개조하여 함께 살기도 했는데, 한국 생활을 오래 한 사라는 그나마 컨테이너 한 칸을 혼자 다 사용하였다. 좁은 집안 내부는 퀸사이즈 정도로 큰 침대와, 40인치 정도의 "엘지 엑스캔바스" 티브이, 통돌이 세탁기 등 대형 가전제품이 대부분을 차지하여 빈 공간이 거의 없었다. 벽에는 아들과 손자 사진이 걸려있었고 컴퓨터의 바탕화면에도 손자의 사진이 깔려 있었다. 사라의 아들네 부부와 손자도 A공단에서 살고 있었는데 아들네 가족도 세 명 모두 미등록체류 상태였다.

첫 번째 개인 인터뷰 이후 두 주가 지난 일요일에 두 번째 인터뷰를 하였다. 믿을 만한 한국 사람과 함께 공단 밖 외출을 하고 싶어 하는 사라의 상황을 헤아려 일요일 정오경 만나서 공단 외곽의 해장국집에서 점심을 먹고 근처의 카페로 가서 이야기를 나누었다. 사라가 A공단의 물리적 경계 밖을 벗어나는 일은 아주 드물었다. 병원에 가야 한다거나 꼭 필요한 물건을 구입해야 하는 등의 경우에만 공단 밖으로 나갔는데, 그런 경우에도 절대로 혼자 나가지 않고 한국인 활동가(교회 사람이나 시민단체 활동가)나 대처능력이 뛰어난 다른 필리핀인과 동행하였다. 사라가 이날 나와 함께 이동한 거리는 2㎞도 되지 않았지만, 평소와 다른 방식으로 공단의 경계를 넘는다는 사실만으로도 사라에게는 상당한 모험으로 여겨질 수 있었다. 실제로 사라는 차를 타고 A공단의 경계를 넘어서 해장국집에서 밥을 먹고 근처 카페 이층에 자리를 잡고 앉아 시간을 보내는 동안 내내, 마치 먼 여행을 나선 사람 같이 감회에 젖은 분위기였다.

첫 번째 인터뷰를 했던 공단 안의 컨테이너 숙소와 두 번째 인터뷰를 했던 공단 밖 한국인 거주지역의 카페는 여러 가지 점에서 서로 대비된다. 컨테이너는 원래 사람을 위한 거주공간이 아니다. 장거리 항해용 화물선을 이용하여 가장 효율적으로 화물을 실으려고 만들어진 짐 상자이다. 거주공간으로 개조된 공단 내의 컨테이너는 개인의 노동력 재생산을 위한 최소한의 면적과 시설만을 제공한다. 생존을 위한 배설과 수면, 식사 외에 지속적 사회관계를 염두에 둔 주거시설이 아니다. A공단 내에서 이런 컨테이너 숙소는 한국인 주거 구역과는 구분되는 공장 근처 공터에 세워졌고 이주노동자들만 이곳에서 살았다. 사회관계가 부재한 집 내부의 공간에서 생활하는 거주자는 집 바깥의 사회관계로부터도 단절되고 고립되어 있다. 즉 컨테이너 숙소는 A공단이라는 게토 안의 또 다른 내부 게토 공간이 존재함을 보여준다.

두 번째 인터뷰를 했던 공단 밖의 카페는 음료와 함께 아이스크림과 베이커리류도 파는 2층 규모의 프랜차이즈 커피숍이었다. 카페는 후기근대 사회의 문화연구자들이 언급하는 대표적인 "제3의 장소"이면서 "비장소"로 간주될 수 있는 공간이다. 근대사회에서 집과 일터로 양분된 제1이나 제2의 공간이 아닌 새로운 제3의 사회적 공간이며(Oldenberg, 1989), 면 대 면 사회관계가 지배하지 않으면서도 실천을 통해 공간의 성격이 만들어질 수 있다는 점에서 비장소로 명명될 수 있는 공간이다(Auge, 1995). 우리가 갔던 카페도 공단 근처 아파트촌에 거주하는 남녀노소 한국인들이 삼삼오오 모여서 "일상"을 나누는 곳이었다. 서로가 이방인이면서도 한 공간 안에 함께 있다는 것에 대해 경계하지 않고 편안할 수 있는 공간이었다.

카페에서 사라는 즐거운 것이 어색해 보였고, 익숙하면서도 낯선 기분을 느끼는 듯하였다. 미등록체류자의 존재가 묵인되는 2차원의 게토 공간에서 10분도 안 되어 중산층 한국인들의 일상 세계라는 3차원의 공간으로 "차원이동"을 한 기분이 아니었을까 짐작되었다. 이런 분위기 속에서 사라는, 자신의 시야에 포착되는 '보통 한국 사람들'의 대화와 일상 세계를 상상하면서. 한국과 필리핀 사이에서 보낸 자신의 지난 시간을 나에게 회고하듯 들려주었다.

2. 사라의 해외 이주노동

사라는 루손 섬의 빵가시난 출신으로 1970년대 말에 23세의 나이로 결혼하여 아들 둘과 딸 하나를 연년생으로 낳았다. 남편은 마닐라에서 호텔 요리사로 일하였는데. 아이들이 클수록 지출은 더욱 늘어났다. 막내딸이 6살이 되던 1980년대 말에 부부는 동시에 그러나 각기 해외노동자의 길을 나서기로 하였다.

아이들은 사라의 친정 부모에게 맡기고 남편은 리비아로 가서 요리사로 일을 하였고 사라는 쿠웨이트로 가서 입주 가사도우미로 일을 하였다. 필리핀 이주노동자 가족의 경우 대개 부모가 모두 해외로 일하러 나가게 되면, 가깝고 믿을 만한 친척에게 아이들을 맡기고 그 사람에게 정기적으로 송금을 한다. 아이들과는 따로 정기적으로 통화를 하고 수시로 문자를 주고받으며 부모 역할을 계속하고 가족관계를 유지한다. 사라가 사는 동네에는 아이들의 외조부모뿐 아니라 이모들도 살고 있었고, 부모가 해외로 일하러 나간 집들이 워낙 많았기 때문에, 부부는 당시 아이들만 두고 떠나는 것에 대해 크게 걱정하지 않았다고 한다. 2년의 이주노동 계약기간이 끝나고 귀국한 부부는 외국에서 일하며 모은 돈으로 쌀장사와 정미소 운영을 시작하였고 지프니[2)]도 구입하였다.

그러던 중 해외노동 중개업을 하는 친척이 마을을 돌며 한국으로 나갈 사람들을 모집하자, 부부는 둘 중 한 명이라도 다시 해외노동을 나가는 문제를 고려하게 되었다. 필리핀 농촌 마을에는 현금을 벌 수 있는 일자리가 충분하지 않아서, 아이들의 교육비나 가전제품 구입 비용을 마련하는 일이 너무 힘들기 때문이었다. 한국의 국경이 열리고 1990년대로 접어들면서 필리핀 사람들에게는 한국도 해외 이주노동을 위한 새로운 선택지로 떠올랐다. 당시 필리핀 사람들이 한국에 가려면 관광비자를 받아야 했고 2주만 체류가 허용되었다. 중개업자 친척의 말로는 한국의 입국심사가 남자들보다는 여자들에게 덜 까다롭고 일자리도 여자들 일이 더 많다고 하여, 남편은 남고 사라가 다시 해외노동 길에 나서기로 하였다.

사라는 한국에 처음 도착했던 1991년 겨울의 날짜와 당시 상황을 정확하게 기억하고 있었다. 한겨울에 한국 날씨를 몰라 반팔 옷을 입고 입국하여 무척 추웠다고 한다. 같은 중개업체를 통해 개별적으로 모집된 사람들은 각자 이동하여 공항에서 만났는데 모두 14명이었다. 출입국심사관들은 한국에서 얼마나 오래 어디서 머물 것인지 등을 물었고 돈이 있는지 확인하기도 하였다. 이를 대비하여 사람들은 미리 돈다발이 두껍게 보이도록 일부러 잔돈으로 바꾼 "쇼우 머니"(show money)를 준비하였다. 출입국 심사대를 통과하지 못하고 필리핀으로 돌아가야 했던 남자도 한 명 있었다. 필리핀에서는 개별적으로 신청하고 한국에는 함께 도착한 사람들은 다 같이 수유동의 바지 공장으로 이동하여 일을 하였고 숙식도 한 집에서 같이 해결하였다. 일을 시작한 후에는 첫 두 달 치 월급이 중개업체 소개료로 나갔고 세 달

2) 지프차를 소형버스나 트럭 대신 사용할 수 있도록 개조한 것으로 농촌에서는 임대 수익을 올릴 수 있다.

째부터 월급을 받을 수 있었다. 당시 월급은 숙식을 제공받는 조건으로 28만 원이었다고 한다.[3] 도착 후에는 (당시 처음으로 시도된 "해외투자기업연수생제도"로) "워킹비자"를 6개월 단위로 받아서 지냈는데 세 번째 비자가 만료되어 더는 체류할 수 없게 되었을 때 사장에게는 돌아간다고 말을 하였다. 공항까지 사장이 동행하여 배웅해주었지만, 비행기를 타지 않고 도망쳐서 이곳 A공단으로 오게 되었다.

A공단을 알게 된 것은 조카가 이곳에서 일하고 있었기 때문이다. A공단에서 사라의 첫 일터는 원단공장이었다. 식사는 나오지 않았지만, 월급은 수유동보다 두 배 반 이상 많은 75만 원을 받았다. 돈을 많이 받는다는 점에서는 나았지만, 염료가 독해서 손가락이 뒤틀리고 손톱이 다 망가졌다. A공단으로 올 때 수유동에서도 알고 지내던 동향 출신의 필리핀 남성 벤과 함께 왔고 취직도 같은 공장에 하였는데, 한국인 사장이 이 둘을 부부라고 생각하여 같은 방을 쓰라고 하길래 그냥 그렇게 하였다. 사라는 이 상황을 정확하게 이야기하지는 않았는데 전후맥락을 맞추어 본 정황은 다음과 같았다. 사라 부부는 원래 사이가 좋은 편이었다고 한다. 그런데 사라가 한국으로 출국하고 얼마 되지 않아 필리핀에 남은 남편은 술을 마시고 도박을 하였고 바람도 피웠다고 한다. 멀리 한국에서 이런 사실을 알게 된 사라는 크게 좌절하였고 몸도 매우 아팠는데, 그때 벤이 옆에서 여러모로 도와주어 건강을 추스를 수 있었다. 수유동에서의 고용 기간이 끝난 사라가 필리핀으로 돌아가지 않기로 결정한 데에는 이러한 남편의 상황

---

3) 1986년 18세의 나이로 평화시장에서 봉제공으로 일하던 한국 여성 장경하는 당시 월급으로 25만 원을 받다가 일에 숙련되어 임금도 오르고 일감이 많아지면서 1991년에 처음으로 월 100만 원을 받았다고 한다(『경향신문』 2018년 1월 17일). 1990년대 들어 필리핀 이주노동자의 고용이 시작되는 것은 이러한 당시 한국 제조업계의 임금상승 추세와 맞물려 나타났다.

이 영향을 미친 것으로 보인다. 미등록 상태로 한국에 남기로 결정하면서 사라는, 처음에는 생활비를 줄이고 안전문제를 고려하여 벤과 숙소를 함께 쓰는 것을 받아들였다고 한다. 그러나 그렇게 함께 지내다보니 둘은 가까운 사이로 발전하게 되었다.

벤은 한국으로 오기 전에 필리핀에서 버스안내원으로 일을 하였다. 1987년에 아내가 먼저 홍콩으로 일을 하러 나갔었는데, 돌아온 아내는 벤과 더는 함께 살고 싶지 않다고 하였다. 그래서 벤은 자신도 1991년 겨울 사라와 같은 그룹으로 필리핀을 떠나 한국으로 왔다. 사라 못지않게 벤도 A공단에서 오랫동안 미등록체류자 생활을 하였는데, 필리핀식 닭싸움 장을 운영하는 등 필리핀 이주자 커뮤니티에서 비공식적으로 영향력을 행사하던 인물이었다. 그러다가 대장암 진단을 받게 되었고 이로 인해 두 번이나 수술을 받았지만, 건강이 호전되지 않자 2008년에 자진하여 필리핀으로 귀국하였다. 2010년 1월에 진행한 필리핀 가족 현지조사에서 나는 벤을 만날 수 있었는데, 한국에서 번 돈으로 고향에 새 집을 지었지만 다른 적당한 일자리를 찾지 못하여 다시 버스안내원으로 일을 하고 있었다.

염료공장을 시작으로 A공단에서 생활하게 된 사라는 손이 너무 망가지는 것이 힘들어서 가구 공장으로 일터를 옮겼다. 가구 공장에서는 남녀의 일이 구분되었는데, 보통 남자들은 전기톱으로 자르거나 스프레이 도색, 가구 옮기는 일 등을 하였고, 여자들은 조립된 가구에 "빼빠질"(사포로 나무결을 부드럽게 다듬는 일)을 하였다. A공단의 일자리는 대개 영세업종이라서 사장이 잘 대해주거나 임금수준에 적당히 만족하더라도 공장의 일감이 끊기지 않아야만 유지될 수 있다. 가구공장의 일이 줄어서 사라는 곧 새 일터를 구해야 했는데 세 번째로

〈표 3-1〉 사라의 노동이력

시기(나이)	지역	일/ 작업장	주목되는 점
1987~9 (31~33살)	쿠웨이트	입주가사일	같은 시기에 남편도 리비아에서 요리사로 일함
1991	필리핀	쌀장사 및 정미소 운영	
1991. 11. (35살)	서울	봉제공장(1년 8개월)	월급 28만 원 산업연수생으로 일함
1993. 6.	경기도 A공단	원단공장(약 1년)	월급 75만 원 손가락 뒤틀리고 손톱 망가짐 필리핀에서 남편이 노름빚을 짐
1994		가구공장(잠시)	
		플라스틱 성형(4개월)	월급 80만 원과 주택제공 조건 그러나 월급을 절반만 주어서 그만 둠
1995		정수기 공장(3년)	월급 85만 원
1998		가구공장 등	아시아금융위기(IMF사태) 시기 공장을 7곳이나 옮겨 다니며 일함
2004		플라스틱 성형	3달간 일 하지 못한 적 있음
2007			4달간 공장을 3곳이나 옮겨 다니며 일하기도 함
2008~ (52살)		가구공장	월급 120만 원 가구공장 사포작업

출처: 김민정 2011: 330-331을 수정.

간 곳은 플라스틱 성형공장으로 쓰레기통이나 패스트푸드점의 플라스틱 식기 등을 만드는 곳이었다. 일은 어렵지 않았지만 여기서는 월급을 제대로 받지 못하였다. 그래서 다시 옮긴 네 번째 일터는 정수기 공장이었다. 여기서는 85만 원씩 받으면서 3년간 일을 했다. 수압이 높은 물 호스를 가지고 와서 커다란 수조를 청소하는 일이었는데 계속 물을 만져야 하니 몸이 무거워지고 힘들었다. 이렇게 여러 일터를 전전하다가 다시 돌아온 곳이 가구공장이었고, 이제는 월급으로 120만 원을 받으며 일하였다.

이렇게 미등록 체류상태로 한국에서 일한다는 것은 낮은 임금에 불안정한 고용상태와 열악한 노동조건을 받아들이고 감수하는 것을 의미한다. 사라의 노동이력에서 가장 주목되는 것은 잦은 이직인데, 그 이유는 다양하였다. 가장 오래 일한 곳은 1995년에 일을 시작한 정수기 공장인데, 여기서는 3년간 일하였지만 아시아 금융위기가 발발하고 한국이 IMF 구제금융 대상이 되면서 공장이 문을 닫게 되어 일을 그만두었다. A공단은 영세공장들이 밀집해 있는 곳으로 경기 흐름을 많이 타기 때문에 어떤 이유에서건 월급이 제때 나오지 않거나 일감이 줄면서 월급도 줄게 되면 바로 다른 공장일을 찾아야 한다.

그렇지 않은데도 일을 그만두는 경우는 함께 일하는 한국인 동료들로부터 부당한 대접을 받을 때이다. 한국인들의 부당한 대우는 두 가지 유형으로 나뉘었는데, 하나는 일감으로 횡포를 부리는 것이다. 같은 공장의 한국인 동료 노동자들이 자신들이 하기 싫은 일이나 지나치게 힘든 일을 필리핀 노동자들에게 시키는 경우는 꽤 많았는데 그 정도가 참기 힘들 정도로 부당하다고 생각되면 일을 그만두었다. 다른 하나는 비하하는 감정이나 삐뚤어진 동정심으로 대하는 것이다. 동료 한국인 중에는 먹을 수 없는 음식을 적선하듯이 준다거나 하는 식으로 기분 나쁜 대접을 하는 경우가 있었는데 필리핀 노동자들은 이런 일로 감정을 많이 상하게 되면 일을 그만두었다.

사라는 이런 두 가지 이유가 아닌 이상, 공장 일감이 너무 줄거나 공장 문을 닫지 않는 한 이직을 하지 않고 계속해서 일을 한다고 하였다. 그런데도 사라의 경우 A공단에서 15년간 일을 하면서 대략 16번 정도 공장을 옮겨야 했는데, 이렇게 잦은 이직은 그 자체로 미등록체류 이주노동자가 처한 노동조건이 얼마나 열악한지를 보여준다. 그런데 사라는 이런 자신의 처지에도 긍정적인 부분이 있다고 강조하였다. 고용허가제를 통해 일하는 합법적인 이주노동자들은 작업장을 바꿀 자유가 없지만, 자신과 같은 미등록체류 이주노동자들은 원하면 공장을 옮겨 일할 수 있다는, 작업장 이전의 자유를 가진다는 역설이었다.

3. 송금과 필리핀의 가족관계

2009년 말 첫 인터뷰 당시 사라의 월급은 120만 원으로, 이는 18년 전 한국에 처음 도착했을 때보다 네 배가량 더 많은 액수였다. 그러나 가구공장에서 먼지와 유해물질을 마시며 토요일 오후까지 일해야 하는 열악한 근무 조건이었고, 이 금액은 당시 한국의 4인 가구 최저생계비인 132만 원에 미치지 못하였다. 사라는 돈을 벌어서 필리핀으로 송금하기 위해 한국에 왔기 때문에 일차적 관심은 월급을 많이 받는 것이었고 동시에 필리핀 가족들이 어떤 일로 돈이 필요하며 실제로 어떻게 쓰는지도 파악하고 있었다. 필리핀 해외 이주노동자들은 대부분 외국에서 일하며 받은 월급에서 최소한의 생활비를 제외한 나머지 돈을 모두 필리핀으로 보낸다. 필리핀의 가족들은 이렇게 송금받은 돈으로 생활비를 지출하고 아이들을 학교에 보내며, 새집을 짓고 가전제품을 들인다. 더 여윳돈을 만들 수 있다면 필리핀에서 지속적으로 수입을 낼 수 있는 사업에 투자하여 이주노동을 끝낸 후 귀국하여 가족이 함께 살 수 있기를 바란다. 농촌에서 가장 쉽게 떠올릴 수 있는 사업 투자 방식은 농지를 사서 소작을 주거나 트라이시클 또는 지프니를 구입하여 임대를 하는 것이다.[4] 그러나 이러한 사업진행

4) 트라이시클은 오토바이에 사이드카를 달아서 큰 짐을 실거나 많은 사람이 탈 수 있도록 개조한 것으로 큰 길에서부터 사람들 집 앞까지를 연결해주는 대중교통수단으로도 사용된다.

조차 의도한 바대로 되지 않는 경우가 많았고 가족 중 누군가는 다시 해외 이주노동을 나가게 되는 연쇄이주 현상으로 이어졌다.

2010년 1월에 필리핀 팡가시난, 사라의 고향 마을을 방문하여 사라의 남편과 둘째 아들, 손녀, 막내딸, 그리고 동네에 사는 언니들과 형부 등 가까운 친척들을 만나 이야기를 나누고 사는 상황도 살펴볼 수 있었다. 사라의 남편은 과거에는 요리사로 일했었지만, 지금은 집에서 돼지를 네 마리 기르고 있었다. 어미돼지 한 마리가 넉 달마다 열 마리 정도의 새끼를 낳는데, 새끼돼지 한 마리 가격이 이천 페소(약 5만 원) 정도여서 비용을 제하고 나면 평균적으로 한 달에 만 페소(약 25만 원) 정도의 수입이 생긴다고 하였다. 첫째 아들은 20살 때 사라를 찾아 한국으로 와서 일하기 시작했다. A공단에서 일하는 필리핀 여성을 만나 한국에서 아이를 낳았고, 부부가 함께 일하고는 있지만 현재는 별거중이다. 둘째 아들은 고향에 남아 농사를 짓는데 둘째 며느리는 싱가포르에서 일하고 있었다. 막내딸은 대학을 다니던 중에 엄마도 큰 오빠도 한국에 있으니 자신도 홍콩으로 일하러 가겠다고 나섰다가 취업사기를 당한 적이 있다. 그 이후로는 사라나 둘째 올케의 빈자리를 대신 하여 집안일을 하고 둘째 오빠네 딸을 돌보면서 지내고 있다. 이렇게, 사라의 가족 중에는 성인 7명 중 4명이, 부부 중에는 최소 배우자 한 명이, 해외 이주노동자로 일하는 중이다.

사라의 고향 마을은 사라의 친척들이 모여 사는 집성촌과도 같은 곳인데, 다른 형제자매 집안의 사정도 별반 다르지 않았다. 사라의 큰언니네 부부는 모두 네 명의 자녀를 두었는데, 첫째 아들은 군인을 하다 그만두고 공장일을 하지만 첫째 며느리가 이스라엘에서 일하고 있었다. 둘째는 딸이고 미군기지 전화 교환수로 일을 하다가 남편이 사망하자 두바이로 가서 일하였고 이제는 돌아와 엄마의 가게 일을

〈표 3-2〉 사라와 주변인물들의 세대별 해외이주 경험과 현재 체류국가

부모세대	자녀세대	손자녀세대
사라: 쿠웨이트, 한국 사라의 남편: 리비아, 필리핀	큰아들: 한국, 큰며느리: 한국 둘째아들: 필리핀, 둘째며느리: 싱가포르 막내딸: 홍콩, 필리핀 막내딸 남자친구: 사우디아라비아	큰아들 손자: 한국 둘째아들 손녀: 필리핀
사라의 큰언니: 필리핀	큰아들: 필리핀, 큰며느리: 이스라엘 둘째딸: 아랍에미레이트, 필리핀 셋째아들: 스페인, 필리핀 막내딸: 홍콩, 넷째사위: 한국, 필리핀	
벤: 한국, 필리핀 벤의 아내: 홍콩	첫째딸: 홍콩 둘째딸: 미국 (국제결혼) 막내아들 부부: 필리핀	
벤의 남동생: 한국 (국제결혼)		

* 밑줄은 현재 체류 중인 국가.

도우며 지낸다. 셋째는 아들인데 군인으로 복무하다가 스페인으로 가서 일하였고 이제는 고향으로 돌아와 농사를 짓는다. 넷째는 딸인데 아직도 홍콩에서 일하고 있고 넷째 사위는 한국에서 일하다가 최근 돌아왔다. 이렇게 큰언니네의 자녀 네 명 중 세 명이 해외 이주노동의 경험이 있었다. 남편이나 아내 중 누가 해외 이주노동을 할 것인지는 가족 내 성역할 규범이 아니라 해외 이주노동 시장의 수요로 결정되었다. 미등록체류자로 일하는 것을 각오한다면 방문국에 믿을 만한 가까운 친척이 있는지가 중요한 요소로 작용하였다.

사라는 이주생활 초기에는 한국에서 번 돈을 거의 다 송금하였고 필리핀의 가족들은 이 돈을 생활비와 아이들 학비 등으로 사용하였다. 한국으로 나와 18년을 일하는 동안 사라의 세 아이는 모두 어른으로 성장하였고 특히 두 아들은 결혼하여 자기 가족을 꾸렸다. 그러나 사라는 아직도 월급의 40% 정도를 정기적으로 필리핀에 보내고 있었다. 막내딸이 말해준 바에 의하면, 어머니 사라는 매달 생활비

조로 아버지에게 만 페소(25만 원 정도)와 자신에게 오천 페소(12만 원 정도)를 각기 따로 보낸다고 했다. 그리고 유치원에 다니는 둘째 오빠의 딸에게 유치원비와 점심값, 준비물 비용 등이 많이 들기 때문에 손녀를 위해서도 따로 삼천 페소(7만 원 정도)를 보낸다고 하였다.

사라의 남편은 나이가 들면서 경제력을 점점 더 상실하고 있고, 장성한 자녀들은 필리핀에서는 돈을 충분히 벌 수 있는 직업을 구하기 힘들고, 손자녀 세대는 취학 전부터 교육비가 들어가는 실정이니, 18년을 넘어가는 사라의 가족 부양은 밑 빠진 독에 물 붓는 일처럼 보이기도 하였다. 무엇보다 필리핀 가족들의 생계가 여전히 사라의 송금에 의존하고 사라가 직접 구체적으로 예산을 집행하는 상황은, 사라가 송금을 통해 필리핀의 가족관계를 성실하게 유지해왔음을 의미한다. 즉 사라는 그저 돈만 보낸 것이 아니라 지속해서 집안 사정을 파악하면서 원거리에서 송금을 통해 가계 운영을 해온 것이다.

사라는 가족들의 일상 생활비 외에도 생일이나 졸업, 크리스마스 등과 같은 특별한 날에는 잊지 않고 따로 돈을 보내고 선물도 보냈다. 해외에 거주하는 필리핀인들을 대상으로 하는 대표적인 운송 서비스로 "발릭바얀 박스"(balikbayan box, 재외국민 소포)라는 것이 있다. 크게는 가로세로 60㎝에 달하는 상자에 100kg 이하로 어떤 물건이든지 담아서 "도어 투 도어"(door to door) 서비스로 보낼 수 있다. 이 발리바얀 박스는 1987년 코라손 아키노 대통령이 재외필리핀인들이 필리핀으로 보내는 물건에는 관세나 세금을 부과하지 않는 법안을 만들면서 크게 유행하기 시작하였다. 내가 방문한 시기는 1월이었지만 사라 네 필리핀 집의 거실 한편에는 여전히 지난 크리스마스 때 배달되었던 커다란 발릭바얀 박스가 놓여있었다. 그 상자 안에는 가족과 친척들에게 선물로 나눠 줄 샴푸, 치약, 과자, 화장품, 옷가지 등이

들어있었다고 한다.

이렇게 비정기적이고 특별한 용처를 위하여, 사라는 월급 중 20% 정도를 따로 저금한다고 했다. 즉 월급 중 40%는 필리핀으로 보내고, 또 40% 정도는 한국에서의 생활비로 사용하며, 남는 20% 정도를 한국에서 개설한 은행통장에 저축을 하고 있었다. 필리핀으로 보내지 않고 그렇게 따로 모은 돈이 얼마나 되는지 묻자 부정적인 답변이 돌아왔다. 목돈 들어갈 일들이 계속 생기기 때문에 좀처럼 돈을 모을 수 없다고 하였다. 1990년대 중반에 필리핀의 집을 콘크리트 건물로 새로 지었고, 1999년에는 큰아들이 한국으로 나올 때 중개업체 비용을 대주었으며, 2004년에는 둘째 아들의 결혼식을 치르느라 상당한 액수의 목돈을 사용하였다. 그런데 필리핀의 집은 어느덧 낡아 다시 집수리에 큰돈이 필요한 실정이었다.

상황이 이렇다 보니 사라는 한국에서 "너무도 오래 일을 했지만, 여전히 충분한 돈을 모으지 못하였다는 생각"에 한국을 떠날 수 없다고 하였다. 필리핀에서는 도저히 벌 수 없는 액수의 돈을 한국에서 벌었지만, 필리핀으로 들고 돌아갈 목돈이 모이지 않으니 돌아갈 수가 없다는 것이다. 목돈 없이 그냥 돌아갈 수는 없다고 생각되는 이유는, 필리핀으로 돌아가면 "일은 없고 돈만 나가"는데 이제는 나이가 들어 일자리 구하기는 더더욱 힘들 것이기 때문이다. "그래도 여기서는 일은 할 수 있으니까," 아무리 힘들고 외로워도 한국에 있을 수밖에 없다고 생각하는 것이다.

사라는 결혼 이후 필리핀에서 보낸 14년의 세월보다 4년이나 더 긴 시간을 가족들과 떨어져서 한국에서 지냈다. 그러나 앞서 언급한 정기적인 송금과 특별한 날의 선물들은 사라가 가족들을 위해 희생하고 있다는 물적 증거였고, 사라와 아이들과의 관계는 결코 느슨해지지 않았다. 다른 필리핀 이주노동자들과 마찬가지로 사라도 매일 남편이나 아이들과 전화통화를 하고 문자로 소식을 주고받았다. 필리핀 가족들은, 특히 막내딸은, 시간을 정해놓고 시내 피시방으로 가서 사라와 온라인 화상채팅을 규칙적으로 하였다. 즉 물리적 동거를 할 수 없는 상황이었지만 사라는 제한된 방식으로나마 가족들과의 일상적인 의사소통을 하고 가족들의 생활을 파악하고 있었다. 정기적으로 송금을 한다는 것은 그냥 돈을 보내고 마는 일이 아니라, 생계를 위한 지출을 어떻게 하는지, 아이들이 학교생활을 위해 무엇이 필요한지, 생일파티나 졸업식 준비를 어떻게 해야 하는지 등을 파악하고 의견을 제시하고 지출을 결정하는 일이었다. 그래서 송금을 하는 것은 먼 거리의 가족관계를 유지하는 일이며, 물리적으로 접촉할 수 없는 가족의 일상을 파악하는 일이며, 가족과 관련된 의사결정에 있어서 영향력을 가지는 일이었다.

그런데도 어머니 역할의 실제적 수행에는 한계가 있을 수밖에 없고 무엇보다 어머니의 부재로 인한 자녀들의 상처는 부정할 수 없어 보였다. 필리핀 집에서 만난 사라의 남편은 혼자 아이들을 키우는 것이 힘들었다는 점을 토로하였다. 사돈 어르신들이 아이들을 많이 봐주었고 빨래는 사람을 사서 하였지만[5] 청소와 요리는 다 직접 다 하였다고 한다. 아이들 입학식이나 졸업식 등을 혼자 다 챙기는 일도 버거웠는데, 무엇보다 제일 힘들었던 것은 아이들이 크면서 당면하는 여러 상황에 대해 적절하게 조언해 줄 사람이 없다는 점이었다. 사라

5) 필리핀 농촌 지역에서는 주로 펌프를 이용하여 물을 사용하며, 전기 공급이 원활하지 않고 수도관 시설을 하는 것이 힘들어 세탁기를 사용하는 경우가 드물다. 대신 인건비가 싸기 때문에 동네에서 빨래만 전문으로 해주는 여자들에게 맡기는 경우가 많다.

는 아이들의 교육을 위해 한국에서 일하고 대학 등록금을 보내주었지만, 막상 대학을 졸업한 자녀는 둘째 아들뿐이었고 첫째 아들과 막내딸은 중간에 대학을 그만두었다. 이에 대해 사라의 남편은 아이들이 방황할 때 잘 인도해 줄 엄마가 옆에 없었기 때문이라고 생각하였다. 아이들뿐 아니라 자신도, 집안에 무슨 문제가 생길 때 찬찬히 의견을 나누고 의논할 사람이 없어서 항상 허전한 마음이라고 하였다. 그러다 보니 사라 대신 자신이 해외로 일하러 나갔더라면 더 나았을 것이라는 생각이 여러 번 들었다고 하였다.

사라도 큰아들이 대학 등록금을 내고도 학교를 다니지 않는다는 사실을 알았을 때 크게 낙심하였다. 그렇지만, 물리적으로 떨어진 상황에서 할 수 있는 일은 없어 보였다. 큰아들이 엄마가 없어서 방황하는 것 같아서 결국 아들이 20살이 되던 해에[6] 한국으로 오라고 하였다. 아들은 사라와 같은 공단에서 일하면서 당시 고용허가제 비자로 일하고 있던 필리핀 여성을 만났다. 둘 사이에서 손자가 태어났는데 사라의 아들은 미등록체류자였기 때문에 주한 필리핀대사관에 손자의 출생신고를 할 때 며느리의 성으로 할 수 밖에 없었다. 그마저도 이제는 시간이 흘러 아들네 가족 세 명 모두는 사라와 마찬가지로 미등록체류자가 되었다. 의도하지 않게 사라는 한국 영토에서 삼 세대에 걸친 미등록 체류가족을 이루게 된 것이다.

막내딸은 사라가 한국으로 떠날 때 6살이었기 때문에, 위의 오빠들보다도 사라의 부재에 대해 더욱더 결핍감을 느꼈다고 한다. 성인

6) 필리핀의 교육제도는 원래 초등학교 6년 이후 중등학교 4년 이수 후에 대학에 입학하는 방식이었기 때문에 보통 만 17세에 대학입학을 하였다. 그러나 2012년에 "K-12"제도를 도입하여 초등학교 6년 이후 중등교육과 고등교육 과정을 각 3년씩 편성하여 대학입학 전까지 12년 교육과정을 마치도록 개편하였다.

이 된 지금도 엄마와 함께 살고 싶다는 마음을 내게 계속 강조하고 드러내었다. 특히 사라가 한국에서 벤과 함께 지냈었다는 사실에 대해 크게 분노하고 있었다. 그러나 사라가 가정을 깼다는 생각에 사라를 비난하는 마음이라기보다는 자신이 엄마와 누려야 할 시간을 벤에게 빼앗겼다고 생각하여 벤에게 크게 질투하면서 일종의 적개심을 품고 있었다. 하지만 막내딸은 사라가 고향사람들에게 개인송금을 부탁하는 심부름을 맡기면 벤을 만나야 하는 일이 생기곤 하였다. 이럴 때 두 사람은, 벤도 막내딸도, 사라에 대해서는 전혀 언급하지 않고 아는 척도 하지 않으면서, 그냥 지역의 이웃처럼 마주치며 서로를 대한다고 하였다.

사라가 한국에서 벤과 상당 기간 함께 지냈다는 사실은 사라가 한국에서 보낸 세월이 18년이었다는 점과 분리하여 생각할 수 없다. 사라와 벤과의 관계는 A공단의 필리핀 커뮤니티에서도 또 필리핀 고향마을에서도, 모두가 알고 있지만, 입 밖으로 내어 말하지 않는 공공의 비밀과도 같았다. 둘의 관계는 거의 모두가 알고 있다는 점에서 공공연한 사실이었지만, 아무도 이에 대해 먼저 이야기를 꺼내지 않으며 혹시라도 누군가가 화제로 삼으면 무관심한 태도로 일관한다는 점에서 비밀처럼 다루어졌다. 주변 사람들은 둘의 관계를 적극적으로 인정하거나 받아들이는 것은 아니었지만 그렇다고 비난하지도 않았다.

새로운 문제가 발생하지 않는 한 가능한 한 오래, 애매하고 불명확한 태도를 의도적으로 유지하려는 것처럼 보였다. 부정할 수 없는 현실이라는 점을 인정하면서도 절대 불변의 고정된 사실로 선포하지는 않으려는 태도이기도 했다. 주변 사람 모두는 어찌 보면 유연하고 어찌 보면 회피적이며, 또 어찌 보면 초연한 태도를 취하였다. 장기간 외국에서 미등록상태로 체류하면서 일을 하고 필리핀으로 돈을 부치는 상황을 인정한다면 현지에서의 적응과 편의, 안전을 위해 일시적 동거를 받아들일 수 있다고 생각하기 때문이었다. 그런 점에서 이런 문제를 굳이 공식화하거나 정식으로 거론하면서 따지는 것은 크게 중요하지 않다고 생각하는 것 같았다.

해외 이주노동을 한다는 것은 아이들의 학비를 대고 새집을 짓고 논과 차량을 구매하는 등, 가족 전체의 복리를 위한 노력을 다하는 것이다. 이런 점을 인정한다면, 외국에서 장시간의 반복적인 노동, 낯선 기후와 음식, 현지인들의 차별, 높은 물가 등의 문제를 해결하기 위해 일상의 친밀한 협력관계가 필요할 수 있다는 점을 공감해야 한다. 해외송금에 의존하는 필리핀 사회에서, 해외노동을 하는 배우자나 부모가 필리핀의 가족들에게 안정적으로 생활비를 보내고 생일과 크리스마스를 챙기고 인생의 통과의례에 관심을 가지며 지원하는 것은 중요하다. 이러한 성실성을 보이는 한 외국에서의 동거에 대해 주변 사람들은, 핍박한 현실의 필요에 따른 일시적 타협이나 협상의 산물이라고 보아 가능한 신경을 쓰지 않고 눈감으려는 것처럼 보였다.

4. 미등록체류와 안전의 역설

장기 미등록체류자들의 생활은 항상 불안하고 긴장되어 있다. 언제 불법체류 단속에 걸려 추방당할지 모른다는 위험을 안고 살아가기 때문이다. 강제추방의 위험이 언제 닥칠지 모르니 이에 대한 대비책은 일상 속에서 마련되어야 한다.

미등록체류 생활의 위험에 대한 일차적 대비는 불법체류 단속에 걸려 갑자기 추방되게 될 때 자신을 대신하여 뒷마무리해줄 수 있는 사람을 두는 것이다. 이러한 문제를 가장 근원적으로 해결하는 방법은 한국에서도 가족관계를 가지는 것이다. A공단의 미등록체류 필리핀인 대부분은 가족성원 중 누군가와 함께 한국생활을 하고 있었다. 사라가 나가는 교회의 구성원 대부분은 미등록체류자 신분의 필리핀 여성들이었는데, 내가 인터뷰를 했던 여섯 명 중 A공단에서 가족 없이 혼자 사는 사람은 60대 초반의 여성 한 명뿐이었다. 나머지 다섯 명 중 두 명은 남편과, 또 다른 두 명은 여형제와 함께 살았고, 사라는 큰아들네와 가까이 살고 있었다. 사라는 18년의 한국 생활 중에서 큰아들이 한국으로 들어와 같이 살면서 일하던 때를 가장 행복했던 시절로 회상하였다.

해외 이주노동자들이 필리핀의 가족이나 친인척을 자신이 일하는 나라로 불러와 함께 생활하는 데에는 여러 배경과 이유가 있다. 표면상 가장 중요하게 내세우는 것은 다른 가족들에게도 해외에서 돈을 벌 기회를 제공해준다는 명분이다. 그렇지만 이주노동자로서도 외국에서 말과 문화가 같은 사람과 함께 생활하면서 식사 준비라도 함께 한다면 한국에서의 생활비를 많이 아낄 수 있다. 더 나아가 미등록체류자로서는 불시에 강제추방을 당할 때 후속 조치를 맡길 수 있는 신뢰할만한 사람이 필요하므로 그런 공동생활을 가족과 하는 것을 선호한다. 숙소에 남은 짐을 대신 싸서 출국일에 공항으로 가져다주고 한국의 은행에 저금해 놓은 돈을 찾아다 주는 등 일련의 일들을 믿고 맡길 사람이 필요하다.

즉 강제추방의 위험을 안고 사는 장기 미등록체류 생활의 위험에 대한 인지는 혼자 지낼 때 가중되며, 경제적 도움과 정서적 교감을 나눌 수 있는 사람과 함께 지낼 때 현저하게 감소한다. A공단의 필리핀 사람들이나 고향의 사라 가족들이 사라와 벤의 관계를 떠벌리지 않는 것은 장기 미등록체류 생활의 이런 측면을 어느 정도 이해하고 공감하기 때문이다.

다음 단계에서 필요한 것은 불법체류 단속을 피할 수 있는 안전장치를 마련하는 것이다. 불시에 닥치는 불법체류 단속에 걸리지 않으려면 "단속이 떴다"라는 소식을 바로 전해들을 수 있는 동향민들의 네트워크 안에 위치해야 한다. 이런 네트워크에 소속되고 그 범위를 더 넓히기 위해서라도 미등록체류자들은 가족이나 친인척들과 함께 생활하는 것이 더 유리하다. A공단이 미등록체류 이주노동자들의 게토 지역이 된 데에는 영세공장들이 밀집해 있어 이들 노동력에 대한 수요가 높은 곳이라는 이유도 있지만, 여기서는 단속이 뜨더라도 그 소식을 전달받을 수 있는 기제가 작동하기 때문이라는 점이 더 중요해 보였다.

A공단의 필리핀 사람들은 일단 단속이 뜨면 자신과 가까운 사람들에게 문자를 보내어 알려주고 이 소식은 다단계로 전달되면서 곧 필리핀 커뮤니티 전체로 퍼지게 된다. 단속 연락을 받은 후 시간이 허락하면 재빨리 공장을 나와서 집으로 돌아가 숨는다. 그러나 그럴만한 시간조차 없을 때는 바로 공장 문을 닫고 공장 내부의 박스 같은 곳에 몸을 숨기고 숨는다고 한다. 그렇게 단속반이 한차례 휩쓸고 지나가기를 기다렸다가 안전하다고 판단될 시점에 조심스럽게 나와 운신한다. 사라와 벤은 가까운 관계가 된 후에는 불법체류 단속에 걸렸을 때 함께 추방되지 않도록 일부러 서로 다른 직장에서 일을 했다고 한다. 즉 일차적으로는 위험을 미리 알 방안을 강구하고, 위험을 완전히 피할 수 없을 때를 대비하여 그 피해가 최소화되도록 위험을 분산하는 전략이 모색되었다.

장기 미등록체류 상황에서는 일상적 긴장을 해소하기 위한 심리적 안정 기제도 필요하다. 단속이나 강제추방과 같은 두려움과 공포의 상황을 일상적인 유머나 농담의 소재로 삼는 것이 그런 예가 될 것이다. A공단뿐 아니라 미등록체류 필리핀 노동자들이 공유하는 대표적인 자조적 농담 중 하나는 자신들의 처지를 다이너마이트인 TNT에 비유하는 것이다(김민정 2011: 337~338). TNT는 다이너마이트를 뜻하는 말이지만 필리핀어로는 "숨고 또 숨고"(tago ng tago)라는 어구의 약자이기도 한 일종의 말장난(pun) 유머이다. 이는 강제추방이라는 다이너마이트가 언제 터질지 모르는 상황 속에서 적발되지 않기 위하여 계속 옮겨 다니면서 임시 생활을 해야 하는 처지를 뜻한다. 일상 대화에서 "우리는 TNT 잖아" 식으로 농담처럼 말하곤 하는데, 이러한 유머는 자신의 처지를 스스로 농담거리로 삼으면서 일상화된 위험의 긴장을 풀어내는 방식으로 볼 수 있다.

공단 내의 필리핀 동료들을 대상으로 하는 일종의 심리적 방어기제도 주목된다. 공단 내에서 미등록체류자들은 필리핀 사람들을 쉽게 믿지도 말고 이들에게 쉽게 배신감도 가지지 말아야 하는 것이 "이 생활의" 기본 생활수칙이라고 말하였다. 여기에는 항상 "비자(visa)가 없는 것은 우정에도 영향을 미치기 때문"이라는 설명이 덧붙여졌다. 실제로 정부의 단속기간이 아닌데 불심검문에 걸려서 강제추방 되는 경우는 거의 다, 주변의 필리핀 사람이 그 사람을 지목해서 신고했기 때문이었다. 동료들의 신고 이유에 대해 주변에서는 일자리 경쟁이나 돈 문제, 애정 문제 등으로 다양하게 추측하였다. 그 사람이 없어질 때 이득을 보게 될 사람이 누구인지는 얼추 짐작될 수 있으므로 신고로 인한 불법추방 소식에는 항상 누가 신고자인지에 대한 소문도 같이 돌았다.

그러니 미등록체류자로 오래 일을 하려면 믿을 만한 필리핀인들이 주변에 있어야 하지만 그렇다고 해서 주변 사람들을 또 너무 믿으면

안 된다는 것이 인간관계의 금언으로 이야기되었다. 이러한 생활 조건에서는 그러므로, 돈이나 애정과 관련하여 누군가에 대한 질투를 공공연히 드러내서는 안 되며 그런 소문을 입에 담아서도 안 된다는 것 역시 중요한 생활수칙으로 언급되었다. 피해자가 되어서도 안 되지만 필리핀 공동체 안에서 가해자로 지목되어서도 곤란하기 때문이다. 사라와 벤의 관계가 주변 사람들 사이에서 공공의 비밀처럼 다루어졌던 것은 이러한 심리적 방어기제의 작동 방식으로도 이해된다.

마지막으로 장기 미등록체류자들은 유사시에 자신들을 도와줄 수 있는 한국 사람들과도 연결되어야 한다. 필리핀 이주노동자들은 공단 지역에서의 노동과 생활을 통해 고용주이거나 공장 동료들, 집주인, 가게 주인인 한국 사람들을 만나고 관계를 맺으며 산다. 그러나 이들 한국인과는 이해타산으로 관계를 맺는 사이이기 때문에 불법체류 단속과 같은 상황에서 도움을 청하는 것은 불가능하다. 경제적인 관계를 넘어서서 필요한 도움을 줄 수 있는 한국인들을 만날 수 있는 곳은 공단 안팎의 종교단체나 이주민지원단체이다.

공단 내에는 대형 개신교 교회가 하나 있었지만, 이곳은 한국인들만 다니는 곳으로 알려져 있어서 여기서 한국 사람들과 함께 예배를 보는 이주노동자들은 없었다. 대신 공단 내에는 이주자들만 다니는 개신교 교회가 두 군데 있었고, 그 외에도 이주민지원센터를 운영하는 성공회교회와 방글라데시인들이 모이는 모스크가 하나씩 있었다. 사라가 다니는 교회는 여성목사가 운영하는 곳으로 15명에서 20명 정도의 필리핀 이주노동자들이 정기적으로 예배를 보았으며 이 중 10명 정도가 여성이었다. 이렇게 소속된 교회나 지원단체가 있으면, 오랜 미등록체류 생활 중에 갑자기 큰 병이 나서 수술을 받아야 하거나, 공장에서 심각한 폭력이나 인권침해 상황을 겪거나, 무엇보다 갑자기 강제추방을 당하게 될 경우, 한국사회와 협상 지점을 확보하면서 실제적 도움을 받을 수 있다.

위와 같은 일련의 생존 코드를 터득하고 실행할 수 있다면, 미등록체류 필리핀 노동자들에게 A공단은 오래 머물 수 있는 곳이 된다. 그런 의미에서 사라에게 A공단은 "안전한 곳"으로 인식되었다. 우선 불법체류 단속이 "뜨면" 주변 한국인들이 나서서 바로 알려주고 "외국인들"을 걱정해주었다. 고용주이거나 집주인, 동네 가게 주인의 관점에서 피고용자이거나 세입자, 고객이기도 한 이주노동자들이 갑자기 추방될 경우 자신들의 생업도 타격을 받기 때문이다. A공단은 미등록체류자들의 집단 거주지로 잘 알려진 곳이라 불법체류 단속기간이 되면 어김없이 "타깃"이 되었지만, 지역 내 한국인들의 협조로 단속 기간에 불시에 잡히는 일은 거의 없었다고 한다.

공단 내에서만 제한적으로 생활해 온 사라는 의외로 한국에 대해 특별히 나쁜 인상을 가지고 있지 않았다. 임금을 주지 않거나 무시하는 등 자신을 부당하게 대하는 한국인도 만났지만 사라는 이를 개인의 문제로 여기면서 한국사회 전체가 문제라는 식으로 확대하여 해석하지 않으려고 하였다. 한번은 한국 동료 한 명이 사라에게 돈을 꿔달라고 했었다고 한다. 왜 돈이 없냐고 물으니 은행에 있다고 대답하길래 사라는 (그 의도를 의심하고 나쁜 감정을 키우기보다는) 그냥 한국 사람들은 원래 저축을 잘하는 사람들인가 보다 생각하고 넘겼다고 한다. 공단 안의 제한된 생활이지만 한국사회가 특히 좋아 보이는 점도 있는데, 사장님들이 공단 내 식당 음식이 맛없다고 불평하면서도 그냥 다 먹는 것을 보고, "사장님이나 일하는 사람들이나 다 같은 음식을 먹는다는 점"이 좋아 보였다. 필리핀에서는 부자들의 음식과 가난한 사람들의 음식이 확연하게 다른데, 여기서는 그렇지 않고 모두가 같은 음식을 먹으니 "한국은 평등한 사회"라는 생각이 들었다고 한다. 음식의 평등한 소비를 통해서 사라는 필리핀에서 자신의 사회적 위치와 한국에서 영세공장 사장의 사회적 위치가 실상 크게 다르지 않을 수 있다는 점을 간파했을 수도 있다.

A공단은 안전하고 한국사회는 평등하다고 긍정회로를 돌리면서 생활해 온 사라로서도 18년이라는 시간은 너무 길었다. 그로 인한 피곤함이 역력해 보였고 갑상선에 이상이 있다고 진단을 받았지만 제대로 치료하지 못한 채로 살고 있었다. 한국에 도착한 순간부터 "2년만 더, 3년만 더" 하며 살아 온 것이 이렇게 되었는데, 마음은 언제나 당장 필리핀으로 돌아가고 싶지만 모아놓은 돈이 없으니 "선택의 여지가 없어" 한국에 있을 수밖에 없다는 결론에 도달하였다.

5. 이주노동자와 어머니 역할, 그리고 가족

사라는 가끔 자신의 엄마 인생과 자신의 처지를 비교해본다고 하였다. 과거 밭에서 힘들게 일하던 엄마는 그래도 아이들을 돌보며 살았는데, 자신은 일도 힘들게 하고 아이들과도 떨어져 사니 자신의 엄마보다 더 힘든 삶을 살고 있다는 생각도 들었다. 엄마로서 해외에서 일하며 돈만 보내고 아이들을 자기 생각대로 키울 수도 봐줄 수도 없는 생활은 결코 쉬운 일이 아니라면서, 자신의 고난과 희생의 의미를 설명하였다.

이렇게 한국에서 사라의 이주노동 생활은, 필리핀 방식의 어머니 정체성과 밀접히 관련되어 있었다. 사라는 비록 자신의 몸은 아이들과 떨어져서 한국에서 살았지만 마음속에서 아이들을 떨쳐버린 적은 단 한 순간도 없었기 때문에 한국에서 자신이 혼자라는 생각이 든 적은 없었다고 한다. 엄마로서 물리적으로 아이들과 가까이 있을 수 없었기 때문에 마음 한편에는 항상 죄책감은 들었다고 한다. 하지만 남편이 경제력을 갖추지 못하여 자신이 해외 이주노동자로 나선 것이기 때문에 아이들이 자라면 이해해 줄 것이라고 믿었고 실제로 아이들은 자신의 처지를 잘 이해한다고 느끼고 있었다.

필리핀의 가족들이 자신의 고난과 희생을 알아주는 한, 즉 한국에서 일해서 돈을 보내는 것이 가족을 지키는 것이라는 의미를 서로가 공유하는 한, 사라에게 한국에서의 미등록체류 생활은 필리핀에서의 생활보다 더 자유롭게 느껴지는 측면도 있었다. 왜냐하면 "여기서는 일을 해서 돈을 벌 수 있기" 때문이다. 사라는 자신이 일하는 것을 좋아하는 사람이며, 계속 일을 해야 하고 또 일을 하고 싶다고 했다. 사라는 공단지역의 필리핀 이주노동자들에 대해 자신처럼 돌아가지 못하고 일만 하는 사람, 돈을 모으면 돌아가는 사람, 돈이 생기면 일을 쉬거나 일터를 괜히 이곳저곳 옮기는 사람, 일을 너무 열심히 하고 돈도 너무 아끼느라 교회에 헌금도 안 하는 사람 등으로 유형화하였다. 이렇게 "일과 돈"이라는 기준은 해외 이주노동자의 정체성을 구성하는 주요 요소가 되며 남녀에게 다르게 적용되지 않았다.

즉 사라는 스스로를 해외 이주노동자로 정체화함으로써 자신이 어머니 역할을 수행하고 있다는 점을 자신도 인식하였고 이런 점을 가족들로부터도 인정받았다. "이주노동자로서 돈을 버는 것"은 "가족을 구성하고 유지하는 일"이고 그것이 곧 "어머니 역할로 인정"되어야 한다. 사라는 또한 자신의 해외 이주노동이 필리핀과 한국 양 국가 모두에도 도움이 되고 공헌하는 일이라고 생각하였다. 자신을 해외 이주노동자로 정체화할 때 중요한 것은, 미등록체류자라는 불법적 위치가 아니라 한국 경제에 도움이 되는 노동자라는, 한국사회에서의 역할과 기여이다. 이렇게 30대 이후 사라의 인생을 틀 짓는 핵심어는 '이주'와 '가족'이었으며 이는 '일'과 '돈'을 통해 실현되고 유지되었다.

한국에서 사라는 해외 이주노동자의 삶을 특징짓는 "이동성"(mobility)이 극도로 제약되는 삶을 살고 있다. A공단이라는 공간에서 이주노동자들 이동성의 역설을 가장 잘 보여주는 아이템은 "컨테이너" 숙소일 것이다. 컨테이너는 화물선으로 많은 짐을 바다 건너 이송하기 위해 효율적으로 고안된 직육면체의 철제 상자이다. 컨테이너는 사람을 위한 정주공간이 아니며, 여름과 겨울 날씨가 극적으로 대비되는 한국의 기후에는 더욱더 적절한 주거공간 구조물이 아니다. 문과 창문을 만들어 넣고, 수도관과 가스통을 연결하여 냉난방이 안 되는 임시숙소로나 쓸 수 있는 공간이다. 이동의 상징인 컨테이너가, A공단 미등록 이주노동자들의 실질적 정주공간으로 사용되고 있다는 점은 이주자의 이동성이 제한된 그들의 처지를 상징적으로 보여준다. 한편 과거 한센병 집단거주지였던 공단 역시 주변지역이 수도권 신도시 주택지로 바뀌어 가면서 더 넓은 지리적 공간 속에서 게토화되어 가고 있었다. 그 안에서 컨테이너 숙소는 게토 속에서 더 하위 층위의 게토 공간으로 구분되면서 이방인들의 임시 주거시설로 사용되었다.

사라의 입장에서 볼 때, 한국에서의 '집'인 컨테이너 숙소는 이주노동자의 '임시거처'를 의미하지 않는다. 18년 동안 가꾸어 온 필리핀의 '가정'을 상상할 수 있는 한국에서의 '주거공간'이다. 사라의 컨테이너 숙소 내부는 여느 가정집과 크게 다르지 않게 꾸며져 있었다. 집안은 커다란 침대와 평면 티브이, 컴퓨터 등으로 꽉 차 있었고 벽면은 가족사진으로 빽빽하게 장식되어 있었다. 마치 집안에 함께 해야 할 가족들을 대신하여 필리핀 고향집으로 갈 수 없는 현대 가구와 전기제품들이 한국에서의 주거공간을 지키고 있는 것 같은 느낌을 주었다.

하지만, 컨테이너 숙소로 상징되는 게토에서의 생활은 아무리 오래 되더라도 정주의 의미를 획득할 수 없다. 18년을 쉬지 않고 일해 온 사라와 같이, 한국사회에서 미숙련 이주노동자들의 정주는 불가능하다.[7] 이주노동자들의 노동력만을 사용할 수 있는 방향으로 이주정책을 운영하기 때문이다. A공단의 영세공장들이 고용허가제로 입국하는 합법 체류자들보다 미등록체류 노동자들을 선호하는 이유는 임금보다는 고용과 해고의 유연성 때문이다.[8] 미등록체류 이주노동자들의 비공식성은 그 어떤 유형의 노동력과도 비교가 안 될 정도로 고도의 노동유연화를 보장한다. 신자유주의 시대의 경제적 불확실성에 대비해야 하는 정부 역시 저임금 노동력의 저수지(pool)를 유지할 필요가 있다. 그래서 정부의 불법체류 단속은 미등록체류자들을 실제로 '근절'하기 위해서가 아니라 이들의 수를 '조절'하기 위한 의미를 가진다(김민정 2011: 338-339). 고용과 해고를 손쉽게 할 수 있고 필요할 때 강제출국을 요구할 수 있는 미등록체류자들의 위상은 컨테이너의 이미지와 유사하다. 잠시 화물을 보관하고 이동하기 위한 컨테이너의 임시성처럼 그 공간에서 거주하는 사람들 역시 아무리 오래 되었더라도 언제든 다른 곳으로 실려 나갈 수 있고 짐으로 부려질 수 있는 처지이다.

---

7) 2011년부터는 F2 거주비자가 점수제로 개정되면서 영주권 신청 전 단계의 체류자격이 주어지는데 이 새로운 비자정책의 주요 대상은 투자자나 전문직 외국인, 고학력 유학생 등이다. 고용허가제인 F6비자로 4년 이상 체류한 미숙련노동자들도 이 비자를 신청할 수 있지만 그 자격조건은 근로자 연간임금총액 이상의 연봉에, 2천만 원 이상의 부동산 자산에, 한국어능력시험 3급 수준 등으로 무척 까다로워서 맞추기 힘든 것이 현실이다.

8) 2005년도 노동부의 "사업체근로실태조사"에 의하면 외국인노동자들의 시간당 임금은 정규직 내국인의 53.5% 수준이었다(조동훈 2010: 70).

컨테이너 숙소에 투영된 이러한 고용관계와 노동 상황은 미등록체류 이주노동자들의 생활조건을 지배한다. 노동을 위해 필요한 재생산의 공간과 친밀한 관계는 파편화된다. 가족관계는 멀리 떨어져 있는 가족, 돌아가야 할 가족, 원래의 가족, 함께 이주노동을 하는 가까이 있는 가족 등으로 분화된다. 여기에 더하여 가까이 있는 사람과 임시로 맺는 동거 관계가 생겨나기도 한다. 새로운 동거관계가 파편화되고 분화된 기존 가족관계와 대립하는 측면이 생기더라도, 이주노동의 필요성과 현실을 인정하는 주변사람들과 가족들이 묵인할 경우 기존 가족관계는 쉽게 깨지지 않는다.

한국에서 일할 수 있는 한 미등록체류 이주노동자들이 송금하는 '돈'은 정기적으로 국경을 넘어간다. '돈'을 벌어 송금하는 것은 노동이주의 목적이고 물리적 거리에도 불구하고 이주노동자들이 "원가족" 관계를 유지할 수 있는 중요한 방편이다. 자본주의 문화에서 가족을 구성하고 유지하는 일에는 돈이 필요하고, 필리핀 사회에서는 "가족 중 누군가"가 해외에서 돈을 벌기 위해 다른 가족들과 떨어져 살 수도 있다는 생존 전략이 받아들여져 온 것이다. 1987년에 해외 이주노동을 시작했던 사라나 벤의 아내는 코라손 아키노 대통령이 필리핀의 해외 이주노동 정책을 새로 정비하면서 해외로 나가게 된 첫 세대에 속한다. 이렇게 부부 세대에서 시작된 해외 이주노동은 자녀세대로 이어져 사라의 큰아들과 사라의 둘째 며느리도 해외에서 일하고 있다.

부모 세대의 해외 이주노동 송금으로 생활하고 교육받은 자녀들은 성장한 후에도, 필리핀의 경제구조나 취업시장이 크게 달라지지 않았기 때문에, 국내에서 직업을 통한 계층상승을 이루기 어렵다. 결국 자녀 세대 역시 해외 이주노동을 통해서만 중산층 수준의 교육이나 소비 수준을 유지할 수 있는 상황이다. 이렇게 자녀 세대에서 해외

이주노동자가 나오면 부모 세대의 미등록체류자들은 귀국을 현실화할 가능성이 커진다. 필리핀으로 돌아가서 해외 이주노동을 나가게 된 자녀들을 대신하여 누군가는 손자녀들을 돌봐 주고 살림을 맡는 역할을 해야 하기 때문이다.

A공단과 필리핀을 연결하여 인터뷰를 했던 가족 사례 중에는 A공단에서 부부가 함께 일하다가 남편만 불법체류 단속에 걸려 예정에 없이 필리핀으로 귀국하게 된 경우가 있었다. 갑작스러운 귀국이었기에 남편인 마르틴은 불안한 마음으로 다음 행보를 이리저리 모색하였는데, 그동안 한국에서 일하던 부부의 아들을 대신 돌봐 주던 처형이 해외 이주노동을 나가고 싶어 했다. 한편, 필리핀에서 이모의 돌봄을 받으며 성장한 아들은 해외 선박의 취업수요가 높은 라디오 통신을 전공하고 최근 졸업하였다. 마르틴이 돌아오자 아들은 이제 자신이 해외 이주노동을 나갈 차례라고 생각하여 지원서를 넣기 시작하였다. 이렇게 그동안 필리핀 가정을 지켜주던 처형과 아들이 해외 취업계획을 세우자 마르틴은 더는 해외취업을 하지 않기로 결정하였다. 누군가는 필리핀에서 해외 이주노동 가족들을 위한 거점 역할을 해야 하기 때문이다.

사라의 경우처럼 아내이자 어머니인 여성이 이주노동자로 오랫동안 해외 체류를 하면 특히 더, 배우자 간의 친밀성과 의무, 부모로서의 역할 분담과 상호보완성 등에서 문제가 생긴다. 결과적으로 가족 내의 성역할 배열은 흐트러지고 혼란에 빠지거나 재정비가 요구된다. 아버지가 가사와 육아에 좀 더 참여하고 아이들 문제에 대해서도 책임을 져야 하는 상황에서, 부부간의 새로운 합의나 절충, 보상 등의 문제가 회피될 때 부부간에는 새로운 갈등이 발생하게 된다. 그래서 많은 경우 사회문화 영역에 속하는 성역할 배열을 개별적으로 재조정하기보다는 아이들의 할머니나 이모 등 다른 여성 친족원들이 어머니의 빈자리를 메우는 방식을 택한다. 이렇게 확대가족 관계망을 유지하여 해외 이주노동의 가능성과 기회를 확대하는 방안을 우선시하는 것이 가족의 생존전략으로 채택되는 편이다.

즉 오늘날 필리핀 사회에 만연한 해외 이주노동은 한편으로는 가족관계를 파편화하고 해체하기도 하지만 자녀 양육과 가사 도움을 위해 필요한 확대가족 관계망을 실질적이고도 호혜적인 방식으로 이용하면서 가족관계를 유지해 온 기제이기도 하다. 이렇게 볼 때 A공단에서 장기간의 미등록 이주노동을 가능하게 해준 가족 간 "연쇄이주"(chain migration) 현상은, 필리핀 사회가 허용해온, 가족관계를 동원한 글로벌 이주 시대의 생존전략이라고 할 수 있다. 이는 곧, 신자유주의 시대의 경제적 불확실성에 대해 저비용으로 노동력 저수지를 유지하려는 한국사회의 필요가 필리핀 사회의 초국가적 가족 생존전략을 통해 충족되었음을 의미하는 것이기도 하다.

제 4 장: 관광호텔의 라이브무대 가수, 제인

제4장 관광호텔의 라이브무대 가수, 제인[1)]

1. 한국의 연예 이주노동과 필리핀 여성

호텔 펍을 출입해 보았거나 장거리 크루즈 여행을 다녀온 적이 있는 사람들은 분명 필리핀 가수들의 무대공연을 즐긴 적이 있을 것이다. 1990년대 들어 한국에서도 관광・유흥산업이 발달하고 라이브무대가 늘어나면서 필리핀 밴드나 가수들의 공연을 보는 일이 어렵지 않게 되었다. 그런데 한국에서 이들 필리핀 공연예술인들이 활동하는 연예 이주노동은 급속히 여성화된 분야이기도 하다.

오랫동안 스페인과 미국의 식민지배를 받았던 필리핀인들은 서양의 클래식과 근대 음악을 아시아에서는 가장 먼저 받아들이고 배웠기 때문에, 일찍이 이런 음악을 다른 아시아 국가에도 전파하였고 해외활동도 활발히 하였다. 필리핀 사람들은 20세기 초 베트남에서 프랑스인이나 러시아인들과 함께 서양음악 교사로 활동하였으며(Gibbs,

---

1) 제인(가명)은 필리핀 연예이주 여성노동자의 사례를 다루었던 필자의 기존 연구(2009)에서 다른 가명으로 소개되었고, 이 장의 다른 인물도 모두 가명이다. 여기서는 기존 연구에서 관심을 두었던 노래와 가사, 관객과의 관계에서 주목되는 국가위계에 대한 내용 대신 합법체류 자격을 가진 연예 이주노동의 상황과 여성이주자로서 가지게 되는 차별적 정체성에 주목하였다.

1998a, 1998b), 말레이시아에서도 최초의 군악대 연주자로 활동한 기록이 있다(Ng 2005: 273; 김민정 2009: 219에서 재인용). 미국의 지배를 받으면서 필리핀은 재즈도 일찍이 받아들였고, 미군이 주둔하면서 미군을 상대로 팝송 레퍼토리를 연주할 수 있는 밴드와 가수들을 배출해왔다. 1960년대에 베트남전이 발발하고 장기화하면서는 베트남에 주둔하는 미군을 위한 공연에도 많이 참여하였다.

이러한 역사적 배경으로 인해 필리핀 밴드와 가수들은 오늘날 아시아와 중동 지역으로까지 진출하여 특급호텔 라이브 바의 공연을 도맡아 하고 있다. 필리핀 사람들이 전 세계의 연예 이주노동 분야를 장악하고 있다고 해도 과언이 아닐 정도로 국제사회에서 "필리핀 밴드"(Filipino band)라는 말은 "다양한 국제 관객들을 상대로 전문적인 무대연행을 하는 연주 팀"이라는 의미로 사용되고 있다(Ng 2005: 273; 김민정 2009: 220에서 재인용). 그러나 한국에서 예술흥행(E6)비자로 일하는 필리핀 사람들은 전문적인 무대연행인으로 인식되고 있는 것 같지 않다. 이는 한국사회의 유흥·향락산업의 성격 및 그 변화와 깊이 관련되는 문제로 보인다.

정부통계의 산업분류상, 유흥·향락산업은 당구장에서부터 룸살롱에까지 이르는 비생산적인 서비스산업을 통칭하는 넓은 의미로 사용된다. 하지만, 실제로는 대개가 남성이 화폐를 지불하고 여성의 접대와 시중을 받는 업종, 특히 여성의 성적 서비스가 포함된 업종을 지칭해왔다(박정미 2016: 33). 즉 한국사회에서 유흥·향락이라는 용어의 의미는 성 중립적이지 않다. 이러한 한국의 유흥·향락산업 시장은 1980년대 이후 중진국 반열에 들어서면서 급격히 확대되었다. 특히 1980년에서 1990년 사이는 유흥·향락 업소의 주 고객층이 과거 미군이나 외국인 관광객에서 한국인으로 바뀌면서 그 수가 대거 증가하는 시기였다. 이 기간에 외국인을 대상으로 하는 특수 유흥음식점 수는 2백여 개로 정체 상태였지만, 내국인을 상대로 하는 일반 유흥음식점 수는 3천여 개에서 만8천여 개로 6배가량 증가하였다(박정미 2016: 37). 1990년대 이후 국경이 개방되면서는 미군 주둔지역의 클럽에서 일하던 한국여성들이 외국인 여성들로 대체되는 변화도 일어나게 된다.

한국사회에서 유흥·향락 산업이 성매매와 밀접하게 연결되는 현실은 해방 이후 성매매에 대해 이중적 태도를 보여 온 국가주도 경제개발의 역사를 그 배경으로 한다. 한국 정부는 1961년에 "윤락행위 등 방지법"을 제정하였으나 이를 미군 주둔지역에는 적용하지 않았으며, 1973년에는 "관광진흥법"에 근거한 "국제관광협회" 산하에 "요정과"를 두고 일본남성을 주요 대상으로 기생관광을 주도해왔다(박정미 2011; 이나영 2007; 강준만 2012; 『한겨레21』 2011년 11월 22일). 어느 정도 경제성장의 성과를 이룬 1980년대 이후 유흥·향락산업의 국내 수요가 급증하고 미군 주둔지역의 업소 환경은 상대적으로 열악해지자 1990년대 들어 유흥·향락산업 분야에 외국인 여성들을 고용하기 위한 법 개정이 이루어졌다. 1990년대 중반까지만 해도 외국인 연예인에 대한 고용은 문화(체육)부의 허가를 받아서 공연기획사를 통해 초청하는 형식으로 이루어졌었다. 그러나 1996년 미군 주둔지역의 클럽 업주조직인 "한국특수관광협회"가 개입하면서 이러한 허가제는 폐지되고 관광업소나 외국인전용 유흥주점으로 등록된 업소라면 바로 외국인 연예인을 고용할 수 있게 되었다(『한겨레21』 1997년 3월 27일; 고현웅 외 2006; 국가인권위원회 2008).

이러한 조치로 인해 1990년대 말부터는 예술흥행 비자로 한국에 입국하는 러시아와 필리핀 여성들이 갑자기 증가하였다(〈표 4-1〉 참

〈표 4-1〉 한국 내 예술흥행비자 입국자 수의 주요 출신국별 변화(명), 1993-2013

연도	전체	러시아	필리핀	우즈베키스탄	키르기스스탄	몽골
1993	1,434	157	452	0	0	0
1994	649	13	258	0	0	0
1995	1,009	83	421	26	0	0
1996	1,550	260	601	45	1	0
1997	2,211	346	926	22	1	0
1998	2,105	494	898	73	2	3
1999	4,486	2,049	1,225	321	31	5
2000	7,044	3,510	1,849	545	51	35
2001	8,586	3,901	2,051	30	117	956
2002	6,452	3,238	1,208	72	153	437
2003	4,640	1,856	1,375	76	128	73
2004	3,943	305	2,215	4	2	80
2005	4,759	438	2,381	16	4	124
2006	4,759	412	2,880	48	23	111
2007	3,418	180	1,911	24	0	88
2008	4,845	201	2,332	19	2	149
2009	4,577	216	2,505	24	0	100
2010	4,183	151	2,002	17	3	149
2011	3,655	172	1,319	54	5	154
2012	4,162	139	2,735	37	3	139
2013	4,368	94	2,609	52	47	160

출처: 법무부 출입국외국인관리본부, 출입국관리통계연보, 각 연도.

조). 1996년까지만 해도 천5백여 명 이하이던 예술흥행비자 입국자는 불과 5년 후인 2001년에는 8천5백여 명이 되었다. 이들 중 1996년까지 가장 많은 수를 차지하던 필리핀 출신은 601명에서 2,051명으로 3.4배가량 늘어난 반면, 러시아 출신은 260명에서 3,901명으로 무려 15배나 증가하였다. 이즈음 한국 대도시의 나이트클럽 등지에서 백인 무용수의 섹시 댄스나 유사 성행위 쇼를 보는 것은 어려운 일이 아니었다. 특히 미군 주둔지의 클럽 일대에서는 업주들이 이들의 여권을 빼앗아 사실상 감금상태로 일을 시키면서 무리한 방식으로 성매매를 강요하고 반인권적으로 대우하는 문제가 불거져 나왔다.

이런 상황에서 여성부는 외국인 연예 이주노동자들의 문제를 "외국여성 성매매"의 문제로 제기하였고(설동훈 외 2003; 설동훈 외 2011), 이에 법무부는 2003년 6월부터 무용수에 대한 예술흥행비자 발급을 중단하였다. 그러자 러시아 출신의 예술흥행비자 입국자 수는 2003년 1,856명에서 2004년 305명으로 급감한다. 이렇게 1996년부터 10년간 러시아 예술흥행비자 입국자가 200여 명에서 4천 명 가깝게 급증했다가 다시 3, 4백 명 수준으로 떨어지는 과정은 방문국의 비자 정책이 특정 직종의 이주노동 수요를 만들어내는 데에 결정적으로 중요하다는 점을 보여준다.

2004년부터 예술흥행 비자(E6)는 세분되어, 무대예술공연 참가자는 예술연예(E61), 관광업소[2] 공연자는 호텔유흥(E62), 스포츠종사자는 운동(E63) 비자로 나뉘었고, 예술흥행 비자 입국자에게도 자질을 심사하는 과정이 추가되었다(〈표 4-2〉 참조). 그러나 호텔유흥 비자를 통해 유흥·향락업소의 종사자들은 여전히 따로 분류되고 관리되었기 때문에 성매매의 강요나 여타의 인권침해 문제는 수그러들지 않았다(두레방 2007; 국가인권위원회 2008). 새로운 비자발급 방식에서는 공연인의 자질을 판단하는 업무와 체류자격을 부여하는 업무가 문화관광부 영상물등급위원회와 법무부 출입국사무소로 나뉘어 있어서, 전문 공연인이 아닌 사람이 위장입국을 하여 클럽에서 일을 하더라도 막을 방법이 없었다(고현웅 외 2006: 35). 또한 연예 이주노동자들에게 한국

---

2) 관광진흥법에 의거하여 외국인 전용 유흥음식점, 관광극장 식당, 3성 이상 호텔, 유원시설 등이 여기에 속한다.

〈표 4-2〉 한국의 예술흥행비자 하위분류와 활동 분야(2004년 이후)

분류	활동 분야
E-6-1 (예술 · 연예)	수익이 따르는 음악, 미술, 문학 등의 예술 활동 및 전문 방송연기에 해당하는 자와 공연법의 규정에 의한 전문 연예활동에 종사하는 자 (작곡가 · 화가 · 사진작가 등 예술가. 오케스트라 연주 · 지휘자, 광고 · 패션모델, 바둑기사, 방송인, 연예인, 연극인, 분장사 등)
E-6-2 (호텔 · 유흥)	'E-6-1'에 해당하지 않고 관광진흥법에 의한 호텔업시설, 유흥업소 등에서 공연 또는 연예활동에 종사하는 자(가요 · 연주자, 곡예 · 마술사 등) - 관광진흥법 제3조 제1항 제6호 규정에 의한 국제회의 시설의 부대시설 종사자 및 관광진흥법에 의한 관광업소 중 공연법에 의해 등록된 공연장(예:워커힐 호텔 등)에서 활동하려는 자
E-6-3 (운동)	축구 · 야구 · 농구 등 프로 운동선수 및 그 동행 매니저 등으로 운동 분야에 종사하는 자(프로선수, 프로팀 감독 및 매니저 등)

* 출처: 출입국·외국인정책본부 홈페이지.

의 일자리를 알선해주는 역할은 중개 에이전시가 맡지만 이들 연예 이주노동자들이 실제로 고용관계를 맺는 상대는 공연업소이다. 그래서 에이전시에게 파견업체 허가를 내주는 노동부는 노동현장에서 발생하는 착취나 임금 체불 등의 피해상황을 자신들의 담당업무라고 판단하지 않는 문제가 발생하였다(고현웅 외 2006: 166-173).

1996년의 예술흥행비자 정책 변화로 인해 이후 10년 동안 한국사회에서는 연예 이주노동자들의 여성화가 진행되었다(〈표 4-3〉 참조). 1990년만 해도 한국에 체류 중인 279명의 예술흥행비자 소지자 중 남성은 70%로 다수를 차지하였다. 예술흥행비자 체류자의 80% 이상은 필리핀 출신이었지만 이들 중 여성의 비율은 25%에 지나지 않았다. 즉 1990년 이전까지 한국의 연예 이주노동자는 밴드공연을 하는 필리핀 남성들이 대다수였다. 그러나 비자제도가 바뀌어 허가제가 철폐되자 1997년에서 2002년 사이 예술흥행 비자로 체류하는 사람은 5천여 명으로 증가하였고 성비는 역전되어 여성이 84.6%를 차지하였다. 한편 전체 예술흥행 비자 소지자 중 필리핀인의 비율은 30%

〈표 4-3〉 한국 내 예술흥행비자를 소지한 전체 외국인 및 필리핀인의 수와 여성비율의 변화(명, %), 1985-2013

연도	전체 외국인		필리핀인	
1985	188		140 (74.5%)	
1990	279	남 193	240 (86%)	필남 180
		여 86 (30.8%)		필여 60 (25%)
1995	598	남 363	501 (83.8%)	필남 308
		여 235 (39.3%)		필여 193 (38.5%)
1997	1,444	남 652	862 (59.7%)	필남 391
		여 792 (54.8%)		필여 471 (54.6%)
2000	3,916	남 693	1,521 (38.8%)	필남 369
		여 3,223 (82.3%)		필여 1,152 (75.7%)
2002	5,285	남 832	1,664 (31.5%)	필남 410
		여 4,453 (84.3%)		필여 1,254 (75.4%)
2005*	4,390	남 1,006	3,066 (69.8%)	필남 469
		여 3,384 (77.1%)		필여 2,597 (84.7%)
2008*	4,421	남 1,085	3,192 (72.2%)	필남 511
		여 3,336 (75.5%)		필여 2,681 (84%)
2013*	4,940	남 1,110	3,494 (72.8%)	필남 323
		여 3,830 (77.5%)		필여 3,171 (90.8%)

* 2004년 이후는 기존의 E6 비자 소지자와 하위 범주인 E61, E62, E63 소지자를 합한 수치
출처: 법무부, 출입국·외국인정책본부, 각 년도.

대로 떨어졌지만, 필리핀인 중 여성의 비율은 75% 수준으로 증가하였다. 2003년도에 문화관광부가 공연물을 심사하는 과정이 도입되자 무희로 일을 하던 러시아 여성들의 입국은 대폭 줄어들지만, 필리핀 연예 이주노동자 중 여성의 비율은 계속 증가하였다. 2013년 현재 4,940명의 예술흥행 비자 체류자 중 필리핀인은 73%에 해당하는 3,494명인데, 이들의 91%가 여성이다. 즉 한국 내 예술흥행비자 체류자의 구성은 1990년에는 필리핀 남성이 다수이던 상황에서 2013년에는 필리핀 여성이 절대다수인 상황으로 바뀌었다.

한국의 유흥·향락 산업시장의 확대 과정 속에서 필리핀 여성들이 연예 이주노동 분야를 떠맡게 된 이러한 변화는 다음 두 가지 방식을 통해 진행되었다. 하나는 한국 내에서 미군이나 외국 선원을 대상으로 하는 관광유흥업소에서 필리핀 여성들을 고용하는 것이다. 관련 정부부처와 시민단체의 보고서에서 주목하는 그룹은 주로 이들인데, 한국에서 하게 될 일을 제대로 알지 못한 채로 필리핀에서 출국하여 열악한 노동환경에 처하고 성매매를 강요받는 문제가 지적되고 있다(설동훈 외 2003; 두레방 2007; 설동훈 외 2011). 다른 하나는 새로 생긴 한국인 대상의 관광유흥업소에서 대규모 혼성 필리핀 밴드 대신 필리핀 여성 가수들을 개별적으로 고용하는 추세이다. 이들은 클럽 종사자들처럼 심각한 통제와 착취 상황에 부닥치는 경우는 드물지만, 백지 계약이나 임금체불 등의 문제로 곤경에 처하는 일은 드물지 않다(국가인권위원회 2014). 그러나 공연업소의 유형이나 성격이 워낙 다양하기 때문에, 현실에서 이러한 두 범주를 뚜렷하게 구분할 수 있는 것은 아니다. 무엇보다 소위 불법체류자가 되어 법의 안전장치 밖으로 밀려나게 되면 두 번째 유형의 여성 연예 이주노동자도 유사 인신매매의 상태에서 성 노동을 강요받을 가능성이 있다.

연예 이주노동 분야의 여성화는, 한국 내 이주여성들의 문제가 한국사회의 변화와 밀접하게 관련되면서 한국사회의 약한 고리를 노골적으로 드러내준다는 점을 보여준다. 인신매매적 통제와 성착취가 연예 이주노동의 현장에서 근절되도록 법과 정책의 문제를 지적하고 개선하는 작업은 일차적으로 필요하다. 그러나 동시에, 보다 일반적인 상황에 관심을 기울여 연예 이주노동의 현실을 하나의 노동현장으로 인식하는 관점도 필요하다.

기대와 달리, 연예 이주노동 분야의 미등록 체류비율은 방문동거와 결혼이민을 제외한 다른 체류자격보다 높지 않다. 2013년 경우 예술흥행 비자로 입국한 필리핀 여성 중 미등록 체류 비율은 40%인데 이는 단기방문 입국자 범주의 59%보다 훨씬 낮으며 고용허가제로 입국한 범주의 42%보다도 약간 더 낮다(〈표 4-3〉 참조). 즉 한국에서 예술흥행 비자로 일하는 필리핀 여성 중 절반 이상은 정식 체류자격을 유지하면서, 라이브무대 공연을 하는 연예 이주노동자라고 추정할 수 있다. 그러나 2000년대 이후 한국의 연예 이주노동에 대해서는 심각한 착취 상황에 처한 이주여성에 대한 실태조사나 정책제안 보고서의 내용만 알려져 있다. 관광호텔의 라이브무대나 대규모 놀이공원의 공연무대 등지에서 음악 공연을 하는 '보다 일반적인' 연예 이주노동자들의 한국 생활에 대한 보고나 분석은 상대적으로 찾아보기 힘들다.

이런 점에서 아래에서 소개할 가수 제인의 이야기는 한국사회의 연예 이주노동 현실에 대해 보다 균형 잡힌 이해를 할 수 있도록 도와줄 수 있을 것이다. 한국과 필리핀을 오가며 생활하는 제인의 사례를 통해 세계화 시대의 변화하는 한국사회가 어떻게 필리핀 여성들의 이주경험을 새로이 만들어내고 또 어떻게 이들의 삶과 함께 변화하는지 돌아보고자 한다.

2. 가수 제인의 한국행

내가 제인을 만나 인터뷰할 수 있었던 것은 '운 좋게도' 서울에 사는 필리핀 출신의 50대 남성 리코를 알게 되었기 때문이다.

리코는 내가 2008년에 한 정부기관의 요청으로 필리핀어 면접시험을 진행하러 갔을 때 함께 위촉되었던 면접위원이었다. 그가 일찍이 1980년대부터 밴드 뮤지션으로 한국을 방문해왔다는 사실을 알게 되어 나는 그와 따로 약속을 잡아 한국에서의 필리핀인 연예노동에 대한 인터뷰를 진행하게 되었다. 리코는 1984년부터 2000년까지 필리핀과 한국을 오가며 건반 연주자이자 가수로 활동하였다. 당시 하얏트 호텔을 시작으로 하여 워커힐 호텔, 용산 미군기지, 롯데 호텔, 명동 로얄 호텔 등을 순회하며 공연을 했었다고 한다. 리코가 공연 일을 그만 둔 2000년은, 앞서 설명했듯이 한국에서 연예유흥 비자 입국자들의 수가 늘면서 여성화되는 시기였다. 당시 리코는 중년에 접어들면서 정착 생활을 모색 중이었는데 마침 한국공연 때마다 와서 팬을 자처하던 한국여성이 있어서 결혼하고 직업을 바꾸어 한국에 정착하였다.

리코는 오늘날 한국에서 연예유흥 비자로 일을 하는 것의 의미가 자신이 일하던 과거와 크게 다르다는 점을 강조하였다. 자신이 활동하던 1980년대와 1990년대가 "합법적 뮤지션"(legitimate musician)의 시대였다면, 1990년대 이후는 "엔터테이너"(entertainer)의 시대라는 것이다(김민정 2009: 225). 과거 필리핀 뮤지션들은 외국인들을 대상으로 주로 특급호텔과 미군기지의 무대에서만 공연하였으나 1990년대 이후에는 한국인을 대상으로 하는 업소가 늘어나면서 관광업소로 등록된 곳이라면 규모가 작은 클럽에서도 공연하기 시작하였다고 한다. 특히, 1990년대 말부터 2000년대 초까지는 필리핀에서 GRO(Guest Relations Officer)라고 부르는 클럽의 접대원들에게도 과거 뮤지션들과 같은 비자가 발급되었기 때문에 필리핀 뮤지션들에 대한 위상은 급격하게 떨어지고 이미지도 실추하였다는 것이다. 또한 과거에는 남성 멤버가 주가 되는 대규모 밴드 소속의 뮤지션들이 많았지만, 이제는 목소리보다 얼굴로 오디션을 통과한 젊은 여가수들이 다수를 차지하여, 자신과 같은 "베테랑 뮤지션"은 찾아보기 힘들게 되었다고 한다.

리코가 '뮤지션'과 '엔터테이너'라는 말을 사용하면서 한국에서 연예유흥 비자로 일하는 필리핀 사람들을 활동 시기에 따라 둘로 구분하는 것은 주목된다. 일반적으로 뮤지션이 전문적인 가수나 악기 연주자를 일컫는 말이라면 엔터테이너는 더 포괄적이고 다양한 방식으로 관객을 즐겁게 해주는 역할에 더 초점이 맞추어진다. 특히나 한국에서 급격하게 팽창한 유흥·향락 산업 풍토에서는 엔터테이너라는 말은 유흥업소에서 일한다는 사실로 인해 더욱 부정적인 어감을 띠게 된다(김민정 2009: 225). 1990년대 이후 연예유흥 비자 입국자의 다수를 차지하는 필리핀 여성들은, 음악적 전문성을 추구해야 하는 뮤지션과 관객이 원하는 즐거움을 주기 위해 노력해야 하는 엔터테이너라는, 어떤 점에서는 상반되는 두 측면을 함께 요구받고 있다.

내가 예술흥행 분야의 필리핀 이주여성들을 인터뷰하고 싶다고 하자 리코가 소개해준 사람은 피비였다. 피비는 당시 임금체불로 인한 체류연장 문제로 리코의 도움을 받고 있었다. 2008년 8월 내가 인터뷰를 할 당시에 피비는 B시의 4성급 관광호텔 C의 맥주 바에서 제인과 함께 공연을 하고 있었다. 나는 서울에서 먼저 피비와 인터뷰를 하고 이태원의 바와 서울 중심부의 큰 호텔에서 공연하는 필리핀 밴드의 무대들을 보러 함께 다니기도 하였다. 그러다가 직접 B시로 내려가서 피비의 숙소를 방문하고 공연도 관람하면서 피비의 공연파트너인 제인도 만나게 되었다.

피비는 20대 후반의 미혼여성으로 날씬하고 매력적인 외모였는데 자신의 임금체불 문제를 해결하느라 무척 바빴고 서울행이 잦았다. 한편 제인은 30대 후반으로 작은 키에 약간 통통하면서도 귀여운 외모였는데 필리핀에 17살 딸과 14살 아들을 둔 한부모 가장이었고 한국에서는 공연 일만 하면서 단조롭게 생활하는 편이었다. 또 2004년부터 일을 시작한 피비는 당시 한국에서 두 번째로 일을 하는 것이었지만, 제인은 1994년부터 한국에서 계속 일을 해 온 이력을 가지고 있었다. 이러한 차이들은 있었지만, 가수가 된 계기나 무대공연의 어려움 등, 여러 가지 주제에 있어서 둘의 이야기에는 공통되는 부분이 상당히 많았다.

여기서는 연예 이주노동자로서 피비와 제인의 공통된 경험과 둘이 함께 한 공연상황에 주목하지만, 개인의 서사로서는 피비보다 제인의 이야기에 더 비중을 두고 소개하고자 한다. 그 이유는 제인이 한국에서 일한 경력이 더 길고 또 공연 다음 날 휴일을 온전히 함께 보내면서 연예 이주노동자의 삶과 관련된 여러 상황과 복잡한 심경 등에 대해 더 진솔한 방식으로 대화할 수 있었기 때문이다.

제인은 비콜(Bicol) 출신으로 어린 시절부터 노래에 두각을 나타내었다. 7살 때 동네 노래자랑 대회에서 일등을 하면서 자신의 "탤런트"(재능)를 알게 되었다고 한다. 어머니가 원래 노래를 아주 많이 잘하였는데 제인이 14살 때에 돌아가셨고, 이모가 제인과 세 오빠를 돌봐 주었다. 아버지는 마닐라에서 택시 운전을 하였는데 부활절과 성탄절에만 고향집을 찾아왔기 때문에 "이방인"처럼 느끼며 살았다. 고등학교 졸업 후 간호학교에 진학한 제인은 학비를 벌기 위해 그 지역 수도의 가장 큰 호텔에서 노래하는 일을 시작하였다고 한다. 거기서 한 삼 년쯤 경력을 쌓은 후에 돈도 벌고 세상 구경도 하고 싶어서 함께 일하던 밴드를 따라 일본으로 가려고 하였다. 그러나 오빠의 반대가 심했는데 당시 일본에서 일하는 필리핀 엔터테이너 여성들은 "자파유끼상"(japayuki-sang)이라고 불리며 좋지 않은 소문에 휘말리곤 했기 때문이다. 결국 제인은 일본을 대신하여 한국행을 택하였다.

14년의 세월이 흘렀는데도 제인은 1994년 12월의 어느 날, 김포 공항에 혼자 도착했던 날의 일들을 아주 자세하게 기억하고 있었다. 필리핀에서 입던 여름옷을 그대로 입고 온 것을 보고 공항에서 만난 한 한국 여성이 자기 재킷을 그냥 주었다고 한다. 공항을 나와서 제인은 주소만 들고는 택시를 타고 혼자서 한국 측 에이전시를 찾아가야 했다. 에이전시 사무실에서 만난 사장은 그나마 입맛에 맞을 거라면서 제인에게 중국집 볶음밥을 시켜주었다. 이렇게 해서 볶음밥은 제인의 첫 한국 음식이 되었다. 당시 아직 20대 초반이던 제인에게 한국행은 대단한 결단이었고 갑자기 낯선 문화 속에서 생활하게 된 상당히 충격적인 사건으로 기억되고 있었다.

예술흥행 비자로 한국에 오기 위해서는 필리핀에서 오디션을 보고 소속사를 정한 후 고용계약을 맺어야 한다. 소속사는 다시 한국 측의 에이전시를 통해 한국에서 공연할 업소들을 찾아서 계약을 대행해주는데, 필리핀의 소속사와 한국의 에이전시는 같은 회사일 수도 있고 아닐 수도 있다. 예술흥행 비자의 체류기간은 2년이지만 한국의 업소들은 보통 석 달에서 여섯 달 간격으로 공연진을 교체한다. 즉 한번 한국에 오면 보통은 최소 4번 이상 업소를 옮기면서 일을 하게 된다. 그래서 공연 일자리를 안정적으로 구하기 위해서는 좋은 소속사와 에이전시를 만나는 것이 중요하며, 연예 이주노동자들은 소속사와 에이전시가 부당하게 처우하더라도 제대로 항의할 수 없게 된다. 한국에서 2년을 일한 후에는 6개월의 간격을 두어야 다시 올 수 있다.

제인은 14년 전 한국에 처음 온 이후 쉬지 않고, 한국에서 이 년을 일하고 필리핀에서 여섯 달을 쉬고 다시 한국에서 이 년을 일하는 것을 반복하는 "순환이주"(circular migration) 방식으로 일해 왔다. 제인의 첫 일자리는 수원의 한 디스코텍이었다. 첫 계약 때는 거기서만

이 년 가까이 일을 하면서 한국어를 배우고 김치와 라면 먹는 법을 배웠다고 한다. 한국 노래도 그때 처음으로 배웠는데 한국어 가사의 발음 때문에 많이 혼났다고 한다. 당시 자신은 예쁜 편이 아니니 노력해서 노래를 잘하는 것이 중요하다고 생각해서 정말 열심히 배웠다고 한다. 이렇게 노력을 하느라 그리고 또 한국 음식과 문화가 낯설어서, 이 첫 방문 때는 몸무게가 많이 줄 정도로 고생을 많이 했다. 두 번째로 한국에 왔을 때는 안양의 한 호텔 바에서 일했는데, 그때는 같은 팀에 있던 필리핀 건반 연주자와 연애를 하게 되어 아주 행복하게 보냈다고 한다.

세 번째로 왔을 때는 잠실 롯데월드 오디션에 합격하게 되었고 이후 6년간 계속 그곳에서만 일하였다. 당시 월급은 70만 원으로 적은 편이었지만 하루에 한 번 40분만 공연하면 되는 일정이어서 일이 편했고 다른 대우도 좋았다고 한다. 호텔 바에서 공연할 때는 월급이 90만 원이면서 팁도 받기 때문에 수입은 더 많았다. 그러나 저녁에 시작하여 자정 너머까지 30분에서 40분짜리 공연을 다섯 번 정도 해야 하니 더 힘들었다. 한편 강남이나 분당의 "7080 카페"나 라이브 바에서는 하루 두 번의 공연에 130만 원을 주었고 수요도 많았다.[3)] 그러나 관광업소로 등록된 곳이 아니어서 외국인이 예술흥행 비자로 일하는 것은 불법이었다. 그런데 롯데월드에서 일하고 있던 제인에게 7080 카페에서 공연해달라는 제안이 계속 들어왔고 제인은 유혹을

---

3) "7080"은 미디어 매체를 통해 등장한 세대 용어로, 대개 70년대 중후반과 80년대 초까지 당시의 대학생, 그리고 오늘날 중산층 직업을 가진 집단을 호명한다(김왕배 2015:19). 2000년대 초반부터 이들의 향수를 자극하는 마케팅이 시작되었고 미사리를 중심으로 이들 세대의 대중가요를 라이브로 공연하는 카페들이 생겼는데 이를 "7080 카페"라고 부른다(이창원 2008). 이러한 추세를 반영하여 2004년에는 "콘서트 7080"이라는 KBS TV의 음악 프로그램도 시작되었는데, 이는 무려 663회를 진행하고 2018년에 종영되었다.

이기지 못하고 겹치기로 일을 하다가 발각되어 롯데월드 일자리를 잃게 되었다. 이후로는 지금처럼 주로 대도시 관광호텔의 라이브 바에서 공연하고 있다.

인터뷰 당시 제인은 10년째 같은 소속사와 에이전시를 통해 일하고 있었다. 에이전시는 공연자들을 대신하여 한국의 업소와 월급, 식사, 숙박 조건 등에 대해 협상하고 계약을 성사시켜 준다. 공연자는 일이 있을 때는 숙식 제공과 함께 월급을 받지만, 일이 없을 때는 숙식만 제공될 뿐 월급을 받지 못한다. 그래서 자금력이 약한 에이전시는 일하는 공연자의 월급으로 일이 없는 다른 공연자들의 숙박비를 지급하다가 부도를 내고 일을 한 공연자들의 월급을 주지 못 하는 일이 발생하게 된다. 제인의 듀엣 파트너인 피비가 바로 그런 상황에 부닥치게 되어, 인터뷰 당시 체불임금을 받기 위해 G1(기타 체류자격) 비자를 받아서 연장 체류 중이었다. 제인은 현재의 소속사와 에이전시가 자신의 능력을 믿어주고 업소나 숙소도 잘 잡아주기 때문에 계속 관계를 맺고 있다고 하였다. 연예 이주노동자들은 공연이 없는 시간 대부분을 숙소에서 보내기 때문에 좋은 숙소를 받는 것이 중요하다. 또한 월급의 수준은 대강 정해져 있지만, 숙소의 위치와 상태는 공연 장소에 따라 계속 달라지기 때문에, 연예 이주노동자들을 위한 에이전시의 협상력이나 배려는 어떤 숙소를 배정해주는 지로 확인되기도 한다.

싱글맘인 제인은 일부러 남자친구를 만들지 않는 편이라고 하였다. 하지만 인터뷰 당시에는 이태원의 필리핀 바에서 만나 알게 된 필리핀 남자친구가 있었다. 수도권 공단에서 일하는 이주노동자인데 지역도 근무시간도 달라서 자주 만나지는 못하고 주로 통화만 한다고 하였다. 필리핀과 한국을 오가며 쉬지 않고 14년간 일을 해 온 제인은 이제 중년을 앞두고 있었는데, 의외로 은퇴 후의 대책을 벌써 걱정하고 있었다. 밴드에 속한 악기 연주자들과 달리 여자 가수들은 무대를 떠나야 하는 시기가 특히 더 빨리 오기 때문에 은퇴에 대한 걱정이 크다고 한다. 제인은 돈을 빨리 더 많이 모아서 은퇴 후에 고향 지역에 라이브 바를 낼 수 있기를 바라고 있었다.

3. B시 C호텔 브로이 맥주집의 라이브무대

2008년 8월 토요일 하루를 골라 나는 제인과 피비의 공연을 보기 위해 B시를 방문하였다. C호텔에 체크인을 한 후, 제인과 피비의 무대연습을 방해하지 않으려고 인사만 건네고는 밤 9시경 공연장으로 바로 내려갔다.

홀의 중앙에는 회사의 단체회식처럼 보이는 20~30대 남녀 20여 명이 있었고 이들이 손님의 대다수를 차지하였다. 주변 테이블에는 호텔에서 가족 행사를 치른 듯 보이는 가족 손님들도 있었다. 무대 위의 제인과 피비는 둘 다 검은색 쫄티에 검은색 반바지를 입고 검은색 부츠를 신고, 금색 메탈 풍의 커다란 링 귀걸이와 화려하게 늘어지는 목걸이, 체인 모양의 벨트를 하고 있었다. 액세서리로 인해 화려해 보였지만, 의상만 보면 단순하고 활동적인 복장이었다. 무대 위에는 가사집을 놓은 악보대와 반주 음악이 출력되는 노트북 컴퓨터만 있었다. 밴드 없이 컴퓨터 반주 음악에 맞추어서 "듀오"로 노래하는 공연 방식이기 때문에 무대는 단출하였다. 쉬는 시간에 제인과 피비에게 물어보니 이렇게 여가수 둘이서만 공연을 하면 둘이서만 마음을 맞추면 되니까 복잡한 인간관계를 고려하지 않아도 되고 편한 점이 많다고 한다. 하지만 신청곡으로 남자 노래(남자가수 음역에 맞추어 작곡된 노래)가 들어오면 남자 보컬 없이 자신들끼리 소화해야 하기 때문에 힘든 경우도 있다고 한다.

첫 세션 후 30분의 휴식이 끝나고 10시 반 공연이 시작되었는데, 20여 명의 중년 남자들이 들어왔다. 나중에 알고 보니 B시의 한 고등학교 동창 모임이었다. 대규모로 단체 손님이 들어오자 제인과 피비는 유독 밝게 웃으며 무대 위에서 "안녕하세요?"라고 한국말로 인사를 건넸다. "Crazy", "Somebody you love", "Anak", "진달래" 식으로 팝송, 필리핀가요, 한국가요가 적당히 뒤섞여서 이어졌다. 다시 쉬는 시간이 되자 단체손님 중 한 명이 우리가 쉬고 있는 테이블로 와서 앉았다. 자신을 마닐라에 컴퓨터 가게를 운영하는 최 사장이라고 소개하면서, 필리핀을 오가다 보니 한국에서 필리핀 사람을 만난 것이 "반가워서" 이 테이블로 온 것이니 "이상하게 생각하지 말라"는 말을 여러 번 반복하였다. 최 사장이 필리핀과 한국 생활에 대해 이런저런 이야기를 늘어놓는 동안 제인과 피비는, 미소를 잃지 않은 채로 아무 말도 하지 않으면서 듣고 있다는 식의 표정만 가만히 짓고 있었다. 최 사장은 그렇게 상대방의 반응 없이 혼자서만 두서없이 이야기를 이어가다가 "힘든 일이 있으면 언제든지 연락하라"면서 자신의 명함을 주고 돌아갔다. 공연 중간의 쉬는 시간에는 이렇게 필리핀과의 인연을 이야기하며 찾아오는 남자 손님들이 종종 있다고 한다. 그런 손님들은 "한국에서 필리핀 사람을 만나 반갑다"고 하지만 자신들 입장에서는 필리핀을 오가는 한국 사람이라고 해서 "별다르게 반갑지는 않으며", "힘들 때 연락하라"고 명함을 주는 행동도 "그리 고맙게 다가오지 않는다"고 한다. 그렇다고 "나쁘게 보이는 것도 아니고 그냥 다른 손님들과 똑같게 생각이 되기" 때문에 그냥 웃으면서 "적극적으로 응대하지 않고 보낸다"고 한다(김민정 2009: 233-234).

최사장이 자리를 떠나고 얼마 되지 않아서 중년의 한국 남녀 네 명이 맥줏집으로 들어왔는데, 피비가 그들을 보자 "오빠"라고 외치며 반갑게 달려 나가 맞이했다. 서울에서 온 대기업에서 일하는 김 부장과 B시에 사는 그의 동창생 의사 부부, 그리고 이들의 고향친구 여성, 이렇게 네 명으로 구성된 팀이었다. 김 부장은 이미 좀 취한 상태였는데, 이번에 자기가 보증을 서서 피비가 G1 비자를 받을 수 있게 되었다고 다소 장황하게 자랑처럼 말하였다. 할아버지가 오래전부터 필리핀에서 선교 사업을 하여서 자기도 필리핀 사람들에게 호의적인데, 피비가 과거 부산에서 일할 때부터 알고 지냈다고 한다. 새로운 세션이 시작되었고 제인과 피비는 다시 무대로 나갔다. 새 무대는 원더걸스의 "노바디"로 시작되었는데 단체 손님 중 일부가 무대 아래로 나와 춤을 추기 시작하였다. 제인과 피비는 "It's rainning man", "아래로", "Push me", "밤이면 밤마다" 식으로 팝송과 한국가요 중 빠른 댄스곡을 골라서 번갈아 메들리로 불렀다. 흥이 무르익으면서 신나는 콘서트장처럼 분위기가 바뀌자, 더 많은 사람이 앞으로 나와 춤을 추었고 그중 또 많은 사람이 무대로 올라와 악보 앞에 팁을 놓고 갔다. 그러다가 남자손님 두어 명이 무대 위까지 올라와 춤을 추자 웨이터가 바로 다가와(가수들을 보호하는 의미에서) 이들을 무대 아래로 내려가도록 하였다. 그렇게 춤판이 좀 더 진행되다가 한주의 마감을 알리는 토요일 밤의 마지막 세션이 드디어 끝났다. 무대에서 내려온 제인과 피비는 해방감을 느끼는 분위기가 역력했고 김 부장네 팀과 함께 어울려 새벽 2시경까지 맥주를 마셨다(김민정 2009: 234).

이렇게 무대에서 노래를 부르는 자기 일을, 제인은 "즐거운(fun) 일"이라고 표현했다. 좋아하는 노래를 하면서 돈을 벌고, 멋있는 의상을 입고 화장을 하고, 외국의 새로운 곳을 찾아다니는 생활이니 즐겁다는 것이다. 하지만 이런 즐거운 일도 '노동'으로 따져볼 때 결코 쉽거나 편한 일은 아니었다. 우선 이들이 거의 매일 하는 공연은 5~6시간 동안 50여 곡을 부르는 상당히 길고 힘든 활동이다. 공연 전에는 곡을 선정하고 반주를 준비하고 가사를 다시 외우는 등 연습 시간을 가져야 하고, 무대에 서기 위해 화장을 하고 의상을 갖춰 입는 준비 시간도 필요하다. 일이 끝난 후 무대를 치우고 마무리하고 화장을 지우는 등의 시간까지 고려하면, 오후 2~3시부터 다음날 새벽 2~3시까지 하루에 12시간 정도를 일하는 것이다. 여기에 더하여 새로 나온 곡을 계속 배우고 연습하기 때문에 계약 중일 때는 물론이고 필리핀에서 쉴 때도 꾸준히 신곡 연습을 해야 한다. 실제로 제인과 피비는 연습 중인 곡의 멜로디를 익히고 가사를 외우기 위해 어디든지 항상 아이팟을 들고 다녔다(김민정 2009: 234).

한편 이들 공연의 성공 여부는 호텔 바의 매상액을 통해 평가되었다. C호텔 브로이 맥줏집의 매니저 말로는 모든 호텔 바가 매일매일 매상을 점검하면서 조금이라도 변화가 생기면 원인분석을 하는데, 이때 가장 먼저 고려되는 중요한 요인이 라이브 공연이라고 한다. 제인과 피비가 입장하는 손님들에게 먼저 웃으면서 인사를 건네는 이유도 여기에 있었다. 특히 남자 단체 손님들은 매상을 많이 올려주고 서로 체면을 차리느라 팁도 후한 편이기 때문에 오늘처럼 더 과장되게 환대를 하고 흥을 돋우어 주려고 노력한다. 김 부장과 같은 단골손님들에게는 특별히 친근한 관계라는 점을 느끼도록 기분을 잘 맞추어서 계속 찾아오도록 해야 한다. 동시에 자신들 운신의 폭이 좁아지지 않도록 적정 거리를 유지할 수 있어야 한다. 그러니 호텔 라이브 바에서 여가수로 일한다는 것은 신곡을 제때 소화하고 충분히 연습하여 장시간의 힘든 공연을 소화하는 것 이상을 요구한다. 매상을 올리기 위해서는 외모를 가꾸고 손님들에게 웃으며 친근하게 대하고 관객 중심으로 노래 곡목이나 공연 분위기를 설정하고 테이블로 따로 찾아오는 남자 손님에게도 적절히 응대해야 하는 등의 "감정노동"(emotional labor)이 필수 불가결하다(김민정 2009: 234-235).

근대의 개인에게 감정이란 의도적으로 만들어낼 수 없는 내면 자체의 활동이며 사적이고 고유한 영역에 속하는 것으로 간주된다. 그러나 혹쉴드는 감정노동이라는 용어를 통하여 감정이 돈으로 교환되는 노동의 속성이기도 하다는 점을 지적하였다(혹쉴드 2009[2003]). 일루즈는 나아가 자본주의 경제가 탈근대화하는 과정에서 인간의 감정에 대한 부분이 시장경제에서 상품적 요소로서 중요하게 간주된다는 점에 주목하여 "감정자본주의"(emotional capitalism)라는 용어도 사용한다(일루즈 2010[2007]). 이러한 감정의 상품화는 근대 사회의 성역할과 밀접히 결부되어 있어서 여성화된 서비스 직종에서 특히 감정노동에 대한 요구와 이로 인한 소외의 문제가 지적된다.

고객을 단시간 응대하면서 표준화된 서비스를 제공하는 콜센터나 판매 업종 등에서 감정노동은 감정을 연기하는 수준의 "피상적인 행동"(surface acting)에 그칠 수도 있을 것이다. 그러나 매일 매일 무대에 올라 입장하는 손님들에게 환대받는 느낌이 들도록 인사하고 손님들의 감정과 흥이 고조되도록 선곡하고 연출하면서, 무대 아래에서도 손님들이 친근하고 즐거운 기분을 느끼도록 응대하는 일은 "내면의 행위"(deep acting) 수준의 감정노동을 요구한다(혹쉴드 2009[2003]: 59). 연예 이주노동에 요구되는 감정노동은 무대공연을 위한 직업적 노력과 활동 전반을 자기 내면의 즐거움으로부터 끌어내는 것이 필요하다. "내가 좋아하는 노래를 부르는 일을 하니 즐겁다"라는 제인의 말은 아주 빈말이 아닌 것이다.

4. '뮤지션'과 '엔터테이너' 사이의 연예 이주노동

좋아하는 노래를 부르고 새로운 곳을 찾아다니며 사는 삶은 즐거움도 주지만 불안정하고 뿌리 뽑힌, "어디에 속하지 못하는" 감정을 느끼게 한다.

라이브무대에서 노래하는 연예 이주노동자들은 늦은 오후에 하루를 시작하고 다음 날 이른 새벽에 하루를 마감하기 때문에 낮과 밤이 뒤바뀐 생활을 하게 된다. 또한 외국에서 공연 장소가 바뀔 때마다 짧으면 석 달 길면 여섯 달을 주기로 거주지를 옮겨 다니며 생활해야 한다. 이렇게 밤낮이 바뀐 일정과 외국에서의 잦은 이동 생활 때문에 정기적으로 한국을 방문하고 한국에서 보낸 시간이 쌓이더라도 한국인 친구나 이웃을 사귀는 것은 힘들다. 그뿐만 아니라 한국에 있는 다른 필리핀 사람들을 만나거나 필리핀인 모임에 참가하는 것도 힘들다.

제인의 경우 활동 초기 대규모 밴드에 속해있을 때는 필리핀 밴드 멤버와 어울려 공연장과 숙소 주변 지역을 돌아다녔다고 한다. 그러나 지금처럼 여성 듀오 팀으로 활동하게 되면서는 거주지역의 기본 지리를 파악하기 힘들 정도로 생활반경은 숙소와 공연장으로 한정되면서 좁아졌다. 라이브무대의 공연자들이 혼성 대규모 밴드에서 여성 솔로나 듀오로 변화하면서 연예 이주노동에서 동료 관계는 사라지고 개별적으로 떠돌이 이주 생활을 하는 방식으로 변화하게 된 것이다.

개별화되고 여성화된 연예노동의 수행과정에서 연예 이주노동자들은 고객과의 관계에서도 보다 취약한 위치에 놓인다. 한국남성 고객이 필리핀 여가수에게 공공연하게 표명하는 "불쌍하다는 느낌"과 "도와주겠다는 의도"야말로 이러한 취약성을 잘 보여준다. 내가 제인과 피비의 공연장에서 만났던 최 사장이나 김 부장 같은 한국남성 고객들은 드문 경우가 아니었다. 이들 남자 고객들이 관광호텔 바의 여가수를 '돈 벌기 위해 외국에 나와 고생하는 사람'이라고 보는 시선은 '도와주기 위해 사적으로 만나서 가깝게 지내자고 치근덕대도 되는 사람'이라는 인식으로 쉽게 전환될 수 있다.

상대를 불쌍히 여기는 인식은 기본적으로 위계적인데 필리핀 여가수들과 한국남성 고객 사이에는 국가 위계에 더하여 성별 위계에 대한 차이도 개입된다. 상대를 불쌍하게 여긴다는 인식이 나의 의도대로 상대에게 접근해도 된다는 인식으로 전환하는 과정에서 성적 위계관계가 작동하기 때문이다. 이러한 차이에 대해 자신이 상대를 도와야 한다는 의지를 표명하는 것에는 자신을 은혜롭고 선한 가부장으로 위치 지우면서 사적인 접촉 시도에 대한 해석을 애매하게 만들려는 의도가 담길 수 있다. 필리핀과 한국의 차이라는 국가 간 위계에 더하여 남녀 섹슈얼리티 사이의 불평등이 인간적인 선의로 포장될 때, 상대가 접촉을 피할 수 없도록 상황을 조정하여 그 접촉을 성적인 것으로 바꾸려는 시도를 할 수 있다. 이러한 남성 고객의 성적 의도는 위험이 노골적으로 가시화되는 상황에야 비로소 드러나기 때문에 바로 그 순간에 여성이 강하게 거부 의사를 표명한다면 상당한 위험이나 손해를 감수해야 하는 처지에 놓일 수 있다.

체불임금 문제로 곤경에 처한 피비가 G1 비자를 받을 수 있도록 보증을 서 준 김 부장의 태도에는 이러한 발전과정의 초기 단계처럼 보이는 일면이 있다. 제인의 관찰에 의하면 김 부장은 피비에게 이렇게 직접적인 도움을 준 이후 단골손님의 태도를 벗어나기 시작했다고 한다. 피비를 서울에서 만나자고 부르는 일이 잦아졌고 피비가 일 때문에 바쁘다고 하면 서울에서부터 B시까지 공연장을 찾아오기 시작했다고 한다. 제인은 김 부장이 피비를 도와준 이야기를 아무에게나

떠벌리고 보호자 행세를 하면서 동시에 피비를 공연장 밖에서 만나려고 시도하는 것을 마음에 안 들어 했다. 그렇지만 김 부장이 피비 체류연장 자격의 보증인일 뿐 아니라 호텔 바의 매상도 올려주는 단골이기 때문에, 제인은 김 부장을 친밀하고 친절한 태도로 대하는 '깊은' 감정노동을 수행해야 한다는 점을 잘 알고 있었다.

연예 이주노동자로서 필리핀 여가수들이 개별화되고 고립되면서 그 위치가 취약해지는 상황은 한국에서 생활하는 다른 필리핀인들과의 관계에서도 확인되었다. C호텔에서의 공연 다음 날, 제인은 필리핀 이주자들의 일요 미사에 가보고 싶어 하였다. 아직 미혼이고 임금 문제도 해결해야 하는 피비는 일요일마다 서울로 올라가 사람들을 만났지만, 제인은 B시에 혼자 남아 노래 연습을 하는 경우가 많았다. 제인은 B시에도 필리핀어 미사가 있다는 것을 알았지만 혼자 찾아갈 엄두를 내지 못하다가 나에게 동행을 요청한 것이다. 우리가 택시를 타고 성당에 도착했을 때 미사는 이미 시작된 상황이었다. 성당 안은 이미 2~3백여 명의 필리핀 사람들로 꽉 차 있어서 안으로 들어가면서 주변의 시선을 받지 않을 수 없었다. 눈치를 보면서 안쪽의 빈자리를 찾아 앉자마자 제인은 내게, "모두 공장 다니는 사람들이다"라고 나지막이 속삭였다. 그래서 다소 불편하다는 어투였다. 미사가 끝나고 나올 때도 제인은 주변 사람들의 시선을 많이 의식했다. 두 명의 필리핀 남성이 우리에게 다가와 간단히 인사말을 건네었을 때도 굳은 표정으로 응대하지 않았다.

미사 후 점심을 먹으러 간 식당에서 제인은 내게, 필리핀인들 미사가 오래전부터 정기적으로 진행되어 온 서울 혜화동 성당에서 봉변을 당했던 과거 일을 이야기하였다. 한 필리핀 여성이 제인의 얼굴 앞에서 "딱 봐도 가수(singer)인 걸 알겠다"라고 비아냥거렸는데, 제인의 눈에 상대는 "딱 봐도 공장 일을 하는 것으로 보였다"라고 한다. 그래서 너무 화가 나서 바로 "니 손을 좀 봐라, 니 얼굴을 좀 봐라. 그리고 나랑 한번 비교해 봐라"라고 되받아쳤다고 한다. 상대는 제인의 화려하고 가꾸어진 외모에 대해 도덕성을 폄훼하는 말을 던진 것이고, 여기에 대해 제인은 상대의 거친 외모가 대변하는 힘든 노동에 대해 조롱하는 말로 응대한 것이다(김민정 2009: 236-237).

제인이 오래도록 마음에 담아두고 있던 이 에피소드는 한국의 필리핀 이주노동자 여성들 사이에, 특히 공장 노동자와 연예 노동자 사이에 존재하는 위화감을 보여준다. 여기서 두 여성은 각자 상대가 종사하는 이주노동과 결부된 외모의 차이를 지적하면서 상대의 일을 깎아내렸다. 돈을 벌기 위해 즐거움은 팔지 않는다는 도덕적 우월감과 몸을 상해가며 험한 일은 하지 않는다는 우월감의 대결처럼 보이는 이 장면은 이주노동자로서 다른 상대와 비교를 할 때 도덕성에 대한 기준이 동원되며 이런 비교를 통해 느끼는 상대적 만족감으로 자기 일을 인정받고자 하는 욕구를 보여준다. 이주여성 내부자들 간의 이러한 "구분짓기"에서 연예 이주노동자 여성은 도덕적으로 더욱 취약한 위치로 인식될 가능성을 가진다.

그런데 이러한 두 종류의 타자화, 즉 한국 고객들의 쉬운 접근 시도와 필리핀 이주자들의 도덕적 의심이라는 편견보다 더욱 근본적인 취약성은, 연예 이주노동 분야가 여성화되면서 변화한 노동조건과 노동환경이다. 제인과 피비처럼 두 여성 보컬만으로도 연주팀을 구성하고 공연을 할 수 있게 된 것은 1990년대 후반 이후 컴퓨터 반주를 이용할 수 있게 되면서 나타난 현상이다. 디지털 기술의 발달로 음향 시스템이 개선되어 노트북의 컴퓨터 반주 프로그램만 있으면 가수는 밴드 없이도 어디에서나 공연을 할 수 있게 된 것이다.

C호텔의 브로이 맥줏집 매니저 말에 의하면, 2004년에 처음 문을 열었을 때만 해도 불가리아 출신의 7인조 밴드를 월 천4백만 원에 고용했었다고 한다(김민정 2009: 243). 라이브밴드 없이 가수만 고용한다면 비용을 대폭 줄일 수 있는데, 그럴 경우 솔로 가수와 계약하는 것이 비용을 최소화하는 방법일 것이다. 그러나 솔로 가수가 혼자 공연하게 되면 여러 다른 문제들이 생긴다. 우선 혼자 노래를 하면 무대 위의 공백이 너무 커서 휑한 느낌이 들고, 또 매일 반복하는 장시간의 공연을 혼자서는 감당하기 힘들며, 외국에서 계속 옮겨 다녀야 하는 외지 생활을 혼자 하기는 어렵다. 차선책으로 듀오를 쓰려고 한다면 남자 듀오팀은 거의 하려는 사람들이 없으며, 남녀 혼성 듀오도 부부나 파트너 관계가 아니라면 팀을 구성하기가 힘들다고 한다.

그러나 여성 듀오팀은 서로 모르는 사이라 하더라도 상대적으로 팀을 짜기가 쉽다고 한다. 이렇게 지금처럼 여성 듀오를 쓰면 월 2백만 원에 라이브무대를 유지할 수 있어서 비용이 1/7 수준으로 주는 것이다. 무대공연에서 여성 듀오의 이점은 더욱 크다. 우선 여성의 음역은 남성보다 더 넓어서 여성 가수들이 남녀 모두의 곡을 더 잘 소화한다. 또한 여성은 남성보다 더 다양한 방식으로 춤을 출 수 있어서 고객들의 시선을 끌고 분위기를 북돋우는 데에도 더 유리하다. 마지막으로 여성은 남성보다 다양한 국적의 고객들에게 친근감을 주고 호감을 끌어낼 수 있는데, 이는 호텔 바의 고객으로는 남성이 압도적으로 더 많기 때문이다(김민정 2009: 243).

아무도 직접적으로 언급하지는 않았지만, 나의 관찰에 의하면 여성 가수들은 남성들보다 더 통제하기 쉬운 노동력이라는 점에서 선호되는 측면도 중요해 보였다. 리코는 자신이 활약하던 1980-90년대에 노래 선곡이나 마이크 볼륨 조절 등과 관련하여 매니저나 고객과 힘겨루기를 했던 일화를 여럿 들려주었다. 무대 바로 앞에 앉은 고객들이 대화에 치중하면서 연주 볼륨을 줄여달라고 하여 한두 번 요청에 응했는데도 또다시 요청한 적이 있었다고 한다. 이때 매니저가 그 고객들을 무대에서 먼 테이블로 옮겨주지 않고 자신에게 다시 볼륨을 낮추라고 하여 연주하던 그랜드 피아노 뚜껑을 그냥 확 닫고 나와버렸다는 식의 일화였다(김민정 2009: 243).

그러나 제인과 피비는 공연과 관련하여 매니저나 고객과 대립하면서 자율성을 침해받은 느낌을 경험한 적이 없었다고 한다. 매니저의 요구는 업소의 지침이므로 수용해야 하고, 고객과의 관계는 업소가 개입하여 조정해 주는 내용을 받아들였다. 무대공연과 관련하여 여가수들이 매니저와의 관계에서 중요하게 여기는 것은 무대연출에 대한 장악력이라기보다는 고객과 적절한 경계를 유지하여 고객에게 가까운 느낌을 주면서도 안전을 보장받는 일이었다. 공연 도중 쉬는 시간에 자신들이 고객들 테이블에 앉는 것이 허용되는지 아닌지, 고객들이 무대 위로 올라와 춤을 추는 것이 허용되는지 아닌지 등과 같은 규칙은 업소마다 달랐기 때문이다. 이렇게 여성 공연자와 고객 사이의 가까운 거리를 허용하면서도 신체적 접촉을 통제하기 위하여 공간사용 규칙이 만들어지는 노동상황은 여가수들의 위치가 '뮤지션'과 '엔터테이너' 사이에서 적절히 자리 잡아야 하는 내용임을 보여준다.

연예 이주노동자들이 '엔터테이너'라 하더라도 이들이 제공하는 '즐거움'은 기본적으로 '뮤지션'으로서 수행하는 공연의 전문성에 기인한다. 다만 가수로서 이들은 창작곡을 부르지 않는 "모창가수"(copycat singer)라는 한계를 가질 뿐이다. 제인은 자신이 "거위의 꿈"을 원가수인 인순이와 구별이 안 될 정도로 잘 불러서 롯데월드의 한국 스태프들이 자신을 "인순이"라고 불렀었다는 점을 자랑스러워했다. 제인은 자신이 모창가수라는 점을 잘 알고 있었지만, 모창에도 전문적인 음악성이 요구된다는 점에서 '뮤지션'이라는 의식을 가지고 있었다. 그러나 이렇게 여성 듀오로 공연을 하게 되면 여가수로서 '엔터테이너'의 자질을 더욱 요구하고 강조하는 노동조건과 환경에 놓이지 않을 수 없다.

2000년대 중반 이후 뚜렷해진 한국 연예 이주노동의 "필리핀 여성화" 현상은 한국의 유흥·향락산업 시장이 확대되는 것과 밀접하게 관련된다. '이국성'과 '젠더'가 결합하여 "저비용에 고효율"의 라이브 무대를 연출할 수 있게 되면서 공연 '서비스'의 내용은 더욱 젠더화되어 왔음을 보여준다. 한국사회에서 연예 이주노동 분야가 여성화된다는 것은 연예 이주노동을 계획하는 필리핀 여성으로서는 해외 일자리 공급이 늘어나는 것이므로 긍정적인 현상이기도 하다. 그러나 동시에 이러한 변화로 인해 라이브 무대공연을 둘러싼 섹슈얼리티 위계는 더 강화되고 연예 이주노동의 현장은 여성에게 더 착취적으로 될 개연성을 담고 있다. 한국사회에서 필리핀 여가수들의 고용조건이 더욱 개별화되면서 뮤지션으로서 전문성과 자율성을 잃게 되고 에이전시와 업소의 관리 및 통제는 더욱 강화되었다.

연예 이주노동자 스스로가 "뮤지션"의 정체성을 유지하는 것은 해외 이주노동의 기회를 활용하면서도 연예노동의 젠더화된 덫에 걸리지 않기 위해 중요하다. 2년을 주기로 한국과 필리핀을 오가며 생활하는 제인은 자신을 스스로 규정하는 '뮤지션' 정체성과 에이전시나 업주, 고객이 요구하는 '엔터테이너' 정체성 사이에서 지혜롭게 줄타기를 하면서 14년의 세월을 연예 이주노동자로 일해 왔다.

그동안 제인이 한국에서 보낸 시간은 10년을 훌쩍 넘겼으며 필리핀에서 보낸 시간보다 4배나 많다. 이 긴 시간 동안 제인은 한국의 여러 공연장에서 화려한 무대와 폭발적인 가창력으로 사람들을 즐겁게 해주었다. 제인에게 한국은 분명 젊은 시절을 바친 평생의 일터이다. 그러나 한국에서 제인은, 어떤 식으로든 소속감을 느낄 수 있는 논리나 정황이 허용되지 않는 방식으로 살아왔다. 합법 체류자격을 가지고 "순환이주"(circular migration) 방식으로 연예노동을 하면서 누적 10년의 세월을 한국에서 보낸 제인의 이주생활은 고립과 취약성을 특징으로 한다.

앞장에서 소개했던 사라는, 비록 18년 동안 한국을 떠날 수는 없었지만 A공단이라는 지역사회 안에서나마 제한적으로 가족이나 고향 사람들과 어울리고 한국인 후원자들과도 연결되어 있었다. 반면 제인은 한국의 여러 도시를 돌아다니며 체류하는 경험은 할 수 있었지만, 지역 생활의 일상적 관계에서는 소외되는 시간을 보내야 했다. 이렇게 볼 때 한국사회에서 노동하는 필리핀 이주여성으로서 사라와 제인은, "합법적인 이동성"과 "일상적 친밀성"을 동시에 다 누릴 수 없다는 점에서는 비슷하게 어려운 처지라고도 할 수 있다. 이러한 일상생활에서의 제한성은 체류자격의 합법성 여부와는 무관하게 한국사회에서 이주자들이 "비가시적" 존재로 여겨지는 현실을 설명한다.

제 5 장: 비수도권 지역 한국남성의 아내, 마엣

제5장 비수도권 지역 한국남성의 아내, 마엣[1)]

1. '외국인 배우자의 여성화'와 필리핀 결혼이주여성

아시아 지역에서 "이주의 여성화" 현상이 확산되던 1990년대는 한국사회에서 '외국인 배우자의 여성화'가 시작된 시기이기도 하다. 한국남성의 배우자로서 한국사회로 이주한 외국 출신 여성들은, 사라나 제인과 달리, 한국에서 합법적으로 체류하고 일상적이고 친밀한 가족관계도 누리며 생활한다. 이들은 한국사회에서 "결혼이주여성"이라는 새로운 이름을 얻으면서 지난 10여 년간 한국사회의 이주민을 대변하는, 어떤 의미에서는 과잉으로 "가시적인" 존재가 되었다.

한국에서 국제결혼 건수는 1991년까지만 해도 4천 3백여 건으로 총 혼인 건수의 1.2%에 불과하였으나(〈표 5-1〉 참조) 2000년에는 두 배로 증가하여 만2천여 건이 되었고, 2005년에는 네 배 가까이 증가하여 4만3천여 건으로 최고치를 기록하면서 총 혼인 건수의 13.6%

---

1) 이 절에서는 김민정외(2006), 김민정(2007; 2012a), Kim, M(2010)에서 논의했던 내용들을 참조하였다. 마엣(가명)의 가족은 중소도시와 농촌지역에서 생활하는 필리핀 결혼이주여성에 대한 기존연구에서 다른 가명으로 소개했던 일곱 가족 중 하나이며(김민정, 2007), 여기서는 이후의 생활과 가족관계에 대한 내용을 포함하여 소개한다. 이 장에 등장하는 다른 이름도 모두 가명이다.

〈표 5-1〉 한국의 국제결혼 추이: 성별 혼인건수 등(건, 천 건, %), 2000-2015

	총 혼인건수	외국인과의 혼인건수	총 혼인건수 대비 구성비 (%)	증감률 (%)	한국남성+ 외국여성 혼인 건수	외국인과의 혼인 대비 구성비(%)	한국여성+ 외국남성 혼인건수
2000	334,030	12,319	3.7	16.5	7,304	59.3	5,015
2001	320,063	15,234	4.8	23.7	10,006	65.7	5,228
2002	306,573	15,913	5.2	4.5	11,017	69.2	4,896
2003	304,932	25,658	8.4	61.2	19,214	74.9	6,444
2004	310,944	35,447	11.4	38.2	25,594	72.2	9,853
2005	316,375	43,121	13.6	21.6	31,180	72.3	11,941
2006	332,752	39,690	11.9	-8	30,208	76.1	9,482
2007	343.6	37.6	10.9	-5.3	28.6	76.1	9
2008	327.7	36.2	11	-3.7	28.2	77.9	8
2009	309.8	33.3	10.7	-8	25.1	75.4	8.2
2010	326.1	34.2	10.5	2.7	26.3	76.9	8
2011	329.1	29.8	9.1	-12.9	22.3	74.8	7.5
2012	327.1	28.3	8.7	-5	20.6	72.8	7.7
2013	322.8	26	8.1	-8.1	18.3	70.4	7.7
2014	305.5	23.3	7.6	-10.4	16.2	69.5	7.2
2015	302.8	21.3	7	-8.6	14.7	69	6.6

출처: 통계청. 2006년 혼인통계; 2015년 혼인 · 이혼 통계.

를 차지하였다(통계청 각 연도; 〈표 5-1〉 참조). 이렇게 2000년대 이후 국제결혼의 급증 현상은 한국남성과 외국인 여성 간 결혼이 증가하였기 때문이다. 한국남성과 외국인 여성 간의 국제결혼 건수는 1991년에만 해도 663건이었고 전체 국제결혼에서 차지하는 비율도 13%에 불과하였다. 그러다가 2000년에 들어서면 전체 국제결혼의 절반 이상을 차지하며 2008년에는 2만8천여 건으로 최고치를 기록하면서 전체 국제결혼의 78%를 차지한다(〈표 5-1〉과 〈표 5-3〉 참조).

이렇게 1990년대 들어 국제결혼이 증가하는 현상은 1989년에 시

〈표 5-2〉 한국 내 결혼이민체류자* 수의 성별 출신국적별 변화, 2007-2015

		2007	2008	2009	2010	2011	2012	2013	2014	2015
합계		110,362	122,552	125,087	141,654	144,681	148,498	150,865	150,994	151,608
성별	남자	13,126	14,753	15,876	18,561	19,650	20,958	22,039	22,801	23,272
	여자	97,236	107,799	109,211	123,093	125,031	127,540	128,826	128,193	128,336
국적	중국	63,203	67,787	65,992	66,687	64,173	63,035	62,400	60,663	58,788
	베트남	21,614	27,092	30,173	35,355	37,516	39,352	39,854	39,725	40,847
	일본	5,823	5,223	5,074	10,451	11,162	11,746	12,220	12,603	12,861
	필리핀	5,033	5,819	6,321	7,476	8,367	9,611	10,383	11,052	11,367
	기타	14,689	16,631	17,527	21,685	23,463	24,754	26,008	26,951	27,745

* 여기에 해당하는 비자는 2009년 이전까지는 F-1-3, F-2-1, 2010년 이후에는 F-2-1 F-5-2, F-6 (2011년 신설).

출처: 법무부, 출입국·외국인정책본부, 각년도.

작된 여행자율화와 1995년부터 본격화된 세계화 정책으로 내외국인의 출입국이 대폭 증가하는 추세를 배경으로 한다. 한편 국내로 들어오는 한국인의 외국인 배우자 중 특히 여성이 급증한 것은 이주노동자들의 장기체류와 시민권 획득이 막힌 상황에서 한국남성들의 국제결혼에 대한 요구가 증가하였기 때문이다. 여성에게 가정의 공간을 할당한 근대적 성역할 구조로 인해, 여성들은 외국인과 가족관계를 구성하는 방식으로 결혼을 통해 국제이주를 현실화할 가능성이 남성보다 더 크다.

2000년대 이후 한국의 비자 정책이나 국적법의 변화는 외국인 배우자의 국적별 분포와 그 변화에도 영향을 미쳤다(〈표 5-2〉 참조).[2)]2007년에 방문취업제를 통해 조선족 등 외국 국적 재외동포의 취업기회가 확대되자 중국 출신 결혼이민 체류자의 수는 지속해서 감소하

2) 국제결혼 외국인 배우자에게는 2009년 이전까지는 방문동거(F-1)나 거주(F-2)의 하위 범주인 F-1-3, F-2-1 비자가 발급되다가, 2010년 이후에는 F-2-1이거나 영주권(F-5)의 하위 범주인 F-5-2가 발급되었다. F-6라는 결혼이민 비자 범주가 새로 만들어진 것은 2011년이다(〈표 7-1〉 참조).

〈표 5-3〉 한국남성과 외국인 여성 간의 결혼건수 변화(건), 1990-2015

	계	일본	중국	미국	필리핀	베트남	태국
1990	619	175	88	268	14	-	-
1991	663	224	106	232	10	-	-
1992	2,057	1,223	429	249	19	-	-
1993	3,109	826	1,851	230	46	-	-
1994	3,072	561	2,043	227	37	-	-
1995	10,365	1,412	8,450	188	80	-	-
1996	12,647	2,370	9,271	228	337	-	-
1997	9,266	1,075	7,362	213	290	-	-
1998	8,054	1,004	4,688	1,514	303	-	-
1999	5,775	1,248	2,883	280	456	-	-
2000	7,304	1,131	3,586	235	232	-	-
2001	10,006	976	7,001	265	510	134	185
2002	11,017	959	7,041	267	850	476	330
2003	19,214	1,242	13,373	323	944	1,403	346
2004	25,594	1,224	18,527	344	964	2,462	326
2005	31,180	1,255	20,635	285	997	5,822	270
2006	29,665	1,045	14,566	331	1,117	10,128	271
2007	28,580	1,206	14,484	376	1,497	6,610	524
2008	28,163	1,162	13,203	344	1,857	8,282	633
2009	25,142	1,140	11,364	416	1,643	7,249	496
2010	26,274	1,193	9,623	428	1,906	9,623	438
2011	22,265	1,124	7,549	507	2,072	7,636	354
2012	20,637	1,309	7,036	526	2,216	6,586	323
2013	18,307	1,218	6,058	637	1,692	5,770	291
2014	16,152	1,345	5,485	636	1,130	4,743	439
2015	14,677	1,030	4,545	577	1,006	4,651	543

* 한국남성과 필리핀 여성 간의 결혼건수 중 1990-2000년 수치는 CFO가 발표한 외국인과의 필리핀인 간의 결혼건수.

출처: 통계청, 인구통계연보, 각년도

였다. 또한 2014년에 결혼이민 비자의 심사요건이 강화되자 계속 증가하던 베트남 출신 결혼이민 체류자의 수는 처음으로 감소하였다. 이러한 국제결혼의 추이 변화는 지극히 사적인 선택으로 보이는 '결혼'의 가능성과 한계에 "국가"가 얼마나 중대하게 개입할 수 있는지를 보여준다.

2000년대 들어 국제결혼을 통해 한국으로 이주해 온 외국인 여성들은 TV 시사프로그램을 통해 양극화된 이미지로 소개되었다. 이들은 결혼과 가족의 신성함을 이용하여 위장 결혼을 한 "돌아오지 않는 신부들"이거나(SBS 2003년 2월 8일), 돈에 눈먼 결혼 중개업소와 문제 있는 남편에게 인권을 박탈당한 "덫에 걸린 여성들"이었다(MBC 2003년 4월 15일)(김민정 외 2006: 161-162). 한국남성의 국제결혼이 급증하는 2000년대 중반에는 특히 동남아 지역에서 행해지는 결혼중개업체들의 반인격적이고 여성 모독적인 결혼 중개과정이 적나라하게 보도되면서 사회적 물의를 일으켰고(KBS 2TV 2005년 3월 30일),[3] 이는 2007년에 "결혼중개업의 관리에 관한 법률"을 제정하는 배경이 되었다.

---

3) 당시 언론에 보도된 상업화된 결혼 중개과정은 다음과 같았다. 결혼중개업체는 외국인 여성들의 사진과 프로필을 인터넷 사이트에 올려놓고 이를 보고 찾아온 한국남성 '고객'들로 소규모 그룹을 구성하여 사오일 정도의 해외 현지 맞선 및 결혼여행 일정을 추진한다. 그러나 현지에서 한국남성들은 대개 인터넷 사이트에서 자신이 선택한 여성이 아닌 다른 여성들을 수십여 명씩 선보게 된다. 현지 여성들이 몇 개의 그룹으로 나뉘어 차례로 들어와서 일렬로 줄을 서서 선보이면 한국남성은 그룹당 한 명씩을 선택한 후 이 후보자들과 연속적으로 따로 만나본다. 이삼일 사이에 한국남성은 여성 한 명을 최종 선택해야 하고 결정이 내려지면 바로 한국대사관으로 가서 신부의 한국행을 위해 비자신청을 한다. 이어서 바로 결혼식과 피로연을 하고 신혼여행을 대신하는 합방을 한 후 신랑은 귀국한다. 이 과정에서 결혼중개업체는 무조건 결혼이 빨리 성사되도록 양쪽을 강제하면서, 의도적으로 신랑이나 신부에 대한 정보를 제공하지 않거나 심하게 왜곡한다. 전체 결혼과정에 드는 비용은 모두 한국남성이 지불하면서, 외국여성의 나이와 외모를 주요기준으로 하여 상품을 고르듯 진행되는 점도 비판받는다.

동남아 지역 국가 중에서도 베트남과 필리핀 출신 여성들은 중국 다음으로 많은 수를 차지하는데(〈표 5-2〉 참조), 결혼 건수의 증가 추이나 결혼방식에 상당한 차이를 보인다. 베트남 여성과 한국남성 간의 국제결혼은 2001년에는 134건에 불과하다가 5년 사이에 무려 76배가 증가하여 2006년에는 만 건에 이르렀고 이후 4~5천여 건 수준을 유지하고 있다(〈표 5-3〉 참조). 그리고 2012년 여성가족부의 전국다문화가족실태조사에 의하면 한국과 베트남 부부는 결혼중개업체를 통해 만난 비율이 63%로 절대다수를 차지한다(〈표 5-4〉 참조). 즉 베트남 여성과 한국남성 간 국제결혼은 2000년대 중후반에 결혼 중개업소를 통해 성사된 경우가 다수인 것으로 보인다.

필리핀 여성과 한국남성 간 국제결혼은 1990년 14건에서 1999년 456건으로 1990년대에 이미 매우 증가하고 가시화되었다. 이후 2001년의 5백여 건에서 2006년에는 천 건, 2011년에는 이천 건을 넘기면서 2000년대 내내 증가추세였으나 이후에는 천 건대에 머물면서 안정적인 추세를 보인다(〈표 5-2〉 참조). 즉 필리핀여성들은 다른 동남아 지역 출신의 여성들보다 더 일찍부터 한국남성들과 국제결혼을 하기 시작하였는데 여기에는 1990년대 중반부터 2000년대 초까지 필리핀을 대상으로 활발히 전개되었던 통일교의 결혼 선교가 큰 몫을 하였다. 또한 일찍이 1980년대부터 필리핀에 진출한 한국의 개신교회 관련자들도 결혼중개를 해 온 것으로 보인다. 정확한 통계는 아니지만 1980년대와 1990년대에 필리핀으로 출국한 한국인 중 "종교사회" 비자나 "종교복지" 비자를 발급받은 사람의 비율은 1986년의 2.5%(113명)에서 1990년의 9.1%(2천6백여 명)로 증가하면서 여행자율화 시기를 전후로 큰 차이를 보인다(〈표 5-5〉 참조). 이후 "관광", "상용", "방문"의 목적으로 필리핀으로 출국하는 한국인들이 급증하

〈표 5-4〉 한국 내 유배우 결혼이민자와 귀화자 등의 출신국적별 현재 배우자 만남의 경로(%), 2012, 2015

구분	결혼 중개업체 (업자)	가족, 친척의 소개	친구, 동료의 소개	종교 기관을 통해	스스로	기타	합계
전체(2012년)	20.1 (54,917)	20.1 (54,998)	29.4 (80,519)	5.7 (15,658)	23,3 (63,838)	1.4 (3,940)	100 (273,871)
베트남	63.0	13.6	18.7	0.8	3.4	0.6	100
필리핀	26.6	15.7	21.3	24.5	10.8	1.2	100
전체(2015년)	20.8 (55,752)	21.2 (56,509)	27.4 (73,492)	5.5 (14,813)	25.0 (67,032)	0.2 (426)	100 (268,024)
중국	10.2	25.3	33.4	0.9	30.0	0.1	100.0
중국(한국계)	3.2	30.4	34.9	0.8	30.6	0.2	100.0
일본	0.8	5.0	12.0	56.8	25.2	0.1	100.0
대만, 홍콩	1.5	11.8	31.7	2.3	52.5	0.0	100.0
베트남	56.9	18.5	17.4	1.1	6.0	0.0	100.0
필리핀	25.6	16.2	24.0	18.9	14.2	0.3	100.0
그 외 동남아시아	43.1	14.9	16.2	7.8	17.8	0.2	100.0
남부아시아	22.2	12.4	21.3	3.1	40.8	0.2	100.0
몽골, 러시아, 중앙아시아	19.3	12.4	30.7	5.6	31.9	0.1	100.0
미주, 유럽, 대양주	0.5	4.5	34.0	3.9	56.4	0.5	100.0
기타	2.8	6.6	25.6	6.7	56.8	1.5	100.0

출처: 여성가족부(2013), 191쪽; 여성가족부(2016), 55쪽.

면서 "종교복지" 목적의 출국자 비율은 줄지만 2000년대 중반까지 양적으로는 3천에서 4천여 명의 수준을 유지하면서 여전히 "유학"이나 "연수" 수치를 웃돈다. 이렇게 필리핀에서 체류하는 종교계 한국인의 증가는 필리핀의 한국교회 관련자들이 필리핀 여성과 한국남성 간의 국제결혼을 중개하는 배경이 된다.

한국과 필리핀 간의 결혼경로는 베트남의 경우와 비교할 때 더 다양하다. 2015년의 전국다문화가족실태조사 결과를 보면(〈표 5-5〉 참조), 필리핀여성들이 "결혼중개업체"를 통해 한국남성과 결혼한 비율은 25.6%로 베트남여성들 56.9%의 절반에 미치지 못하며, 대신 "종교기관"을 통해 결혼한 비율은 18.9%로 베트남여성들의 1.1%와 대비된다. "가족이나 친척"의 소개로 만난 비율은 비슷하지만, "친구나 동료"의 소개로 만난 비율은 필리핀여성들의 경우 24%로 베트남여성들의 17.4%보다 높고, "스스로" 만나게 된 비율은 필리핀 여성들의 경우 14.2%로 베트남여성들 6%의 두 배 이상이다. 이러한 결혼경로의 다양한 배경에 대해 내가 인터뷰했던 사례들을 염두에 두고 네 가지로 나누어 설명해보면 다음과 같다.

한국남성과 필리핀 여성과의 국제결혼에서 시기적으로 가장 먼저 주목되는 유형은 1990년대 말에서 2000년대 초 사이에 성행했던 통일교를 통한 국제결혼이다. 아래에 소개하는 마엣도 여기에 해당한다. 2000년대에 접어들면 사설 결혼중개업체가 우후죽순 생겨나면서 업체를 통한 결혼이라는 두 번째 유형이 등장하고, 한국남성과 필리핀여성 간의 "결혼시장"도 상당히 가시화된다. 그 파급효과로 필리핀에서 활동하는 한국 교회 관련자나 결혼이주로 한국에 들어와 먼저 자리를 잡은 필리핀 출신 여성들이 알음알이로 친척이나 친구, 이웃들의 국제결혼을 중개하는 방식도 늘어나기 시작한다. 이렇게 개인 연망을 통해 아는 사람을 소개하거나 소개받는 것이 세 번째 유형이다. 마지막으로 한국과 필리핀 간의 개인 방문과 교류가 증가하면서 개인적인 친분으로 연애결혼을 하는 네 번째 유형도 증가한다. 필리핀에서 만나는 상황은 대개 한국남성이 현지에서 영어 개인 교습을 해주거나 현지가이드, 사업진행 등을 도와주던 필리핀 여성과 결혼하는 경우였다. 반대로 한국에서 만나는 상황은 필리핀 남성이나 여성

〈표 5-5〉 필리핀행 한국인 출국자 수의 방문목적별 변화(명), 1986-2004

연도	합계	외교	공무	군사	관광	시찰	회의 참석	취재	종교 사회	기술 지도	상용	강의 연구	취업	유학	단기 연수	연예 예술	동거	이민	운동 경기	방문	기타	교포 출국
1986	4,412	5	63	48	26	19	213	18	113	4	1,192	11	578	331	134	16	464	54	48	371	257	447
1988	7,833	9	109	104	1,181	11	223	49	159	1	2,079	23	1,072	461	120	14	707	32	70	459	297	653
1990	28,986	8	153	3	12,066	25	436	100	2,639	5	5,688	63	711	1,192	898	45	680	6	123	2,643	737	765
1992	46,082	16	308	6	21,239	33	355	82	2,199	9	10,694	81	513	1,792	1,155	128	769	5	134	5,480	291	793

연도	합계	공무 수행	강의· 연구	유학	연수	운동· 예술	취재	종교· 복지	취업	관광· 시찰	회의 참석	상용	방문	동거	이민	재외 국민	기타	미상
1994	85,312	397	115	2,412	2,384	365	249	2,703	2,117	45,729	604	17,800	8,401	816	4	988	228	-
1996	147,019	572	186	2,072	4,402	523	373	3,014	2,174	93,652	965	25,847	10,816	1,028	-	906	489	-
1998	63,449	222	93	1,936	1,278	307	149	2,349	1,320	13,506	847	27,569	10,964	1,379	-	833	697	-
2000	162,829	413	117	1,579	3,477	482	199	3,687	494	100,771	1,679	31,595	15,747	807	8	916	741	117
2002	281,825	1,001	149	1,800	5,240	510	251	3,782	331	214,105	1,141	31,577	17,462	851	0	1,412	409	1,804
2004	378,615	420	192	2,502	6,769	890	161	4,074	224	303,564	1,024	31,150	24,247	1,071	0	1,398	126	803

출처: 법무부, 출입국통계연보. 각년도.

이 이주노동자나 유학생으로 한국에 체류하면서 한국인을 만나 결혼하는 경우로, 필리핀과 한국 간의 국제결혼에서 국적과 성별 조합 간의 비율 차이가 가장 적은 유형이다.

하지만 이러한 유형화가 결혼 과정과 부부관계의 특징을 구분해주는 것은 아니다. 즉 종교기관을 통하였거나 가족 또는 친구를 통해 소개받아서 결혼하는 것이, 결혼중개업체를 통해 결혼하는 것과 완전히 다른 부부관계를 형성하는 배경이 되는 것은 아니다. 연애 과정을 거치지 않아 당사자들끼리 서로의 성격과 기대를 맞춰볼 수 있는 시간이 주어지지 않는다는 점, 한국남성이 필리핀여성에 대한 선택권을 더 많이 가진다는 점, 이와 관련하여 전반적인 결혼 진행과정과 결혼식, 신혼여행, 신붓집 선물 등에 드는 제반 비용을 한국남성이 모두 부담한다는 점 등은 크게 다르지 않기 때문이다.

이러한 몇 가지 공통된 특징은 결혼을 원하는 남녀 간의 조건을 맞추어서 결혼을 성사시키는 중매혼에 내재한 논리 때문이기도 하다. 1990년대 이후 증가한 한국사회의 국제결혼에서 한국남성의 국적은 상대 배우자에게 더 나은 생활환경과 경제 상황을 제공하는 조건으로 필리핀 여성의 국적은 상대 배우자에게 한국사회에 관습화된 가족 내 성역할과 돌봄노동의 수행을 받아들이는 조건으로 교환된다(김현미 2006; 이재경 2009). 결혼 관계에서 남녀의 위치는 개인이 소속된 국가 간 경제적 지위의 차이 속에서 성별화된 자원의 비교우위를 살리는 방향을 결정한다. 이러한 자원의 교환관계에서 본다면 근대의 결혼이 본질적으로 젠더화되어 있다는 점은(페이트만 2001[1988]), 한국사회의 국제결혼 증가가 '외국인 배우자의 여성화' 현상으로 나타나는 의미를 전달한다.

다른 동남아 지역 출신자들과 비교할 때 필리핀 사람들은 영어를 구사할 수 있는 사람들이 많고, 전 세계를 연결하는 가톨릭 교회조직을 이용할 수 있으며, 무엇보다 개인적으로 해외이주 경험을 가진 친인척 연결망을 가진 경우가 많다. 이런 점에서 다른 동남아 출신 결혼이주여성들보다 필리핀 결혼이주여성들의 한국생활은 덜 고립적일 것이라고 기대된다. 그러나 영어 의사소통 능력을 갖추고 있고 자체 네트워크가 더 발달해 있다는 점이, 한국어 습득을 늦추고 한국사회에 대한 적응력을 떨어뜨리는 식으로 작용할 수도 있다. 그러나 전반적으로 필리핀 여성들의 영어구사력은 결혼이주여성에게 주로 허용되는 공장이나 식당, 청소 같은 미숙련 일자리 외에도 영어학원 강사 등으로도 일할 가능성을 열어준다. 또한 여성들의 해외이주 경험이 사회적으로 축적되어 있고 여러 국가에서의 다양한 해외 생활방식에 대한 정보도 공유되고 있어서, 경제활동뿐 아니라 여타 사회활동에 대한 기대와 인정 욕구도 큰 편이다.

아래에서는 이러한 한국과 필리핀 간 국제결혼의 전반적 특징들이 지방 소도시에서 한국남성과 가정을 꾸린 마엣의 삶에서는 어떻게 나타나는지 그려보고자 한다.

2. 마엣의 국제결혼

내가 마엣을 처음 만난 것은 2006년 2월이다. 당시 나는 통일교로 결혼한 이주여성들의 온라인카페를 통해 중소도시나 농촌 지역에서 생활하는 필리핀 출신 결혼이주여성들을 인터뷰하였는데, D시의 마엣도 그중 한 명이었다. 마엣은 당시 30대 말로 한국생활 6년차로 접어들고 있었다. 마엣은 필리핀어 공부를 함께 해달라는 나의 요청을 흔쾌히 받아들여 시간을 내주었고 자신과 어울리는 필리핀 결혼이주여성들의 카드 게임 모임이나 생일잔치에도 나를 초대해주어서 자연스럽고 편하게 어울릴 수 있었다. 이후 2006년 5월과 6월에 정식으로 두 번의 심층 인터뷰를 진행하였고, 남편 백 씨와도 따로 약속을 잡아 별도로 인터뷰를 하였다. 이후로도 서로 간간이 연락하면서 10년 넘게 개인 근황과 가족의 대소사를 알고 지냈다. 필리핀의 통일교회에서 한국남성을 소개받아 한국에 온 마엣은, '본의 아니게' 결혼을 세 번 하였는데 그만큼 현재의 남편을 만나 한국에 정착하기까지 우여곡절이 많았다.

마엣은 빰빵가(Pampanga) 출신으로 아버지가 1980년대 초에 사우디아라비아에서 7년간 크레인 기사로 일을 했었기 때문에 동네에서 사는 형편이 괜찮은 편에 속했었다고 한다. 그런데 아버지가 귀국하고 얼마 되지 않아 큰오빠가 병으로 사망하였고, 이로 인해 아버지가 실의에 빠지며 집안 분위기는 어두워졌다. 마엣은 지역의 대학에서 유아교육을 전공하고 초등학교 선생님으로 일을 하다가 25살에 되던 해에 결혼하였다. 그런데 이년도 채 되지 않아 피나투보(Pinatubo) 화산 폭발에 이어지는 자연재해로 큰 홍수가 나면서 집이 무너졌고 남편도 급작스럽게 심장병으로 사망하였다. 집과 남편을 동시에 잃고 막막한 상태에 처한 마엣은 통일교회의 국제결혼 선전을 보고 지원하게 되었다. 그런데 필리핀의 통일교회에서는 자신을 한국남성과 "매칭"시켜 주고 난 후 6개월 동안 길거리에서 물건 팔도록 했다고 한다. 자신을 다 알아보는 고향에서 그런 일을 하기가 창피하여 교회에 다른 지역으로 보내 달라고 부탁을 하였고 그 '임무'를 마치고서야 2000년 11월에 한국으로 올 수 있었다.

마엣은 나와 세 번째 만났을 때야 비로소 자신의 통일교 결혼이야기를 들려주었다. 통일교 결혼으로 한국에 도착한 여성들은 해당 지역의 통일회관에 머물면서 성서 공부, 한국어 공부, 한국 생활 학습 등을 하면서 이미 정해진 남편감과 만난다고 한다. 그런데 통일교회가 정해준 예비 신랑은 만난 첫날부터 정상이 아닌 것을 바로 알 수 있었다고 한다. 함께 가게에 들어간 적이 있었는데 작은 물건을 훔치는 도벽이 있었고, 혼자 살고 있던 집안에는 볼펜이나 초콜릿 같은 갖가지 작은 물건들이 한가득 있는 것을 보고 기겁을 하였다고 한다. 한국인 목사에게 사정을 말하고 이혼시켜달라고 간절하게 부탁하였는데, 다행히도 얼마 전까지 정신병원에 있던 사람이라는 것을 확인하게 되어 이혼 처리가 되었다고 한다.

이후 마엣은 한국에서 갈 곳이 없었기 때문에 통일회관에 머물면서 건물을 청소하고 잡일을 거들며 지내야 했고, 반년쯤 지나서야 새로운 배우자감이 정해졌다. 교회 간부 중 한 명이 "이렇게 큰 빌딩을 혼자 청소할 수 있는 사람이라면 그만큼 큰마음을 가졌을 것"이라고 마엣을 칭찬하면서 자신의 조카인 백 씨를 소개해 주었다. 나와의 인터뷰에서 백 씨는, 당시 마엣이 한국말을 잘하고 또 말하는 것을 좋아하는 것을 보고는 "이 여자하고 살면 싸울 일은 없겠구나"라는 생각이 들었다고 한다(물론 결혼 후 이들 부부는 자주 싸웠다). 이렇게 해서 마엣은 한국남성과 결혼을 하고 통일회관 밖의 한국생활을 시작하게 되었다. 이렇게 마엣의 20대 말과 30대 초는 필리핀에 만연한 '자연재해'와 '질병'으로 '빈곤'과 '고통'을 경험하고, '개종'을 통해 '한국'으로 이주하여 '노동'으로 성실성을 증명하면서 새로운 '가족'을 구성하는 우여곡절의 과정이었다.

내가 마엣을 처음 만났을 때는 5살 아들을 두고 둘째를 임신한 지 4개월 차였다. 남편 백 씨는 마엣보다 2살이 많았는데 농고를 졸업하고 일용직 설비 기사로 일하고 있었다. 부부는 20평대의 아파트에서 살았는데 주변의 다른 결혼이주여성들과 비교할 때 생활환경이 좋은 편이었다. 마엣이 부지런하고 깔끔하여 집안은 항상 잘 정돈되어 있었고 벽은 마엣이 만든 십자수 액자와 십자가, 결혼사진 등으로 장식되어 있었다.

2006년 당시 부부의 월수입은 200만 원 정도였다. 백 씨의 수입이 130만 원 정도였고 나머지는 마엣이 간간이 영어 과외 등을 하면서 번 부수입이었다. 백 씨가 번 돈으로는 공과금과 적금이나 보험 등을 넣고 생활비는 마엣이 번 돈도 사용하였다. 마엣이 보기에 백 씨는 원래 말수가 적고 조용한 성격이지만 술만 먹으면 말과 행동이 거칠어지는 것이 문제였다. 한국남편의 술주정은 당시 내가 인터뷰했던 소도시나 농촌 지역의 필리핀 출신 아내들 대다수가 호소하는 문제였다. 백 씨는 고질병이 있어서 평생 약을 먹어야 했기 때문에 마엣은 백 씨가 술 먹는 것을 더욱 걱정하였다. 사실 마엣 자신도 고혈압이 있어서 첫째 아이를 낳을 때 일주일쯤 정신을 잃을 정도로 크게 고생을 하였다. 힘들게 낳은 아이인 데다가 한국에서의 유일한 혈육인 첫째 아들에 대한 마엣의 사랑과 기대는 각별하였다.

당시 아직 유치원생인 첫째 아이에 대해 마엣은 많은 한국 어머니들처럼 공부나 학업에 대해 크게 기대하거나 걱정을 하지는 않았다. 다만 커가면서 아버지인 백 씨의 성격을 닮을까 봐 조금 우려되거나, 나중에 어머니가 필리핀 출신이라는 점을 어떻게 받아들일지 막연하게 불안할 때는 있었다. 한편 마엣은 분신처럼 여겨지는 아이의 이름을 지을 때 자기 의견이 반영되지 않은 것에 대해 서운한 마음이 컸다. 이 점은 나중에 둘째 아이의 이름을 지을 때 마엣이 결정권을 가지는 것으로 만회하였다. 마엣은 둘째의 이름을 서양식 발음이지만 두 음절로 구성되어 한국 이름으로도 들릴 수 있도록 지었다.

시가의 경우, 시아버지는 이미 돌아가셨고 시어머니는 가까운 농촌 마을에서 혼자 살았는데 마엣 가족은 주말마다 방문하였고 농산물도 가져다 먹었다. 마엣에게 시어머니는 "큰소리를 내지 않고 편안하게" 도와주는 분이었다. 반면에 백 씨 큰형의 부인인 큰 동서는 마엣에게 "명령조로 말하고 항상 일을 시키려고 하는" 불편한 존재였다. 다른 친척으로부터 큰 동서가 마엣에 대해 "돈이 없어서 한국으로 시집온 주제"라고 무시했다는 말을 들은 후부터는 특히 더 큰 동서를 좋게 볼 수 없었다. 시어머니는 이미 큰아들에게 토지를 다 상속한 상태였기 때문에 마엣은 백 씨의 형이 자신의 가족을 경제적으로 도와주어야 한다고 생각하였지만 그런 기대는 충족되지 못하였다.

마엣은 자신이 한국에 오자마자 겪었던 불운이 전화위복으로 작용한 면도 있다고 생각하였다. 통일회관에서 반년 이상 생활하면서 한국사람들을 대하였기 때문에 한국어를 익히고 한국사회에서의 대처능력도 어느 정도 갖추고서 결혼생활을 시작할 수 있었기 때문이다. 또한 마엣은 시내의 아파트에서 살았고 시어머니를 모시지 않았기 때문에 살림하기가 편했고 자기 공간과 시간도 가질 수 있는 편이었다. 남편의 일감도 안정적이고 시댁 식구들도 경제적으로 여유로워 주변의 필리핀 결혼이주여성들과 비교해 상대적으로 생활의 여유가 있는 편이었다. 그래서 당시 마엣의 집은 주변 필리핀 결혼이주여성들이 모일 수 있는 '아지트'처럼 사용되었다.

생애주기 상으로도 당시 어린 아들을 하나 두고 둘째를 임신한 상태였던 마엣은 적극적으로 돈을 벌거나 다른 집 밖의 활동을 하기 힘들었고, 역시 비슷한 상황이었던 다른 필리핀 결혼이주여성들과 사교모임이 많을 수밖에 없었다. 마엣에게는 일주일에 한두 번 정도 오후에 모여 두 시간 정도 카드 게임을 하는 그룹이 있었는데 이들은 주로 마엣의 집과 다른 한 집에서 만났다. 필리핀 결혼이주여성들이 자신들만의 정기모임 장소를 찾는 것은 의외로 힘들었다. 집이 너무 멀거나 좁아서일 수도 있고, 그런 문제를 개의치 않더라도 시부모와 함께 살거나, 시부모가 없더라도 한국 남편들이 허용하지 않았기 때문이다. 카드 모임에 공간을 제공하는 다른 한집은 낮에 일을 나가지 않는 한국남편이 필리핀 아내들의 카드 모임에 끼고 싶어 했기 때문이었다. 이외에도 최소한 한 달에 한 번 정도는 D시에 사는 필리핀 출신 여성들이나 아이들의 생일파티가 있었고 이때는 더 큰 규모로 사람들이 모여서 함께 필리핀 음식을 먹는 기회를 가졌다.

2000년대 중반 한국사회에서 필리핀 결혼이주여성들의 카드놀이나 생일파티는 충분히 이해받을 수 있는 사교모임이었다. 여성이 가정 내 가사와 육아를 전담할 경우 사회로부터 고립되기 쉬운데 그 공간을 한국남편과 시댁이 주도할 경우, 전업주부로 사는 필리핀 결혼이주여성들의 고립은 더욱 가중된다. 카드놀이나 생일파티는 한국에 온 지 몇 년 지나지 않은 상태에서 점처럼 흩어져서 각자의 가정 내에 고립된 필리핀 결혼이주여성들이 서로의 생존과 안위를 확인하고 자신들의 문제에 대한 정보를 얻고 해결책을 모색할 수 있는 시간이었다. 마엣의 집은 그런 점에서 일종의 해방구로 작용하였다. 필리핀 여성들과 아이들의 생일파티는 공식적으로 필리핀 음식을 요리하고 필리핀 사람들과 왁자지껄하게 떠들면서 먹을 수 있는 유일한 시간이었다. 이런 모임들을 통해 마엣은 주변 필리핀 아내들이 고민하는 남편의 술주정이나 가족 문제, 은행 이용, 친척을 초청하기 위한 비자 서류 작성 등의 문의에 응해주었고, 나아가 결혼 중매 요청까지도 받아 진행하였다.

백 씨는 마엣의 이러한 위상과 활동을 상당히 이해하고 받아들이는 편이었다. 그러나 아파트 경비실이나 이웃들은 필리핀 사람들의 출입이 잦은 것만으로도 의혹의 시선을 보내고 못 알아듣는 필리핀어 대화를 소음으로 느끼는 경우가 많았다. 백 씨는 이런 주변 한국인들의 인식에 대해서도 수긍할 수 있었기 때문에 이런 점에서 자신이 '끼인 위치'에 있다는 점을 표명하였다. 이런 감정은 아마도, 2002년도 즈음 한 한국남편의 주도로 D시에 사는 필리핀 아내와 한국남편 부부들의 친목계가 조직되는 배경이 되었을 것이다. 이 모임은 결성 당시 매달 한 번씩 만나서 4만 원을 회비로 내고 2만 원은 소비로 쓰고 2만 원은 경조사 비용으로 모으는 식으로 진행되었는데, 이를 주도했던 남편이 사망하면서 해체되었다고 한다.

한편, D시의 한국인 주민 중에는 새로 등장한 이웃인 필리핀 결혼이주여성들을 통해 더욱 '글로벌한' 방식으로 삶을 시도해보려는 사람들도 있었다. 남편 없이 아이 둘을 키우고 있던 인호 엄마는 아들의 영어 공부를 부탁하면서 마엣과 친해졌는데 이 친분은 마엣 고향의 피시방 사업에 투자하는 것으로 이어졌다. 또 마엣의 친정식구들이 고향에 새로 짓는 콘도를 산다고 하자 인호 엄마도 마엣 남동생의 명의를 빌려서 함께 콘도를 구입하기도 하였다. 외국인의 부동산이나 사업체 등록이 허용되지 않는 필리핀에 이러한 차명 투자는 마엣이 D시에 정착하였다는 점을 전제하고 신뢰하는 행동이다. 당시 건설 중이던 콘도는 완공되면 영어 공부를 하러 오는 한국인들에게 임대하려는 계획이었고 크게 문제 될 일은 없어 보였지만, 피시방 사업은 삐걱거렸다. 운영을 맡은 마엣 남동생과 여동생의 비용지출이 방만하여 수익이 예상만큼 나지 않아 마엣은 인호 엄마 보기가 "부끄럽다"라고 하였다. 마엣은 자신이 필리핀에 투자한 한국 이웃과 그의 대리인 역할을 해주는 필리핀 친정 식구 사이에 '끼인 위치'여서 자신이

곤란한 처지라고 하였는데, 그 잘못을 친정 가족에게도 인호 엄마에게도 돌리지 않는 화법으로 말하였다.

이주민 지원활동을 하는 지역의 단체나 기관들은, 남편과 시가 다음으로 마엣과 한국사회를 연결하는 중요한 접점이었다. 정부가 지원하는 결혼이주여성 관련 프로그램 중에서 마엣이 처음으로 참가한 것은 2002년 D시의 여성회관에서 진행된 한국어 교육이었다. 이후 2005년에는 YWCA에서 진행한 한국요리 조리사과정에 참가하였고 2006년에는 지역의 야학에서 진행한 한국어 교육도 들었다. 2006년에는 D시에서 "결혼이민자센터"가 문을 열었는데, 이는 "여성결혼이민자 가족 및 혼혈인·이주자사회통합지원방안"에 따라 설립된 전국 21개소 중 하나였다. 이후 2008년에 "다문화가족지원법"이 제정되면서 결혼이민자센터는 "다문화가족지원센터"(이후 센터)가 되어 가족 사업의 성격이 강화되었고, 2011년이 되면 전국의 센터 수는 200개소로 늘어난다(김이선 외 2011: 14). 이렇게 D시에서도 2006년도부터는 정부 주도로 '결혼이주여성'과 '다문화가족'을 대상으로 한 한국어 교육과 한국 문화체험 및 지역탐방, 자녀 교육 및 가족관계 지원 등의 프로그램이 진행되었다. 마엣의 경우 초기 센터에서 개설했던 한국어 교육은 단기 초급과정이어서 크게 도움이 되지 않았지만, 센터의 사람들을 만나고 정보를 얻기 위해 여러 번 수강하였다. 이후 센터의 활동은 더욱 다양해졌고 결혼이주여성들의 행사 참여도 여러 방식으로 독려되었다. 마엣은 센터의 프로그램 중 운전면허 교실과 초등학교 이중언어 강사교육이 가장 실질적으로 도움이 되었다고 한다.

통일교회를 통해 한국으로 온 이후 마엣의 생활은 이렇게, 백 씨와의 결혼을 통해 아이를 가지고 시댁과 관계를 맺어나가고, 비슷한 처지의 필리핀 여성들과 만나서 지역 생활정보를 나누고 삶의 활기를 얻으며, 호의와 호기심을 가진 한국인 이웃 여성들이나 지원단체 활동가들을 통해 더 넓은 한국사회와의 접점을 넓혀나가는 과정이었다.

3. 가족관계와 필리핀 정체성

마엣과 백 씨는 지역 신문에 인터뷰가 실릴 정도로, 서로 맞춰가며 잘 지내는 편이었다. 그렇다고 서로 언성을 높여 다투는 일이 전혀 없지는 않았다. 백 씨는 마엣이 자기 위주고 느긋하고 악착스럽지 못한 점, 적금을 들거나 돈을 모으려고 하지 않는 점 등이 불만이었다. 마엣은 백 씨가 평소에는 감정표현을 잘 하지 않다가 가끔 아이에게 참을성 없이 거칠게 대하는 것, 무엇보다 술을 먹고 들어오면 큰소리를 내는 것 등이 불만이었다. 마엣은 남편이 자신을 이해하지 못할 때는 "나 필리핀 사람이야"라고 말하면서 이해를 구한다고 했는데, 백 씨는 바로 이 점을 못마땅하게 여겼다. 백 씨는 마엣이 "뭐라고만 하면 나는 필리핀 사람이라 (당신이 요구하는 것처럼) 못한다"라고 하고 "거기서 한두 마디만 더 하면 필리핀 간다"라고 하니 자신이 "그냥저냥 삭힌다"라고 하면서, "필리핀이 문제가 아니라 성격 차이인 것 같다"라고 덧붙였다.

마엣과 비슷한 시기에 진행했던 필리핀 여성과 한국남성 부부 인터뷰에서는 "필리핀 사람"이라는 점을 강조하면서 구체적인 행동이나 성격을 설명하는 쪽은 필리핀 아내가 아니라 한국남편인 경우가 많았다(김민정 2007: 229-230). 이때 한국 남편들은 대개 아내의 가사노동이나 육아, 시댁에 대한 태도를 '평가'하기 위해 필리핀 사람이라는 점을 언급하였다. 그 내용은 육아나 살림, 요리 등을 어떻게 해야 하는지와 관련된 구체적인 지적이어서, 가족 내 성역할을 수행하는 문화적 방식에 대해 한국남편들의 (때로는 시어머니의) 검열이 작용하는 것으로 볼 수 있다.

그러나 마엣과 백 씨 부부의 경우 "필리핀 사람"이라는 점은 역으로, 한국남편의 요구나 지적을 막기 위한 필리핀 아내의 대응 방식으로 사용되었다. 백 씨는 마엣의 육아나 요리 방식에 대해서는 크게 불만을 품지 않았다. 백 씨에게 마엣이 "필리핀 사람"이라고 생각되는 부분은 "급한 게 없고 느긋하다"라는 것이었는데 이런 기질적 측면은 "(당신이) 필리핀 사람이어서 그런 것"이라는 비난의 어조로 사용하기 힘들다. 반면, 마엣이 사용하는 "나 필리핀 사람이야"라는 말은 자신의 언행이나 태도에 대해 남편이 판단자가 될 수 없음을 선언하는 것이었다.

마엣의 이러한 '필리핀사람 정체성 내세우기'가 가족 밖의 한국사회를 향한 것이 아니라 가족 내부의 관계를 향하고 있다는 점은 주목된다. 다른 결혼이주여성들과 마찬가지로 마엣은 자신이 한국어와 한국요리, 한국식 생활방식을 배워야 한다고 생각하였다. 센터 프로그램을 통해 제시되는 한국사회의 '통합' 요구에 부응하면서, 한국 정부의 '도움'에 고마움을 (특히 나를 포함한 주변 한국인들에게는 이러한 마음을 더욱 드러나게) 표시하였다.

한국사회가 제공하는 통합정책의 지원에 기댈 수밖에 없는 상황에서 결혼이주여성들의 필리핀사람 정체성은 공적 영역에서 더욱 한국사회가 '원하는' 방식으로 드러나게 된다. 그 반대급부로라도 한국사회에서 자신의 위치가 더 강등되지 않고 한국생활에서 자신의 입지가 더 좁아지지 않도록 하기 위해서는 자신이 규정하는 방식으로 "나 필리핀 사람이야"를 선언하면서 '자율'의 영역을 확보하는 것이 필요하다. 물론 현실에서는 이러한 자율의 영역을 가족 내에서 확보하기 쉽지 않은 경우가 많다. 그나마 마엣은 일상생활을 하는 데 필요한 은행이나 병원, 관공서, 교육기관 등 사회시설을 스스로 이용할 수 있는 상황이었기 때문에, 남편에게 "나 필리핀 사람이야"라는 목소리를 낼 수 있었다.

중소도시나 농촌 지역에서는 많은 경우 시어머니들도 필리핀 아내들의 자율성에 대해 불안이나 의심을 나타내었다(김민정 2007). 한국에 고유한 부계 확대가족의 인식 아래 고부 관계는, 결혼을 통해 자신과 다른 성씨 집단으로 '편입'된 기혼여성들이 세대의 차이를 두고 남편과 다른 성씨 집단의 여성과 맺는 관계이다. 당시의 국제결혼 중 많은 수는 시어머니가 통일교회나 중개업소에 아들의 결혼을 신청하고 또 결혼 후에도 생활에 간여하는 경우가 많았다(김민정 2007: 231).

거주는 핵가족 단위라 하더라도 가족관계에 대해서는 여전히 부계 확대가족으로 인식하는 경우가 많은 한국사회에서, 필리핀 며느리가 한국의 시댁과 이러한 가족 인식을 공유하지 않을 때 고부 관계는 물론이고 부부관계는 크게 흔들리게 된다. 그런데 마엣의 경우는 시어머니가 차남인 백 씨에게는 토지를 상속하지 않았고 필리핀 며느리에게 '봉양'을 요구하지도 않았다. 이런 상황에서 마엣은 시댁의 영향을 크게 받지 않으면서 핵가족 단위의 일상생활을 해나갈 수 있었다. 그러나 중소도시의 환경에서는 특히 가족관계가 핵가족 단위로 한정되는 상황이 필리핀 아내의 사회자원을 제한하는 맥락으로 작용할 수도 있다.

마엣과 백 씨 부부관계의 불안정성은 같은 생활권인 D시에 위치한 통일교회와 시댁 식구들의 존재를 통해 보완되는 측면이 적지 않았다. 부부 모두 통일교를 절대적으로 신봉하지는 않았지만, 결혼과 정의 우여곡절로 인해 마엣은 통일교회의 한국인들도 여럿 알게 되었고 이들과의 관계를 통해 지역사회에 대한 소속감을 더 가질 수 있었다. 부부의 관계와 가족생활도 시댁과의 관계를 통해서 지지가 되고 실질적 지원을 받는 면이 있었다. 애초에 백 씨를 중매한 사람은 작은아버지였고, 백 씨의 일자리는 매형이 소개한 곳이었으며, 부부는 주말마다 방문하는 어머니 댁에서 농산물을 가져다 먹었으며, 시어머니는 마엣을 잘 대해주었다.

즉 결혼 전 둘만의 친분이나 문화적 이해가 거의 없다시피 했던 마엣과 백 씨와 같은 국제결혼 부부의 경우, 관계가 불안정해질 수 있는 요인들이 존재한다. 예를 들어 한국남편의 취약한 경제력이나 개인적인 문제들, 시댁에 대해 느끼는 필리핀아내의 위화감이나 문화적 차이 등이 존재하였다. 이로 인한 핵가족 관계의 취약함은 역설적이게도 이러한 결혼 과정에 개입했던 통일교회의 관심과 조정, 그리고 한국 시가 식구들의 자원과 지원으로 보완되었다.

가족관계의 변화는 결혼이주자로서 마엣의 삶의 과정을 설명하는 중요한 요인이다. "가족생존전략"은 가족을 사회변화에 적극적으로 대응하면서 변화하는 적응체계로 보는 관점에서 가족의 변화를 설명한다(김홍주 1994: 23-24; 김주희 2006: 122에서 재인용). 개인의 생애진행은 변화하는 사회 환경 속에서 가족구성원들이 각자의 생애주기에서 당면한 생애목표와 실행시기를 서로 조정하는 방식으로 진행된다. 결혼이주여성인 마엣의 경우 자원과 사회관계를 둘러싸고, 가족 안과 밖의 관계에서 그리고 한국과 필리핀의 사이에서 정체성의 균형을 찾아 나가는 것이 중요하며 그 방식은 변화한다.

마엣은 2006년의 인터뷰 이후 친구들과 노래방에서 놀 때 가끔 나를 부르곤 하였다. 그러다가 해가 몇 번 바뀔 정도로 시간이 지나면서는 자신의 범위 안에서 해결하기 힘든 일이 있을 때만 가끔 내게 연락을 하였다. 방문비자로 D시를 방문한 한 결혼이주여성의 친정어머니가 병원에 입원했을 때, 결혼 중매를 해 준 한국남성의 가족들이 집에 찾아와 협박조로 따졌을 때, 중학생이 된 아들이 집에 들어가기 싫어하는 친구에게 의리를 지키느라 함께 밖으로 돌 때 등이 그런 상황이었다. 이렇게 외부의 도움이 필요한 상황들의 변화는 가족관계와 지역사회, 필리핀인 커뮤니티에서 마엣의 역할과 위치가 계속 변화하고 있음을 보여주는 것이기도 하다.

마엣의 생애진행은 일차적으로 가족들의 생애변화와 밀접하게 관련된다. 무엇보다 아이들은 빠르게 성장하였다. 둘째 로안이 유치원에 다니면서부터는 마엣도 돈을 벌기 위해 본격적으로 일자리를 찾아 나섰다. 백 씨의 일감은 안정적이었지만 나이가 들어도 승진할 가능성이 없는 일당을 받는 일이어서 수입은 늘지 않았다. 결혼 10년 차가 넘어가면서는 결혼 초기에 불안정한 부부관계를 보완해주던 통일교회나 시댁의 역할과 영향력도 점차 약해졌다. 2013년에는 시어머니가 돌아가시면서 시댁과의 연결이 느슨해졌고, 이후 백 씨는 술을 마시는 일이 더 많아졌다. 아이들이 성장하면서 이제는 직접적인 돌봄이 아니라 적절한 교육이 필요했고, 아이들을 대하는 일은 점차 더 정답을 찾기 힘든 어려운 일이 되었다.

부부관계보다 자녀 교육에 더 중심을 두고 핵가족 관계를 재조정해나가야 하는 이러한 변화상황은 마엣에게 더욱 부담되었던 것으로 보인다. 중학생이 된 아들의 교육이라도 남편이 맡아주기를 바랐지만, 처음부터 양육에 참여하지 않았던 백 씨는 큰소리를 내면서 상황을 더 악화시키는 것 같았다. 마엣은 아들이 친구를 따라서 밖으로 돌지 못하게 하려고 차라리 친구를 집으로 데려오라고 하였는데, 친구가 너무 자주 왔고 일요일에도 돌아가지 않았다. 청소년기에 접어든 아들이 독자적 판단을 하기 시작하고, 가족관계와 친구 관계 사이의 중요성을 다시 저울질하면서 새로운 균형 지점을 찾는 시도를 하기 시작한 것이다. 이런 과정은 엄마와 아들 모두에게 힘든 인생 과업으로 보였다. 만에 하나 "아들이 잘못될지도 모른다는 걱정과 조바심에 너무나도 고통스럽지만 차분하게 잘 타이르는 것 말고는 할 수 있는 일이 없다"라는 마엣의 토로에는 짙은 무력감을 실려있었다. 아들과의 관계가 힘들어지자 남편에 대한 오래된 불만이 다시 불거지기도 하였다. 남편의 수입이 적은 것, 집안 대소사를 다 자신에게 맡기는 것, 술을 자주 마시는 것, 아이들에게 큰 소리를 내는 것 등, 남편에 대한 불만은 결혼 초기와 비슷한 내용이었다.

한국사회에서 결혼이주여성은 개별 이주자로서가 아니라 다문화가족의 구성원인 외국 출신 어머니라는 위치로 받아들여진다. 체류자격이나 간이귀화에 관한 법률에서 '외국' 여성이 '한국' 자녀를 출산하고 양육하는 역할을 담당할 때 예외로 취급하는 조항은 이런 인식을 분명하게 보여준다. 어머니라는 위치와 역할은 이렇게 시민의 자리를 얻기 위해 상징적으로 아주 중요하다. 그러나 아이들이 제도 교육권에 진입하게 되면 한국에 대한 실제적 정보나 사회문화 자원이 부족한 상황에서 어머니로서 소신 있게 실질적인 훈육과 지도를 하는 것은 더욱 힘들어진다.

이러한 상황에서 결혼이주여성들의 어머니 정체성은 어떤 방식으로 추구될 수 있을지 질문해볼 수 있다. 한국사회가 상징적 중요성을 부여하는 가정 내 어머니 일 수행으로 인해 여성의 사회적 위치와 역할은 구조적으로 취약해진다. 그렇다면 모중심성 가족문화 배경을 가지는 필리핀 출신 여성으로서는 어떨까? 자신들의 가정 밖 경제활동이나 필리핀인 정체성을 반영한 사회활동을 통해 어머니 정체성을 보강하고 확장해나갈 수 있는지 살펴보고자 한다.

4. 지역사회와 종족 네트워크

마엣은 결혼 후 첫 5년 동안 필리핀을 세 번 방문하였다. 백 씨와의 결혼을 다시 신고하기 위해서 한 번, 그리고 아버지와 어머니가 차례로 돌아가시는 바람에 장례식에 참석하기 위해 두 번 방문하였다. 결혼 초기에 고향을 자주 방문하게 된 마엣은 자신의 현재 터전인 D시와 과거 터전인 빰빵가 E시라는 두 지역사회를 '자신의 방식으로' 연결하는 역할을 하고 있다.

2006년에 마엣은 이미 세 건의 국제결혼을 중매하였다. 한국 쪽에서 먼저 백 씨의 지인들이 신랑감을 소개하면서 마엣에게 주선을 부탁하면 마엣이 고향의 친인척들을 동원하여 신붓감을 물색하여 중매를 서고 필리핀 맞선 여행과 서류작업 준비를 대신해 주는 식으로 진행하였다. 한번은 필리핀 여성과 결혼한 한국남편이 자기 친구의 중매를 부탁하였고 마엣은 필리핀 고향의 사촌을 소개하였다. 마엣은 내게 그 한국남편은 술을 많이 마시지만, 이 남편 친구는 "술을 마시지 않는다"라는 점을 확인했다고 강조하였다. 고향의 사촌에 대해서는 자신과 직접 사촌 간은 아니지만 "착하다"는 점을 강조하였다. 마엣은 신랑후보에게 항공료와 숙박비만 실비로 요구하였는데 그 액수가 당시 결혼중개업소 경비의 1/4에도 미치지 않자 신랑후보는 무척 고마워하면서 아이와의 동행을 허락하고 여행경비도 대주었다.

소개를 한 필리핀 여성이 고향으로 돌아간 일도 있었던 것으로 보아 모든 중매 시도가 성공했던 것 같지는 않았다. 특히 2010년에는 센터의 한국인 관계자가 소개한 사람을 중매섰다가 한국신랑과 가족들이 마엣의 집으로 찾아와 항의하고 환불을 요구하는 봉변을 겪기도 하였다. 결혼식 피로연에서 술에 취한 한국신랑이 다음날 일어나지 못하여 신혼여행을 갈 수 없는 상태였는데, 두 아이와 동행 중이던 마엣이 한국신랑을 처가에 두고 신혼여행지에서 휴가를 보내고 온 것이 문제가 되었다. 마엣은 예약 조건상 호텔 비용을 환불받을 수 없었기 때문에 어쩔 수 없었다고 항변하였다. 그러나 한국신랑의 가족들은 결혼식 직후 신랑이 필리핀 처가에서 '신부와 함께' 며칠이나 '마엣 없이' 지냈다는 사실에 대해 격분하였다.

신랑 신부가 결혼식 직후 처가에서 신혼을 보낸 일은 '보통의 결혼' 상황이었다면 전혀 이상하지 않을 뿐만 아니라 오히려 권장할만한 일이었을 것이다. 그러나 '이 결혼'의 한국신랑 가족들은, 말도 안 통하고 현지 지식이 없어 불안한 '고객'이 낯설고 위험한 환경에 며칠이나 '방치'되었던 일로 받아들였다. 처음에는 남편 백 씨 주변 사람들의 요청으로 시작되었던 마엣의 중매는, 이후 다른 국제결혼 부부의 한국 남편으로부터 아는 사람을 소개받을 때까지만 해도 서로의 사정을 알음알이로 봐주는 방식으로 진행되었다. 그러나 시간이 흐르고 마엣의 경험도 쌓이면서 중매의 범위가 '아는 사람' 너머로 확대되고 중매비도 오르면서 문제가 생긴 것이다.

위의 문제가 불거졌을 때 마엣은 내게, "이렇게 하지 않으면 필리핀을 방문할 수가 없다"라면서 한스럽게 울었다. 마엣은 돈 걱정 없이 아이들을 데리고 고향방문을 하기 위해 결혼중매를 계속 해왔던 것이다. 아이들을 데리고 고향방문을 하는 것은 마엣에게 무척 중요한 일이었다. 아이들에게 어머니가 필리핀에서 온 사람이라는 점을 자연스럽게 인식하고 받아들일 수 있게 해주기 때문이다. 그런 점에서 마엣에게 필리핀 방문은 한국생활을 유지하는 데 필요한 일이었다. 다른 한편 결혼 중매는 D시라는 공동생활권역에 속하는 필리핀 여성들의 수를 늘리는 일이기도 하다. 한국남성을 소개받는 필리핀 여성들은 대개 마엣보다 어렸기 때문에 이들과의 관계에서 마엣은 조언과 도움을 주는 위치이다. 결혼 중매는 또한 D시에서 필리핀 사회와 엮이는 한국인의 수를 늘리는 활동이기도 하다.

이런 점에 마엣의 결혼중매는 D시에, 매시(Massey)가 언급한, 글로벌 장소감(global sense of place)을 부여하는 활동이 된다(매시 2015(1994); 정은주 2017: 161). 결혼이주여성으로서 마엣의 지리적 이동경로는 '글로벌'하지만 계급적 한계로 인해 실제 행위의 사회적 영향력은 '로컬'에 머물 수밖에 없다. 이런 제한 속에서 결혼중매 활동은 마엣이 지리적으로 글로벌한 이동을 지속함으로써 로컬을 벗어나기 위한 사회적 영향력을 확보하려는 노력이기도 하다. 즉 마엣의 결혼중매 활동은 한국의 D시와 필리핀의 E시 사이에서 스스로를 중심에 두고 새로운 네트워크를 만들면서 확대해나가는 작업이기도 하다. 그러나 중매 범위가 넓어질수록 양쪽 모두로부터 신뢰를 얻거나 문제상황에서 책임을 지는 것이 힘들어지기 때문에 알음알이로 결혼중매를 하는 것은 어느 수준에 도달하면 한계에 부딪히게 된다.

한국생활이 길어지고 필리핀과의 지리적 연결이 느슨해질수록, 한국사회에서 경제력을 갖추는 것은 절실하게 요구된다. 마엣은 아이들이 어릴 때는 틈틈이 지역 아동들의 영어과외를 했으나 이는 안정적인 일자리는 아니었다. 둘째가 유치원에 다니게 되면서 적극적으로 일을 찾아 나섰으나, 40대에 접어든 결혼이주여성이 쉽게 얻을 수 있는 일자리는 식당일뿐이었다. 식당 두어 곳에서 일을 해보았지만, 몸도 힘들고 고용도 안정적이지 않았다. 그러다가 결혼이주여성 취업 프로그램으로 정부지원을 받아 사회적 기업으로 운영되는 한 무역회사의 사무직으로 고용되었는데, 회사의 경영난으로 오래가지 못하였다. 이후 마엣은 다시 식당일로 돌아가지 않으려고 다른 일자리를 열심히 찾았다.

그러던 중 D시 외곽의 숙박업소나 휴양지에서 청소하는 필리핀 출신 결혼이주여성들이 마엣에게 자신들을 대신하여 노동조건과 임금을 협상하고 출퇴근 운전을 해달라고 부탁해왔다. 마엣이 D시에 새로 진입한 필리핀 결혼이주여성들에게 상담원 언니와도 같은 위치에 있었기 때문에 요청받은 일이었다. 무엇보다 그즈음 마엣은 센터의 프로그램을 통해 운전면허를 취득하고 중고 경차를 구매하여 기동성을 갖춘 상태였다. 남편인 백 씨는 지병으로 운전을 할 수 없었기 때문에 마엣은 자기 편의대로 차를 쓸 수 있었다. 중소도시 지역에서 차량을 가지고 언제든 어디로든 이동할 수 있다는 것은 결혼이주여성으로서 상당한 비교우위를 갖춘 생활조건이다.

이후 마엣의 경제활동은 페이스북 포스팅을 통해 추적할 수 있었다. D시의 필리핀 커뮤니티에서 역할과 위상도 더 강화된 40대 중반의 마엣이 새로 시작한 일은, 필리핀 음식을 만들어서 배달해주는 캐터링 서비스였다. 이 역시 D시의 필리핀 종족 네트워크와 연결되어 있으면서 차량을 자유자재로 쓸 수 있는 기동성이 요구되는 사업이다. 이 일은 다른 필리핀 결혼이주여성이 지역에 소규모 식품점을 내면서 시작하였는데, 필리핀 공동체에서 치러지는 생일잔치 등과 같은 소모임을 염두에 두고 벌인 일이었다. 페이스북을 통하여 주문 가능한 음식 메뉴와 사진을 올리며 홍보를 하고 쉬는 날짜도 공지하였으며, 전화 주문을 받아서 시 외곽까지 차량으로 배달을 하였다.

가장 최근의 일은 정부가 농촌의 일손 부족 현상을 해소하고자 2018년부터 도입한 "외국인 계절근로자" 제도와 관련된다(이혜경 2018),

D시도 이 제도를 수용하여, 일 년에 두 번 3개월씩 일하면서 농번기 일손을 도울 필리핀 계절노동자들을 100명 이상씩 고용하였다(『한국농정』 2019년 8월 18일). 동시에 시에서는 이들 필리핀 계절노동자들의 통역과 인력관리 등을 맡아줄 기간제 근로자를 모집하였다. 필리핀어와 한국어를 모두 잘해야 하고 농촌 일터 곳곳 방문해야 하는 일이었는데, 채용조건에는 "다문화가정 가점"이 주어졌다. 마엣만큼 이런 조건에 잘 맞는 사람도 없었으며, 이제 마엣은 D시의 기간제 근로자로 일하게 되었다.

마엣의 결혼중매 활동과 경제활동 이력은 중소도시에서 사는 결혼이주여성의 삶과 관련된 여러 상황을 전달한다. 서울 같은 대도시와 달리, 중소도시에서 결혼이주여성을 위한 취업의 기회는 희소하며 그 내용도 제한적이다. 생활 복지 취업 관련 정보들은 사적 네트워크를 통해 유통되며, 대중교통 상황이 좋지 않아서 멀리 살거나 기동성이 떨어지는 사람의 선택권은 극도로 좁아진다.

결혼이주여성들은 대개가 결혼 초기에 바로 임신하고 아이를 낳는다. 출산은 남편과 시댁은 물론 지역사회의 기대에도 부응하는 일이기 때문에 한국사회에서 자신의 입지를 확보하기 위한 정착 초기의 중요한 활동이 된다. 이렇게 아직 언어습득이나 생활능력을 갖추지 못하고 새로 구성한 한국의 가족관계에도 미처 적응하지 못한 상태에서 아이를 낳고 길러야 하기 때문에, 일상적으로 편하게 도움을 받을 수 있는 인간관계를 갈망하게 된다. 그래서 대개는 필리핀의 가족이나 친척을 초청하여 육아의 도움을 받으며, 가까이 사는 다른 필리핀 여성들과 만나 한국 생활의 팁이나 지역 생활정보를 공유한다.

결혼이주여성들은 새로운 가족관계를 통해 한국에 소속되기 때문에 자신들의 필리핀 종족(ethnic) 네트워크가 필요하지만, 한국사회는 통념상 "가족이 있는 여성"이 "가족 밖에서" 보내는 시간을 감시하고 제약을 가한다. 익명성이 보장되지 않고 이동성이 취약한 중소도시에서 결혼이주여성들의 종족 네트워크에 대한 필요성은 더욱 커지고, 이들의 모임은 더욱 가시화된다. 결과적으로 이들의 종족 모임에 대해 지역사회는 더욱 억압적인 시선을 보내게 된다. 한국사회 전반에서도 이주자들의 "당사자 정치"는 발달하지 않은 상황이다. 이렇게 모순적이고 제한된 상황에서 필리핀 출신 결혼이주여성들이 종족 네트워크에 속하는 것은 한국사회와의 접촉을 공식화하고 확대하기 위해서도 중요하다

마엣의 생활을 통해 관찰되는 D시의 필리핀 종족 네트워크는 사라와 제인의 사례에서 소개했던 "연쇄이주"나 "반복이주"와는 성격을 달리하는 이주 현상이다. 바시(Bashi)는 미국과 영국의 카리브인들 이주 생활을 연구하면서 중심인물이 여러 사람의 이주를 돕고 영향을 미치는 "바큇살"(hub and spoke) 방식의 네트워크가 작동한다는 점을 설명하였다(Bashi 2007: 80). 한국에서는 국적취득이 가능한 결혼이주여성들이 이러한 바큇살 네트워크의 중심이 될 수 있는 이주자들이다. 중개업체를 통한 결혼으로 이들 여성의 가족 내 지위가 취약하고 귀화 후에도 사회 문화적 차원의 시민권을 충분히 보장받지 못하는 현실에서, 모든 결혼이주여성이 이런 식의 관계망을 구축하기는 어렵다. 그러나 마엣의 한국생활은 고군분투의 연속이었지만, 자신이 허브가 되어 종족 네트워크라는 바큇살을 구축하면서 이를 활용해 온 하나의 방식을 보여준다.

한국에서 마엣이 살아 온 시간이 15년을 넘기면서 둘째 아이는 어느덧 초등학교 고학년생이 되었다. D시에는 더 많은 필리핀 이주자들이 살고 있고, 핸드폰과 인터넷에 기반하여 지리적 경계를 넘어선

커뮤니케이션은 더욱 활성화되었고 다양화되고 있다. 마엣은 결혼 초기 시가의 배경으로 통일교회를 통해 결혼한 필리핀 여성들과도 관계를 구축할 수 있었고, 이어 스스로 결혼중매에 나서면서 친인척 관계의 고향 여성들이 D시로 이주하는 것을 도우며 지역사회의 필리핀 종족 네트워크를 확대하기 위해 노력하였다. 시어머니의 간섭이나 압력이 없는 상태에서 일상생활에서 남편의 도움도 크게 받지 못했기 때문에 역설적이게도 마엣은 한국생활에 대한 적응력을 높일 수 있었다. 집안과 집 밖 일을 모두 혼자 처리하다시피 하면서 지역사회와의 접촉점이 넓어졌고, 차량 운전으로 기동력을 갖추면서 필리핀 출신 지역민들과 관련된 경제활동을 기획할 수 있었다. 한국의 노동시장에서 필리핀 정체성은 비전문 일용직급으로 고용이 제한되고 차별적 시선을 감내해야 하는 조건이지만, 종족 네트워크에 기반한 경제활동에서는 더 많은 돈을 벌지 못하더라도 주변의 사회적 인정을 받을 수 있다. 농촌의 생산활동이 한국 인구만으로 유지되기 힘들어진 상황에서 D시가 계절근로자 제도를 도입하자, 마엣은 기간제 공무원으로 일할 기회를 얻으면서 두 국가 사이에서의 매개적 위치를 더욱 공식화할 수 있게 되었다.

제 6 장: 경찰공무원과 국회의원, 아나벨 경사와 이자스민 전의원

제6장 경찰공무원과 국회의원, 아나벨 경사와 이자스민 전의원

1. 아나벨 카스트로 경사: "외국인들이 한국에 오는 것도 다 이유가 있다"

안정적으로 체류할 수 있고 국적취득도 허용되는 결혼이주여성들은, 2000년대 후반 이후 한국사회의 '다문화인구'를 대변하게 되었다. 이 중 많은 이들이 귀화하여 법적으로 "한국인"이 되었지만, 외국 출신이라는 문화 배경으로 인해 "다문화가정"에 속한 "귀화한국인"으로 호명된다.

필리핀 출신 결혼이주여성들은, 다른 동남아 지역 출신 여성들과 비교하여, 1990년대부터 한국으로 이주하기 시작하였기 때문에 한국 생활을 좀 더 오래 한 경우가 많았고, 글로벌한 감각과 영어권 출신이라는 문화자본을 갖추거나 가톨릭교회나 이주민 단체 등에 소속되어 존재감을 좀 더 드러낼 수 있었다. 이러한 특징들은 함평에서 생활하던 아나벨 카스트로 씨가 귀화한국인으로서는 처음으로 2008년에 외사 경찰관으로 특별 채용될 수 있었던 배경이 된다. 아래는 아나벨 씨가 경장으로 임명된 직후 그 지역 신문에 실린 기사 내용 전문이다.

필리핀에서 함평으로 시집온 '이주여성'이 경찰관이 됐다. 주인공은 지난 25일 중앙경찰학교를 졸업한 아나벨(여·41) 경장. 외사요원으로 특채된 그는 24주간의 교육과정을 수료하던 이날 함평에서 올라온 시어머니와 남편, 자녀 앞에서 자랑스러운 '경장' 계급장을 어깨에 달았다. 함께 임용된 1천30명의 졸업자 가운데 그녀와 인도네시아 출신 주지강(38) 경장만이 귀화자 출신이다. 지난해 임용된 중국동포 출신 신춘화(여·40) 경장을 포함해 3명의 '귀화 경찰관'이 탄생하는 순간이었다.[1] 아나벨 경장은 1997년 5월 함평에서 농사를 짓는 남편(47)과 결혼하면서 한국인이 됐다. 필리핀에서 고교 교사로 일했던 그는 95년 남편을 소개받아 연애 끝에 결혼한 뒤 함평에서 11년 동안 남편의 일을 도우며 살아왔다. 짬짬이 월야초등학교에서 원어민 강사로 활동하며 아이들을 가르쳤고, 경찰에 도움이 필요한 외국인들의 통역을 맡기도 했다. 평범한 이주여성이었던 아나벨 경장에게 **'제2의 인생'을 선물한 사람은 함평경찰서 소속 권연희(34) 경사**였다. 권 경사는 평소 이주여성들을 상대로 가정폭력 예방활동을 펼치며 아나벨 경장과 정이 들었고, 지난해 10월 외사계 통역요원을 특채한다는 소식을 접하자마자 그에게 응시를 권유했다. 아나벨 경장도 흔쾌히 응했고, 필기·실기·적성검사 등을 거쳐 지난 2월 최종 선발돼 중앙경찰학교에 입교했다. 그러나 **입교 초기에는 새로운 삶에 대한 기대보다 가족들에게 대한 걱정**이 앞섰다. 초등학교에 다니던 세 자녀 성주(11), 성민(10), 유미(여·8)

---

1) 아나벨 카스트로 씨와 함께 경장이 된 인도네시아 출신 남성인 주지강 씨도 1995년부터 한국에 와서 일하다가 1999년에 한국여성과 결혼한 결혼이주자이다. 이들보다 일 년 앞서 중국동포인 신춘화씨가 경장이 되기는 하였으나 외사직으로 응시한 것이 아니어서 채용 이후에 귀화인인 것을 알게 되었다 (『한중동포신문』 2008년 7월 26일).

> 를 돌보지 못하는 것은 물론, 올해부터 오리사육을 시작하는 남편을 도울 수 없게 된 것도 마음을 무겁게 만들었다. 여기에 **남편은 '아내가 너무 힘들어 질 것 같다'고, 필리핀 부모님은 '너무 위험하다'는 이유로** 그가 경찰관이 되는 것을 반대했다. 그러나 **아나벨 경장의 의지는 확고했다. 가정폭력을 당하고도 통역을 제대로 해주는 사람이 없어서 경찰의 도움을 받지 못하는 이주여성들이** 존재하고, **고국으로 돌아가고 싶은 불법체류자들도 처벌이 두려워서 기관의 문을 두드리지 못하고** 있다는 것을 잘 알고 있기 때문이다. 이런 마음을 이해한 남편도 졸업식장에서는 "당신이 자랑스럽다"고 응원했다. 그는 앞으로 외사업무에 투입되기 전 6개월 동안 경기 안산경찰서 지구대에서 근무하며, 현장을 체험하게 된다. 아나벨 경장은 "평범한 주부로 살다가 갑자기 새벽부터 일어나서 구보하고, 한국어로 된 어려운 교재로 공부를 하면서 이 길을 포기하고 싶다는 생각을 한 것도 사실"이라며 "하지만 **저의 노력이 모든 이주여성들에게 희망을 주고, 어려움에 부닥친 그들을 도울 수 있다는 생각으로** 최선을 다해서 근무할 것"이라고 포부를 밝혔다. (『함평로컬타임즈』 2008년 7월 28일, 진한 글씨는 필자 강조.)

아나벨 씨는 임용 이후 외국인주민 수가 많은 안산시의 단원경찰서 외사계와 원곡다문화파출소에서 일하고 있으며 2014년에 경사로 승진하였다. 당시 아나벨 경장의 일과는 "아침에 일어나 지구대에 가서 아침식사를 하고 8시에 센터로 출근해 오후 8시에 퇴근한다. 오전과 오후로 나눠 행정・외사 동료들과 도보로 하루 4~5시간 정도 순찰한다. 그 외 시간에는 외국인 근로자들을 대상으로 상담업무를 병행할 계획을 세우고 있다."라고 지역 언론은 소개하였다(『경기신문』 2008년 9월 9일). 순찰과 상담업무로는 경찰로서의 전문지식을 갖추고 영어나 필리핀어를 한국어로 통·번역하는 일을 주로 맡았다. 언어와

법체계에 대한 이러한 소통자의 역할은 지역 경찰과 이주자 양쪽 모두로부터 절실히 요구되어 온 것이었다.

결혼이주여성 1호 경찰관으로서 아나벨 경장은, 일반 경찰 업무 외에도 지역 다문화가정 아동들이나 공무원들의 다문화 교육업무도 맡아 지역 경찰의 역할 경계를 넓혔다. 안산 다문화 특구 내의 다문화가정 초등학생들을 대상으로 학교폭력의 피해자가 되지 않도록 맞춤형 범죄예방 교육을 하고(『신아일보』 2014년 4월 17일), 안산 다문화 청소년 대상의 맞춤 교육에도 강사로 참여하였다(『기호일보』 2013년 6월 14일). 나아가 전국단위의 중앙부처 5급 공무원 승진자들을 대상으로 "다문화가정의 이해"라는 강의도 하였다(『뉴시스』 2011년 3월 21일). 한편 2013년도에 필리핀이 태풍 하이옌으로 큰 피해를 보았을 때 안산경찰서장은 "멀리 타국에서 경찰관 생활을 하는 아나벨 경장에게는 동료들이 늘 함께하고 있다는 마음을 심어주는 계기가" 되길 바라며 성금을 모아 안산의 필리핀 자원단체에 전달하기도 하였다(경찰청 홈페이지 2013년 11월 26일).

이렇게 아나벨 당시 경장을 필두로 하여 삼 년 뒤인 2011년에는 캄보디아 출신의 결혼이주여성으로 광주에서 살던 (이후 안산으로 이주한) 라포마라 씨가 캄보디아어 특채로 경장이 되었다. 이후 2014년에는 베트남 출신 결혼이주여성으로 역시 광주에서 사는 이보은 씨가, 2015년에는 역시 베트남 출신 결혼이주여성으로 여수에서 사는 팜티프 엉 씨가 순경이 되었다. 2015년 외국어 전문요원으로 채용된 귀화한국인 경찰관은 모두 18명으로 서울과 경기, 경북 등 9개 시도의 지방경찰청에 배치되었는데, 이들 중 여성은 16명이고 출신 국적별로는 중국 출신이 13명, 베트남 출신이 2명, 필리핀과 캄보디아 출신이 각 1명이다(『연합뉴스』 2015년 9월 24일).

귀화한국인 경찰의 대다수는 중국 출신 여성이 다수를 차지하지만, 경기 지역의 외사경찰관 세 명은 모두 동남아 출신의 결혼이주여성이며 필리핀 출신 아나벨 씨가 선구적 역할을 하였다. 실제로 라포마라 씨는 2008년에 시어머니가 사는 함양에 아나벨 경장의 임용을 알리는 플래카드를 보고 경찰관의 꿈을 키웠다고 이야기하였고(정연학 · 김윤희 2015: 242), 이보은 씨도 한국에 와서 한국말을 배우느라 고생하던 중 텔레비전에 아나벨 경사가 나온 것을 보고는 경찰이 되기로 결심했다고 지원동기를 밝혔다(『중부일보』 2014년 7월 1일).

한국사회에서 취학기 자녀 셋을 둔 40대의 기혼여성이 경찰로 신규 임용된다는 것은 일반 한국여성이었다면 오히려 더 기대하기 힘든 일이었을 것이다. 한국사회에서 여성 경찰이 등장하는 것은 해방 직후인 1946년으로 거슬러 올라간다(『고시기획』 2016년 7월 5일). 당시 처음으로 공안국 여자경찰과에 79명의 여성이 임용되었는데 초기에는 이들 여성 경찰에게 성매매와 청소년 중심의 업무가 맡겨졌다고 한다. 그러나 인력을 배출하는 경찰대학에 여학생 입학이 허용된 것은 1989년으로, 여성 정원은 현재까지도 전체 입학생의 12%로 묶여 있다.[2)] 2005년부터는 여경채용 목표제와 사법고시 여성경정 특채 등을 시행하면서 여자 경찰의 수와 전문분야도 확대되었다. 그러나 전체 경찰에서 여성이 차지하는 비율은 2016년에도 10.1%로 여전히 적다(『고시기획』 2016년 7월 5일). 경찰직은 현재까지도 여성의 진입이 어렵고 특히나 여성의 고위직 진입 장벽이 높은 분야이다. 이러한 경찰직에 결혼이주여성들이 꾸준히 채용된다는 것은 이주여성 자신과 한국사회에 각기 어떤 의미를 가지는 것일까?

2) 경찰대학의 여성비율 12% 제한은 2020년 신입생부터 폐지될 예정이다.

아나벨 경사는 경찰관이 된 후 처음에는 안산에서 혼자 지내고 주말에만 함평 집으로 내려가는 생활을 하였다. 그러다 보니 양쪽 집안일을 모두 건사하는 것이 힘들어 큰아들은 남편과 시어머니와 함께 함평에서 지내고 둘째 아들과 막내딸만 데리고 안산에서 함께 지내는 '기러기 엄마' 생활을 시작하였다(『아주경제』 2010년 10월 19일). 이후 2015년의 인터뷰 내용을 보면, 둘째 딸은 초등학교를 졸업하고 필리핀에서 유학하고 있다고 한다(정연학 · 김윤희 2015: 240). 이렇게 한국 농촌에서 결혼생활 10년 만에 경찰이 되고, 외국인 특구지역에서 경찰 생활을 시작한 후에는 10년 가까이 아이들만 데리고 주말부부로 생활해 온 것이다. 사실 8급 경찰관의 월급은 많지 않기 때문에 이렇게 두 집 살림하는 것은 경제적으로도 부담이 되었을 것이다. 2015년에 나온 국립민속박물관의 도시 민속조사보고서에는 다음과 같은 아나벨 경사의 인터뷰 내용이 실려 있었다.

> "아나벨은 **경찰이 된 후** 생활비가 걱정되었다. 함평에서 원어민 강사를 할 당시 월급이 300만 원 정도 되었다. 그러나 경찰이 된 후 월급이 150만 원 정도였기 때문에 **생활비가 부족했다**. 그러나 안정적 직장이라는 것과 한국에 있는 외국인을 도와줄 수 있는 일이라는 점에서 경찰을 계속하게 되었다. 특히 **함평에서 원어민 강사를 할 때는 그 주변 지역의 외국인들밖에** 도와줄 수 없는 한계가 있었다. 그러나 **경찰이 되면서 전국에 있는 외국인들을** 도와줄 수 있는 것에 자부심을 느끼고 있었다."(정연학 김윤희 글 2015: 240, 진한 글씨는 필자 강조)

세 아이를 둔 40세의 여성이 경찰이 된다는 것은 가정생활과 경제적인 측면에서 볼 때 무조건 반길 일만은 아니었다. 그러나 이주여성 아나벨의 입장에서 경찰이 된다는 것은 "함평에 사는 필리핀 출신 결혼이주여성"에서 "대한민국의 외사경찰관"이 되는 것을 의미하였다. "결혼이주여성"이라는 명칭에는 법적으로 한국인이 될 수 있다는 특별한 위치 부여와 함께 이들이 가족 내 성역할을 떠맡을 것이라는 한국사회의 기대가 실려 있다. 그러나 결혼이주여성들에게 아내와 어머니, 며느리의 역할만을 허용한다면, 법적으로 한국인이 된다는 것의 의미는 크게 퇴색된다.

아나벨 경사는 물론 그녀의 뒤를 이은 라포마라 씨나 이보은 씨는 모두 언론인터뷰에서, 결혼이주여성으로서 초기 한국 생활이 얼마나 힘들고 어려웠는지를 전달한다. 그리고 자신보다 더 어려운 주변의 결혼이주여성과 미등록체류자들의 아픔과 고난에 도움이 되기 위해 경찰이 되고자 결심했다고 지원동기를 설명한다. 한 지역 신문과의 인터뷰에서 아나벨 경사는 "한국사람들이 외국에 나가 사는 것도 다 이유가 있듯이 외국인들이 한국에 오는 것도 다 이유가 있다. 한국보다 못 사는 나라의 사람이라고 무시하고 모욕해서는 안 된다. 그들이 한국사회에 적응할 수 있도록 따뜻한 시선을 가지고 그들을 바라봐야" 한다고 말한다(『경기일보』 2010년 8월 22일).

한국사회에서 "결혼이주여성"이라는 용어는 귀화 여부와는 무관하게 사용된다. 결혼이주여성은 귀화한국인이 되더라도 결혼하여 가정 내의 성역할에 묶이고, 이주자로서 한국사회에서 이방인으로 대우받으며, 여성으로서 직업선택과 성취에서 많은 제약을 받는다는 점에서, 삼중의 어려움을 극복하면서 사는 "국민"이 된다. 이런 상황에서 "함평의 필리핀 출신 결혼이주여성"이 "대한민국 외사경찰관 아나벨 경사"가 된다는 것은, 한국인 일반과 같이 이름과 직위로 불리는 사회적 위치를 획득하는 것이다. 그러나 결혼이주여성으로서 이러한 성취의 의미는 개인적 차원에 머무르지 않는다. 어떤 식으로든 자신과 비슷한 이주배경을 가진 사람들도 한국사회의 성원이라는 점을 알리며 사는 것을 선택하였다는, 사회를 향한 메시지를 담는다. 즉, 이주자로서 "한국인"을 어떻게 정의하며 자신이 한국인이라는 사실에 어떤 의미를 부여하는지를 한국사회에 알리는 시도이기도 하다.

앞서 언급하였듯이 라포마라 씨와 이보은 씨는 아나벨 씨를 "롤모델"로 삼아서 결혼이주여성 경찰관이 될 수 있었다. 이 연쇄고리를 한 단계 더 거슬러 가면 함평의 여성 경찰 권연희 경사가 아나벨 씨의 경찰시험 응시를 독려했던 장면과 만나게 된다. 아나벨 씨가 경찰직에 응시했던 2008년 당시, 한국경찰의 여성비율은 6.2%에 지나지 않았다(『연합뉴스』 2011년 6월 5일). 이렇게 한국사회에서 여성경찰은 결혼이주여성들이 가시화되면서 다문화사회 정책이 도입되던 시기와 함께 가시화되고 있었다. 한국사회에 새로 진출한 여성 경찰의 권유와 도움으로 최초의 결혼이주여성 출신의 경찰관이 탄생한 것이다. 이렇게 아나벨 씨의 합격소식이 전남 지역에 플래카드로 걸리고 방송을 타면서 라포마라 씨나 이보은 씨는 같은 동남아 출신 결혼이주여성으로서 자신들도 경찰제복을 입을 수 있다는 가능성을 마음에 품고 일을 추진할 수 있었다.

이런 새로운 상황은 한국사회에서도 "모델 마이너리티"(model minority) 문제가 제기될 수 있다는 점을 보여준다(Pettersen 1966). 미국 사회에서 성공한 몇몇 아시아계 이민자들에게 소수 종족집단의 모범이라는 이름이 붙여지면서 실제 이민자들의 정치·경제적인 문제나 사회문화적 차별에 대해서는 눈을 감는 것과 같은 상황을 경계해야 한다. 성공한 결혼이주여성들을 간판처럼 내세우면서 현실의 다수 문제에 대해 침묵하는 태도를 만들어 낼 수 있기 때문이다.

아나벨 씨가 경찰직에 진출한 2008년은 외국인과 다문화가정 관련 법안이 완비된 시점으로, 결혼이주여성들에게 한국사회와 이주민들 사이를 매개하는 역할이 공권력의 이름으로 주어지기 시작한 시기이다. 외사 경찰관으로서 아나벨 경사가 맡은 업무는 경찰서 내의 통·번역 업무를 넘어 지역사회와 국가 공무원사회로, 나아가 한국국민과 필리핀 국민 사이로까지 확대 적용되는 소통과 중재의 역할이었다. 아나벨 경사로 대변되는 결혼이주여성들은 외국어에 능통하거나 글로벌 식견을 가진 인물이어서가 아니라, 한국 내 이주민들의 상황을 이해하고 그들과 접촉하면서 대화할 수 있는 사람이었기 때문에 경찰관으로 채용되었다. 이는 결혼이주여성 정체성을 가진 귀화한국인들의 도움을 받지 않고서는 이주와 관련하여 한국사회가 안고 있는 사회문제와 갈등을 대면하고 해결하기 힘들다는 점을 의미한다.

2. 이자스민 전 국회의원: "방송에 나올 땐 박수, 직업이 바뀌니 비난"

2012년 19대 총선에서는 필리핀 출신 이주여성 이자스민 씨가 새누리당 비례대표로 당선되어 귀화한국인으로는 최초로 국회의원이 되었다. 한국사회에서 결혼이주여성들이 법을 집행하는 경찰직에 이어 법을 만드는 입법기관으로까지 진출한 것이다. 그러나 "모델 마이너리티"의 대접을 받는 아나벨 경사와는 달리 이자스민 전 국회의원에 대한 언론의 반응과 온라인에서의 여론은 우호적이지 않았다. 소위 '다문화' 사회가 당면한 현실적 어려움과 문제를 해결하기 위해 결혼이주여성들의 역할은 필요하지만 입법 활동을 통해 한국사회의 변화를 주도하도록 허용해서는 안 된다는 입장이 여론을 주도하는 것 같았다.

이자스민 전 의원의 한국 이력은 화려하다. "물방울나눔회"의 사무총장과 같은 봉사단체 활동에서부터 "서울시청 외국인 생활지원과" 주무관이라는 공무직 수행에 이르는 다양한 사회활동을 했고, "의형제"와 "완득이" 같은 영화뿐 아니라 "미녀들의 수다", "함께하는 한국어", "러브 인 아시아", "MBC스페셜" 등 다수의 텔레비전 프로그램에도 출연하여 얼굴을 알렸다. 한국사회는 텔레비전을 통해 젊고 활달한 외국여성의 문화 충격 에피소드를 접하고, 국경을 넘은 사랑과 역경을 극복하는 스토리를 들을 때는 흐뭇해했지만, 그 이상을 기대하지는 않았던 것 같다. 당선소식이 알려지자마자 온라인상에서는 필리핀에서의 학력 기재 내용이 문제가 되었고, 결혼이주여성들 전체를 비하하는 악성 댓글들이 이어졌다. 이자스민 의원의 사소한 행동이나 의회에서 발의한 법안 내용에 대해서도 왜곡된 언론 보도 내용이 많았다. 이자스민 의원은 임기 내내 실로 여러 가지 이슈로 여론의 입방아에 오르내리며 고초를 겪어야 했다.

이에 대해 이자스민 씨는 "방송에 나올 때는 만나는 사람마다 박수를 쳐주고 인정해줬는데 직업 하나 바뀌니까 비난이 쏟아지니 당황할 수밖에 없었다"라며 "다문화 사회를 걱정하는 분들의 화살이 주로 나에게 집중"되는데, "내가 다문화의 상징이라고 생각하는 것이기 때문에" 당연하게 받아들인다고 말하기도 하였다(『조선일보』 2013년 5월 8일). 임기 시작 일 년이 지난 시점에 한 중앙일간지는 다음과 같이 이자스민 의원의 하루 일정을 소개하였다.

신문기사 내용만 보아서는 1년차 이자스민 의원의 의정 활동은 흠잡을 것이 없어 보인다. 법안 발의나 출석률은 모범적이었고, 여성보좌관의 채용 비율이나 국회 밖 활동을 보더라도 상당히 높은 평가를 받아 마땅해 보인다. 4년의 임기를 마친 후의 평가도 더 나빠지지

〈표 6-1〉 다문화 1호 국회의원, 이자스민의 1년(『중앙일보』 2013년 6월 29일자 기사 정리)

시간	상황	기사 내용 요약
	기사 취지 및 인물소개	'**완득이 엄마**'가 국회의원이 된 지 1년, 이자스민 의원의 하루 일정을 소개함. 방송인이자 영화배우 경력을 가지고 고교 2년 아들과 중학 1년 딸을 키우는 **워킹맘 의원**으로서, 지난 1년간 13개의 법안을 대표 발의하고 이 중 3개가 본회의 통과. 국회 본회의와 상임위에 개근한 **이례적 국회의원.**
9:50	출근 초기 상황	지난해 5월. 가정의 달 기념식에서 이의원이 자리에 앉자 **행사 주최 측이 옆자리에 통역을 앉힘**: "황당했죠. 속으로 이런 생각을 했어요. '아니 이 사람들은 **한국어가 안 되는 사람을 자신들의 법을 만드는 국회의원으로 뽑았다고 생각하는 건가**?"
10:0~ 12:10	새누리당 가정행복특별위원회의 가정폭력분과회의 상황	**분과위원장** 맡음. 한자로 된 법률 용어는 헷갈리는 경우가 있어 메모함. 오늘 회의 도중 물어봤던 단어는 '대한민국재향교정동우회'
1:25	경제민주화실천모임 오찬회의 참가	민주당의 인재근 의원, 박병석 국회부의장 등 민주당 의원들과도 친함. 지난해의 후원금 모금액은 380만 원으로 뒤에서 4등.
2:15~ 4:20	국회본회의 활동	지난 1년간 **모든 국회 본회의와 상임위원회 회의에 다 참석**하였고, 지난 18일 시민단체가 선정하는 **국회 헌정대상을 수상**: "초선 의원인데 **최대한 모든 회의에 끝까지 있으려** 해요. 재미있는 얘기는 항상 마지막에 있기도 하고요."
	여성보좌관 채용 및 다문화 관련 법안 발의 문제	운전기사를 제외한 8명 중 여성이 5명일 정도로 **여성 보좌관 비율이 높음**: 경기도청에서 일했던 **몽골 이주여성** 아리옹 비서관, **여성운동가** 출신 이민정 보좌관, **가봉 출신** 인턴 보리스 온도를 채용함. "처음엔 **다문화 지원법을 새로** 만드는 것을 생각하기도 했어요. 그렇게 하려니 걸린 문제가 많더라고요. **외국인 차별금지법안도 제가 발의를 하지는 않으려 해요.**"
	소속 상임위 활동	원래 문화관광방송통신위원회를 희망했으나 외통위로 배정받음: "외통위 활동 중 만난 **교민들이 '우리 심정을 다른 의원보다 이주 경험이 있는 이 의원께서 더 잘 안다'고 얘기**해요. **북한이탈주민 정책과 다문화 정책이 비슷한 측면도** 있고요."
7:00~	결혼과 가족 상황	가족들은 쉼터이자 든든한 지원자: "작년 총선 때 제가 학력을 위조했다는 논란이 있었잖아요. 어느 날 **아들이** SNS로 (나를 비난하는 사람들과) 싸움을 하고 있더라고요. 혼을 냈죠. 그러나 한편으론 팔불출처럼 내 편만 들어주던 남편의 얼굴이 오버랩되더라고요." 이 의원은 필리핀에서 **선원이던 남편을 만나 1995년 결혼.** 아이가 생긴 98년에 필리핀 국적을 포기하고 귀화. 아이를 키우던 중 '의사가 되고 싶었던 꿈 많던 내가 지금 뭐 하고 있지?'라는 생각이 들었고 결국 **2006년부터 방송 일을 시작해 워킹맘**이 됨. **남편은 2010년 사망.**

		연희동 자택에서 **시어머니와 시동생 가족까지 9명이 생활: "사람들이 다 나를 안타깝게 바라보잖아요. 결혼 이주 여성이라 힘들게 산다고. 그런데 저는 하나도 안 힘들어요.** 우리 어머님이 그러세요. '내가 너를 모시는 거지'라고요."
	다문화가족 지원과 자녀세대의 정체성 문제	결혼이주여성 정치학교에서 한 이주여성이 "우리에게 다문화가족이라 지원받는 게 많다고 비판하는데 어떤 태도를 취해야 하느냐"고 질문하자: "**지원이 필요한 사람도 있지만 받는 데 익숙해지면 안 된다**는 생각이에요. 지금은 수가 적어서 감당할 수 있지만 다문화 인구가 늘면 지원이 없어지겠죠. 자립을 해야 해요. 결국 **다른 국민들과 같은 선에서 경쟁하도록 만들어야** 하는 거예요." 2011년, 다문화가정의 자녀들도 군입대하는 것으로 병역법 개정을 추진하던 **국방부가 "이들을 따로 나눠 부대를 만드는 것이 어떻겠느냐?"고 문의하자: "전쟁 나면 따로 싸울 거냐"고 반문**

* " " 은 이자스민 전의원의 발언 인용 내용이며, **진한글씨**는 필자의 강조.

않은 것이 분명하다. 2016년 1월, 한 신문사의 기획 연재 코너인 "국회의원 칭찬합시다"에서는 정의당 심상정 의원이 이자스민 의원을 추천하였다. 심 의원은 "이 의원은 항상 긍정적인 에너지를 주는 분"이며 "우리가 인종적으로 다원적인 사회로 전환을 제대로 준비한다는 차원에서 이 의원은 존재만으로도 큰 의미가 있다"라고 추천 이유를 밝혔다. 그리고 외국인 장기 체류자가 200만 명에 육박하는 상황에서 이들을 제대로 대변할 수 있는 의원이 있어야 한다고 강조하였다(『머니투데이』 2016년 1월 1일).[3)]

임기 초기에 이자스민 의원은 의도적으로 다문화지원이나 외국인 차별과 같이 자신의 위치가 드러나는 법안을 나서서 발의하려고 하지 않았다. 임기 2년 차를 넘기고서야 비로소 2014년에는 "불법체류자"

3) 이자스민 전 의원은 2016년에 국회의원 임기를 마친 후 새누리당이 해체되면서 새로 만들어진 자유한국당 소속으로 남아 있다가 2019년 11월에 탈당계를 내고 심상정 의원이 창당하여 대표를 맡은 정의당에 입당하게 된다.

자녀인 미등록 이주아동의 기본권을 보장하기 위한 "이주아동권리보장기본법안"을, 2016년에는 이민·다문화 정책 컨트롤 타워 설치를 골자로 하는 "이민사회기본법안"을 대표 발의하면서 다문화인구를 대변하는 비례대표 의원으로서의 역할을 다하고자 하였다.

그러자 이의원에 대한 폄하와 공격은 엄청나게 거세졌다. 특히 "이주아동권리보장기본법안"에 대해서는 가짜뉴스가 나돌 정도였다. 이 법안은 부모가 "불법체류자"라는 이유만으로 출생 사실이 등록조차 되지 않는 미등록 이주아동의 존재를 법적으로 인정해야 한다는 점을 지적하고, 최소한의 인간적 삶을 보장하기 위해 교육권과 필수 예방접종과 같은 의료서비스를 제공해야 한다는 것을 골자로 한다. 이는 한국이 1991년에 비준한 "유엔아동권리협약"의 내용이며, 2011년에 유엔 아동권리위원회가 "부모의 법적 지위나 출신에 상관없이 모든 아동의 출생등록과 동등한 교육 접근성이 보장되어야 한다"라고 권고한 내용, 그리고 2012년에 유엔인종차별철폐위원회가 "난민, 인도적 지위 체류자, 난민 신청자, 미등록 이주민 자녀의 출생을 적절히 등록할 제도와 절차를 마련하라"라고 촉구한 내용에 기반한다(국회사무처 2015: 24-26).

그러나 각종 온라인 커뮤니티에는 이를 "불법 체류자에게 국민과 동등한 복지를 제공하는 법"이라고 호도하는 글들이 우후죽순처럼 올라왔다. 특히 "양성평등연대"로 이름을 바꾼 과거의 "남성연대" 회원들은 의원 사무실 앞에서 "이자스민의 악법 반드시 막아내겠습니다"라는 피켓을 들고 돌아가며 일인 시위를 벌이기도 하였다(『조선일보』 2015년 1월 28일). 이렇게 당시 이자스민 의원의 입법활동을 공격하는 선봉에 나선 집단은 온라인에서 페미니즘을 반대하는 대표적인 남성 커뮤니티였다.

이자스민 전 의원의 품성이나 도덕성을 헐뜯는 인신공격은 당선 초기부터 심각한 수준이었는데 임기 중반 이후에는 그 대상이 성인기에 접어드는 아들에게로 까지 확대되었다. 당선 초기에 공격자들은 이자스민 의원이 과거 방송에 나와 한 발언의 진위를 캐면서 진실을 말하지 않는 사람이라는 낙인을 찍고자 하였다. 심지어 밤 10시쯤 본회의가 열리기 전 본회의장 안에서 초코바를 먹었다고 하여 국회법을 위반한 범법자 취급을 하는 기사가 나오기까지 하였다(『포커스뉴스』 2015년 12월 3일). 2015년에는 아들이 일하던 편의점에서 담배 도난 의혹이 제기되었는데 의외로 이자스민 의원을 공격하던 "남초"(男超) 사이트의 "일베 유저"가 편의점 본사의 재고조사 시스템 특성상 도난일 수 없다고 편을 들어주며 잠잠해지기도 하였다(『미디어오늘』 2015년 3월 6일). 다문화가족자녀 남성도 1993년 이후 출생자라면 2010년에 개정된 병역법에 따라 군복무를 해야 하는데도, 이자스민 의원의 아들은 군대를 가지 않는다는 헛소문이 돌기도 하였다(『허핑턴포스트』 2016년 8월 28일).

이자스민 전의원에 대한 지나친 반감과 이를 공공연하게 유포하는 혐오감정은 언론이 조장한 측면도 크다. 2014년과 2015년에는 필리핀에서 한국인들이 피살되거나 범죄의 표적이 되는 일이 계속 발생하였는데, 이를 보도하면서 한 보수 인터넷 신문은 "이자스민의 나라 '필리핀' 또 한국인 납치" 식으로 기사 제목을 뽑았다(『뉴데일리』 2015년 2월 3일). 그러나 한 달 뒤에 이자스민 전 의원이 "한·필리핀 의원친선협회" 대표단 자격으로 마닐라를 방문하여 재외국민(재필한인) 보호를 요청하기 위해 필리핀 대통령을 예방한 사실을 보도한 중앙일간지나 인터넷 신문은 보기 힘들었다(『대한일보』 2015년 3월 12일).

결혼이주의 배경을 가진 국회의원을 이렇게 까지 공격하는 이유는 무엇인지 한번 돌아볼 필요가 있다. “이자스민이 대변하는 사람들”을 공격하는 것인지, 아니면 이자스민 의원이 “그들”에게 주어져야 한다고 주장하는 권리 자체를 부정하기 때문인지. 만일 전자라면 이는 혐오 감정이고 후자라면 차별을 공공연하게 주장하는 것이 된다. 귀화 한국인과 외국인주민이 계속 증가하고 더욱 다양화되는 상황 속에서 이자스민이 대변한다고 여겨지는 “그들”은 “다문화”로 통칭되었는데, 이 새로운 말에 담긴 의미를 돌아볼 필요가 있다. 이자스민 의원은 2016년 한겨레 신문과의 인터뷰에서 “다문화”라는 용어에 대한 자기 생각을 다음과 같이 전달하였다.

> 이 의원은 이주민을 대표하는 비례대표로 국회의원이 됐던 지난 2012년에는 “‘다문화’라는 단어를 없애야겠다고 생각했다”라고 말했다. 그는 “그 단어가 처음 나왔을 때는 **우리나라**가 ‘이제 **우리 같은 사람들**을 인정하기 시작했구나’ 싶어서 기뻤는데, 어느 순간부터 ‘다문화가정’과 ‘한국 가정’으로 나눠 이주민들을 라벨링(낙인찍기) 하는 수단으로 쓰이기 시작했다”고 지적했다. 이 의원은 “하지만 **국회에 들어와 보니 제대로 된 이민자 관련 단어가 ‘다문화’뿐이고, 이 단어가 없어지면 정책 지원도 사라지더라**”라고 말했다. (진한 글씨는 필자 강조.)
>
> -“이자스민 “20년 전보다 이주민 바라보는 시선 나빠져”
> (『한겨레』 2016년 1월 7일)

이자스민 의원은 물론이고 아나벨 경사나 마엣의 기간제 공무원 취업 과정을 보더라도 이주자들이 한국사회에서 “다문화”로 분류되는 것은 중요하다. 비례대표 국회의원의 후보자로 거론되거나 소수자로서 특채 분야의 응시 자격을 가지거나 채용시험에서 가산점을 투여받아, ‘소수의 성공한 소수자’가 될 수 있기 때문이다.

그러나 다문화라는 용어의 사용은 이들이 "한국"에 속하지 않는다는 인식을 지속시키는 효과를 가져왔다. 한국사회에서 "다문화"는 변화하는 사회를 새로운 방식으로 인지하기 위해 도입된 이념이나 신조로 채택되지 않았다. "다문화 아동"에서부터 "다문화 공무원", 이자스민 전 의원의 소개에 따라붙는 "다문화의원 1호"처럼, 한국사회의 구성원 중 '일부를 특정하고 골라내는 수식어'로 사용되었다. 이 의원은 이 호칭이 등장하였을 때 드디어 "우리나라"가 "우리 같은 사람들"을 "인정"하는 것이라고 받아들였다. 그러나 이 의원을 공격할 때 이 호칭은 국회를 통해 대변되어야 할 국민이 아니라는 표식으로 사용되었다.

한국사회에서 "다문화"라는 말은 '정책적 포용'과 '정서적 배척'이라는 이율배반적인 두 차원에서 동시에 사용되고 있다. 결혼이주 가정의 자녀들은 "다문화가정 자녀"고 불리면서 정책적 지원을 받게 되었지만, 이 새로운 이름으로 인해 자녀 세대까지도 온전한 한국인으로 인정받지 못하는 효과가 만들어지기도 한다. 이자스민 의원도 학교 현장에서 "다문화"로 분류되는 아이들에 대한 '잘못된 배려'가 자리 잡고 있음을 지적한다. 초등학생 딸아이의 학교에서 선생님은 아이들 출석을 부르다가 자기 딸 차례가 되면 갑자기 아이들을 향해 "너희 ○○네 엄마가 필리핀 사람이니깐 잘 지내"라고 강조한다거나, 수업시간에도 자기 딸에게 공개적으로 눈에 띄게 주의를 기울이면서 뭔가를 더 물어본다거나 한다는 것이다(『허핑턴포스트』 2015년 5월 6일).

교육현장에서는 "다문화"라는 말은 다양한 가족환경을 가진 아이들을 인종이나 종족의 관점에서 통칭하는 방식이며, "정상가족"에 속한 아이들이 아니라는 함의로 사용된다. 부모 중 한 명 이상이 외국 출신이면서 한국에서 태어나고 성장한 아이들, 부모 모두가 외국 출신이고 외국에서 성장하다가 중도입국한 아이들, "불법체류" 이주노동자 부모를 두고 한국에서 태어나 미등록상태로 살고 있는 아이들이 모두 "다문화아동"으로 통칭된다. 다문화가족이 등장하기 전부터도 교육현장에서는 "한부모 가족"이나 "차상위계층 가족" 등의 이름으로 아이들을 분류하여 교육지원을 해온 바 있다. 아동 개개인의 입장에서 뒤떨어지는 수학능력이나 결핍된 자원을 기준으로 삼는 것이 아니라, 가정환경의 결손성이나 하위성, 비주류성을 기준으로 아동들을 분류하여 교육지원을 하는 것은 '교육적'이지 않다(김민정 2018a: 123).

이자스민 씨는 정치에 입문한 이유를 "아이들 때문"이라고 밝힌다. 다문화가정 아이들은 가까이서 보고 배울 수 있는 사람이 없다고들 하여 엄마가 아이들의 롤모델이 되어야겠다고 생각했다는 것이다(『허핑턴포스트』 2015년 5월 6일). 아나벨 경사와 같은 결혼이주여성 경찰들도 아이들에게 자랑스러운 엄마가 되기 위해 경찰직에 도전했다고 이야기 한다. 이주자 엄마로서 자신들의 '외재성'이 자녀들에게 '전이'되는 것을 막고자, 한국사회가 기대하는 아내와 어머니라는 제한된 역할을 넘어서려고 노력하는 것이다. 즉 결혼이주여성들이 다양한 방식으로 공직에 진출해온 이러한 시도들이 자녀세대를 위한 것이라는 명분에 대해 한국사회는 좀 더 주목해야 한다.

이자스민 의원의 등장은 변화하는 한국사회에서 "다문화"를 대변하는 공무 수행자는 "결혼이주여성"일 수밖에 없는 한국사회의 현실을 보여준다. 한국남성의 국제결혼 증가라는 사회변화는 한국식 이주정책이 만들어낸 것이며, 결혼이주여성을 통해 한국사회의 '다문화' 분야는 대변되어야 하는 상황이 만들어진 것이다. "결혼이주여성"과 "다문화가족" 위주의 이주정책이 수립된 지 6년 만에 귀화한국인으로서 결혼이주여성의 국회진출이 현실화되었다. 2012년 이자스민 씨의 국회의원 당선이 당시의 "다문화이슈"를 선점하기 위한 보수 여당의 정치공학적 계산에 의한 것이기는 하였지만(강미옥 2014), 한국사회 이주 역사의 새 장을 연 사건이었음에는 분명하다.

3. 결혼이주여성의 차별적 위치와 매개자 역할

아나벨 경사는 모범적인 결혼이주여성으로 소개되는 반면 이자스민 전 의원은 반다문화 정서를 촉발하는 인물로 그려지는 현상은 어떻게 이해해야 할까. 아나벨 경사와 이자스민 전 의원이 각기 다른 방식으로 주목받는다는 점은 한국사회에 새로 출현한 "결혼이주여성"이라는 범주의 다의성을 질문하고 그 의미를 논의해야 한다는 점을 일깨워준다.

결혼이주여성 중 많은 수는 앞 장에서 소개한 마엣의 경우처럼 이미, 개인과 가족, 지역사회 영역에서 한국과 필리핀의 사이를, 그리고 지역 내의 여러 필리핀 사람들을, 다양한 방식으로 연결해주는 매개자의 역할을 담당하여왔다. 여기에서 나아가 아나벨 경사는 안산 지역의 경찰로서 다종족으로 구성된 지역사회의 구성원들 사이에서 통역과 중재를 맡으면서 법을 집행하는 역할을 수행하고 있다. 이자스민 전 의원은 더 나아가 국회로 진출하여, 한국사회 전체를 대상으로 이주자 집단 일반을 대변하는 입법활동을 하였으며 여야 구분을 넘어선 정치적 위치를 점하고 있다. 이렇게 볼 때 한국 가족의 성원으로 사는, 이주자이고 여성이라는 이중적으로 사회적 약자인 위치에서, 한국사회와 이주자 집단 일반 사이의 소통에 관여하고 매개자 역할을 담당한다는 점은 주목된다.

"한국인"과 "외국인"의 이분법적 경계를 유지하는 것은 이들의 매개자 역할을 주류 한국사회의 통제권 아래에 두는 것과 밀접하게 관련된다. 아나벨 경사와 이자스민 전 의원의 에피소드 몇 가지만 보더라도 한국사회에서 “우리”와 “그들”을 구분하는 경계에 대한 인식은 상당히 견고하며 그 중간 영역에서 매개자의 영향력이 확대되는 변화를 허용하지 않으려는 경향이 강하다. 경찰서 공식계정 블로그에는 2013년 필리핀 하이엔 태풍 피해를 돕기 위한 모금운동 내용이 올라와 있는데, 이때 단원경찰서장은 “멀리 타국에서 경찰관 생활을 하는 아나벨 경장에게”라는 표현을 사용하였다(대한민국경찰청 공식계정 폴인러브 2013년 11월 26일). 당시 이미 16년 동안 한국에서 살아 온 5년 경력의 경찰관에게 한국을 ‘타국’이라고 언급하는 것은 아나벨 경사의 국민 정체성을 오인하는 말이 될 수 있다. 이자스민 전 의원은 국회의원 당선 직후 참석한 한 행사장에서 주최 측이 통역이 필요하냐고 물어본 일을 소개하며, 국회의원인 자신을 외국인으로 대우한 비상식적인 일로 소개하였다(『중앙일보』 2013년 6월 29일). 다문화가족 자녀도 예외 없이 군 복무를 하는 것으로 병역법을 개정하면서 국방부는 이 의원에게 다문화가족 자녀만으로 따로 부대를 편성하는 안에 대한 의견을 물은 적도 있다(『중앙일보』 2013년 6월 29일).

귀화한국인도 한국인 아동도 “다문화-”라는 수식어를 달면 ‘한국인이 아닌’ 사람처럼 분류되는 효과가 발생하는 상황에서, “다문화”라는 용어의 도입만으로는 “한국인” 아니면 “외국인”이라는 이분법적 인식을 해체하지 못한다. 2010년 이후 한국사회에서 반다문화 정서가 작동하고 증폭되는 과정은 한국인과 아닌 사람들을 가르는 새로운 이분법이 자리를 잡고 굳어지는 과정이었다. 한국사회에서 전반적인 반다문화 정서는 외국인은 곧 이주노동자이고 이주노동자는 곧 범법자라는 고정관념의 유포를 통해 형성되었다(김현희 2014: 19). 그리고 정주가 허용되지 않는 이주노동자와는 달리 국적취득이 가능한 결혼이주여성 일반은 '혜택받는 외국인'으로 인식되었다. '다문화가정'에 대한 교육과 정보, 정책서비스 등의 혜택은 결혼이주자들의 사회·경제·정치 활동을 보장하는 시민의 권리로서가 아니라 소수의 이방인에게 베푸는 시혜처럼 인식되었다. 여기에 더하여 이들이 경제적으로 더 잘사는 국가로 편입되었다는 사실 때문에, '결혼으로 덕을 보려는 여성'이라는 성차별적인 인식이 더해진다. "다문화"'라는 용어가 자녀 세대에까지 적용되면서 한국사회 내부 성원들을 이분법적으로 가르는 인식과 태도가 더욱 견고해지는 측면도 나타난다.

즉, 한국사회는 "다문화" 현상을 대변하는 집단으로 결혼이주여성들을 내세우고, 이들에게 증가하고 있는 외국인과 한국인 사이를 중재하며 매개할 것을 요구한다. 동시에 그러한 "다문화" 활동은 "한국인"을 위한 것이라는 확신을 줄 때만 지지받을 수 있다는 인식을 보여준다. 그러나 한국인으로 상정되는 "우리"의 내부구성은 단일하지도 균질적이지도 않다.

이자스민 씨가 정치에 입문하고 또 당적을 바꾸는 일련의 과정을 보면, 한국사회가 "한국인"에 대해 전제하는 내용은 결혼이주여성들에게 매개적 역할을 요청하면서 이미 깨지기 시작하였음을 보여준다. 이 씨는 임기를 마치고 4년 후에 자유한국당(과거 새누리당)에서 완전히 대척점의 정치성향을 띠는 정의당으로 당적을 바꾸는데, 이는 2012년의 "국회의원 되기"가 당시 보수 여당의 정치적 계산에 크게 기대어 현실화되었다는 점을 반증한다. 당시 이 씨가 새누리당을 통해서라도 국회의원이 될 수 있었던 것은 결혼이주여성의 적극적인 정치참여가 필요한 구체적인 변화들이 한국사회에서 발생하고 있었기 때문이다.

이자스민 전 의원의 대중 인지도를 높여 준 것은 텔레비전 프로그램과 영화 출연이었지만, 정치에 뜻을 품고 국회로 뛰어들도록 준비시켜 준 곳은 한국여성정치연구소와 여성부가 2008년에 진행했던 "국제결혼 이주여성 의원만들기 프로젝트"였다(『한겨레』 2015년 4월 30일). 이 프로젝트는 귀화한 이주여성들이 2010년 지방선거에서 비례대표 1번으로 공천받아 당선되는 것을 목표로 하였고, 그렇게 배출한 첫 의원이 경기도의회의 몽골 출신 이라 씨였다. 이자스민 전 의원도 당시의 한나라당으로부터 서울시 비례대표로 나와 달라는 요청을 받았지만 1번이 아니어서 프로젝트의 상징성을 위해 거절하였는데, 2년 뒤의 총선에서 국회의원으로 당선되는 결과가 나온 것이다(『매일경제』 2012월 6월 15일).

결혼이주여성이라는 가족 내의 젠더정체성을 기반으로, 이주자들을 대변하는 정치인이 될 수 있도록 교육과 훈련을 제공한 사람들은 한국사회의 여성 활동가들이었다. 함평의 권연희 경찰관이 아나벨 경찰관을 만들고 이 여파가 다시 라포마라와 김보은 경찰의 탄생으로 이어진 것이 연상되는 대목이다. 즉, 결혼이주여성의 매개자 역할이 국회의원으로까지 확장될 수 있었던 상황 전개는, 한국인과 외국인의 이분법을 넘어서고 또다시 종족 정체성을 넘어선 여성들 간의 지지와 지원 메커니즘이 작동하였기 때문이라고 할 수 있다.

그렇다면 이러한 매개자 역할과 관련하여 결혼이주여성들은 어떻게 자신들의 종족 및 젠더정체성을 인식하고 활용할 수 있을까? 이 질문은 그동안 한국사회에서 근대 젠더체계에 대한 성찰과 비판이 충분히 이루어지지 않았다는 점과 함께, 후기산업사회의 변화가 불러일으킨 가족 위기 담론을 돌아보도록 한다.

한국에서 근대의 핵가족화 과정은 발전국가가 유교 전통에 기반한 부계가족 질서를 활용하는 상황으로 전개되었다. 결혼한 여성들은 사회활동에 대한 제약을 받았을 뿐만 아니라 아내와 어머니, 며느리라는 가족 내의 성 역할에 대해서도 갈등을 느끼지 않을 수 없었다. 남성은 가족 질서에 기반하여 자신의 개인성을 확보하지만, 여성은 가족 질서의 언어로 가족 질서에 도전하여야만 개인, 자아, 자율성, 권리에 접근할 수 있었다(김미정 · 최선영 2005: 169; 김민정 2007: 2019-220에서 재인용). 1990년대까지만 해도 한국의 농촌에서는 "형제는 수족이지만 마누라는 옷에 불과하다"는 표현이 있을 정도로, 부계가족 질서 안에서 아내라는 위치는 사망이나 이혼 시 언제든지 다른 사람으로 대체될 수 있다는 인식이 만연하였다(박부진 1995: 62; 김민정 2007: 220에서 재인용). 2000년대 이후의 고학력 신세대 중산층 여성들조차 여전히, 결혼 후 "며느리에게는 (장인이 사위를 부르는 ○서방과 같은) 3자적 호칭이 없다"라는 점을 깨달으면서, 자신들은 시가에서 '위치'만 있는 존재라 "누가 들어와서 이 자리를 채워도 문제는 없는 거야"라는 당황스러운 심정을 토로한다(김미정 · 최선영 2005: 173; 김민정 2007: 220에서 재인용).

2010년대로 접어들면서 한국사회는, 부계가족이건 핵가족이건, 젊은 세대의 가족 구성이 아예 미루어지는 현실에 직면하게 되었다. 2015년에는 남녀 모두의 초혼 나이는 30세를 넘기고, 합계출산율은 1.2를 기록하며, 전체 가구 중 27%를 차지하는 1인 가구 중 미혼 1인 가구의 비율은 44%를 차지하였다(통계청 2015, 인구동향조사 및 혼인 · 이혼통계). 즉 결혼이주여성들이 한국사회로 이주해 온 시기는 이렇게 한국사회의 결혼과 가족관계를 지배하던 부계가족 질서가 급격히 와해하는 시기였다. 이들이 시가의 영향력 아래 놓이는 방식과 내용은 각각의 개별 상황에 따라 크게 차이를 보인다. 그러나 한국이라는

'국민국가가 시가의 시선으로' 이들을 대해 왔다는 점은 공통된다.

근대가족 안의 가사노동이 상업화된 돌봄노동으로 아웃소싱되는 시기에 결혼이주여성의 많은 수는 가족 내에서 무임금 돌봄노동을 수행하는 성역할을 떠맡았다. 내가 인터뷰했던 한국남성과 결혼한 필리핀 출신 여성들 대다수도, 각자가 처한 구체적인 상황은 달랐지만, 가사노동을 전담하고 노약자를 돌보는 역할을 떠맡았다는 점에서는 공통되었다. 한국사회의 이혼율이 높아지면서 중하층 이혼 가정의 아이들에게 새어머니가 되기도 하고, 조카를 떠맡은 작은 어머니가 되기도 하였다. 실제로 한국남성이 재혼이고 외국인 여성이 초혼인 국제결혼의 비율은 2008년 이후 줄곧 전체 국제결혼의 15%에 달하는데, 이는 한국인들 간의 결혼과 비교할 때 5배나 더 높은 수치이다(통계청 각 년도, 혼인·이혼 통계). 그동안 급증한 국제결혼 이주여성들의 적지 않은 수가 가사노동과 육아, 간병 등을 서비스로 구매하기 힘든 사회 취약층 가족 안에서 "돌봄 노동"을 담당하고 있다.

필리핀 여성들은 다른 동남아 출신 여성들과 함께 지방도시나 농촌지역에서 거주하는 비율이 높다. 2015년 등록 체류외국인 여성 중 필리핀 여성이 차지하는 비율은 4.26%인데, 서울 거주 등록 외국인 여성 중 필리핀여성의 차지하는 비율은 1.84%로 평균의 절반도 되지 않는다. 대신 외국인여성 주민 중 필리핀 출신 비율이 10%가 넘는 지역은 대부분 강원도와 충청남북도, 전라남북도, 경상북도 내의 지역도시와 군지역이다(〈표 6-2〉 참조). 예술흥행 비자 체류자가 많은 경기도의 동두천시와 부산시의 동구를 제외하면, 수도권 밖에 거주하는 필리핀 여성들의 대부분은 국제결혼 이주여성들이라고 볼 수 있다. 재생산 위기에 처한 농촌에서 특히 결혼이주여성들은, 지역사회의 인구와 노동력 유지를 위한 거의 유일한 해결책으로 간주되면서,

〈표 6-2〉 한국 시도별 외국인 여성 주민 중 필리핀 출신이 10% 이상인 시군구(명, %), 2015

시도	시군구	외국인 주민	필리핀 출신 주민 (%)	외국인주민 여성	필리핀 출신 여성 (%)
계		1,143,087	45,282 (3.96)	486,822	20,759 (4.26)
강원도	소계	15,108	819 (5.42)	7,541	590 (7.82)
	동해시	663	49 (7.39)	309	41 (13.27)
	양양군	287	36 (12.54)	142	25 (17.61)
	횡성군	674	39 (5.79)	276	30 (10.87)
경기도	소계	369,665	16,073(4.35)	149,096	5,721 (3.84)
	동두천시	3,076	1,491 (21.88)	673	576 (38.63)
	양주시	7,254	654 (9.02)	1,679	172 (10.24)
	파주시	9,731	930 (9.56)	3,067	316 (10.30)
	하남시	1,751	221 (12.62)	759	77 (10.14)
경상남도	소계	82,316	4,266 (5.18)	23,120	1,591 (6.88)
	거제시	15,051	751 (4.99)	3,959	507 (12.81)
경상북도	소계	49,765	2,751 (5.53)	18,186	1,459 (8.02)
	구미시	5,877	479 (8.15)	2,454	259 (10.55)
	군위군	576	27 (4.69)	136	14 (10.29)
	영덕군	772	50 (6.48)	218	47 (21.56)
	울릉군	126	9 (7.14)	30	9 (30.00)
	울진군	1,218	26 (2.13)	185	24 (12.97)
	청송군	231	24 (10.39)	142	21 (14.79)
	칠곡군	4,132	378 (9.15)	1,205	163 (13.53)
	포항시 남구	3,109	202 (6.50)	1,122	154 (13.73)
	포항시 북구	1,941	115 (5.92)	931	106 (11.39)
광주광역시	소계	18,455	1,017 (5.51)	8,440	471 (5.58)
대구광역시	소계	26,141	1,673 (6.40)	11,100	945 (8.51)
	남구	1,097	93 (8.48)	667	85 (12.74)
대전광역시	소계	1,6416	702 (4.28)	9,201	557 (6.05)
	중구	1,694	136 (8.03)	1,096	119 (10.86)

출처: 행정안전부, 외국인주민현황조사, 2015.

지방자치단체가 나서서 공공연하게 국제결혼을 지원하고 중개하는 사업이 진행되기도 하였다(김민정 2007: 217-218). 2014년에는 정부 각 부처의 다문화가족지원예산이 천억 원을 넘어서면서 최고치를 기록하기도 하였다(『연합뉴스』 2014년 12월 16일).

한국사회의 급격한 사회변화와 가족구성의 위기 속에서 결혼이주여성들은, 한국 가족을 수호하고 사회 재생산에 이바지하는 귀화한국인이라는 위상을 자신들도 적극적으로 받아들여야 한다. 무엇보다 자녀들에게 자랑스럽고 존경받는 필리핀 출신 어머니가 되고자 하는 바람은, 논란의 여지없이 한국사회에서의 경제활동이나 정치참여를 정당화하고 인정받을 수 있는 동기가 된다. 필리핀 출신 결혼이주여성들의 경우는 특히, 사회자원과 문화자본을 활용하여 다문화가정이라는 제약을 기회로 바꾸어 보려는 시도에 적극적이다. IOM이민정책연구원의 연구보고서에 의하면(이창원 외 2016), 필리핀 결혼이주여성들은 '비한국계 결혼이민자들'과 비교할 때, 경제활동에서는 단순노무직과 전문가 및 관련 종사자 비율이 모두 더 높게 나타났으며, 모국인 친구나 아는 사람을 통해 구직하는 경우도 더 높게 나타났다. 사회생활에서는 모국인 친구모임과 종교활동 참가나 한국사회의 공공서비스 이용 비율이 모두 더 높게 나타났고 한국국적 취득 의사도 더 높았다. 즉 필리핀 결혼이주여성들은 계급상으로 좀 더 다양하고, 필리핀 종족 네트워크를 유지하고 이용하면서도 한국사회에 잘 적응하고, 적극적으로 공공서비스를 이용하면서 한국인으로 생활하는 것을 지향한다는 점을 알 수 있다.

한국사회는 지역사회의 재생산 문제와 이주 시대의 긴장을 해소하기 위하여 결혼이주여성들에게 의존하면서도, 그들의 시민권을 젠더화되고 종족화된 방식으로 제한하여 '의존상태의 균형'을 유지하려해왔다. 다문화가정이나 결혼이주여성이라는 새로운 분류와 이름이 주어지는 상황은 문화적 시민권이 제한될 가능성을 예견하며, 별도의 지원이 필요한 사회적 소수자가 된다는 것을 의미한다. 이주자 개인은 새로운 기회를 잡을 가능성을 더 확보하기 위하여 다문화가정과 결혼이주여성이라는 호명을 받아들이고 활용해야 한다.

마엣의 가장 최근 일자리는 필리핀 계절근로자들의 통역과 관리를 담당하는 기간제 근로자였는데, 채용과정에서의 가점 조건은 "필리핀어 능통자"가 아니라 "다문화가정"이었다(D시 홈페이지 채용정보 메뉴). 2015년의 귀화한국인 경찰관 18명을 소개하는 한 신문기사는 경기지역으로 발령받은 3명 모두가 "결혼이주여성들"이라는 점을 강조한다(『연합뉴스』 2015년 9월 24일). 2019년 11월 자신의 당적 교체 배경을 설명하면서 이자스민 전 의원은 "이주민이나 이민자정책은 당 상관없이 모든 사람이 다 해야 하는 정책"이며 과거에도 "어느 당 할 것 없이 다문화와 관련된 이야기가 나오거나 다문화 구성원의 민원이 들어오게 되면 이자스민 의원실로 가라고 보냈었다"라고 말한다(『한국일보』 2019년 11월 25일). 2012년 이자스민 전 의원의 당선이 종족 정체성을 넘어서는 여성 정치참여의 열망으로 현실이 되었듯이, 2019년 이자스민 전 의원의 당적 교체와 정치활동 재개는 정치색을 넘어서 한국의 국제이주상황과 당사자 정치에 대한 공적 논의를 펼치는 것이 중요하다는 점을 보여준다.

제 7 장: 다문화 사회의 '문화'와 반다문화 '정서'

제7장 다문화 사회의 '문화'와 반다문화 '정서'

1. 다문화주의와 '문화'

다문화주의(multiculturalism)는 사전적으로 "한 사회 안의 각기 다른 문화들이 모두 중요하게 여겨져야 한다는 믿음"으로 정의된다(Cambridge Dictionary online). 미국이나 캐나다, 호주와 같은 이민국가들이 특히 다른 언어와 문화를 지닌 주민들 간의 갈등을 경험하면서, 다문화 다인종 인구가 공존할 수 있는 논의를 이론적으로 표명한 것이 다문화주의이다(킴리카 2010: 6). 정치・경제적 차별과 문화적 차별은 서로를 강화하기 때문에, 국제이주 시대의 국민국가에서는 법적・사회적 지위가 상대적으로 취약한 종족집단(ethnic group)의 문화적 권리를 존중하는 것이 필요하다고 보는 견해다.

미국은 1960년대 중반에 아시아인들의 이주를 다시 허용하면서, 일찍이 다양한 유럽 이민자들을 미국인으로 주조(鑄造)하기 위해 사용하던 "용광로"(melting pot) 대신 "샐러드 볼"(salad bowl)이라는 은유를 내세워 다원주의적 가치를 강조하기 시작하였다. 그러나 흑백 갈등의 역사가 긴 미국사회에서 다문화주의적 지향이 긍정적으로 작동할 수 있을지, 자유주의를 표방하는 미국시민으로의 통합과정과 공존할 수 있을지에 대해서는 상반된 여론이 존재한다(Thornton 2012; Volokh 2015). 캐나다는 1971년에 다문화주의를 국시로 표방하고 1982년에는 모든 인종적 · 언어적 · 종교적 차별을 금하는 캐나다인의 권리와 자유헌장을 채택하면서 가장 분명하게 다문화주의의 법과 정책을 실천하여 왔다(박진경 · 임동진 2010; 김정규 2010). 호주에서 다문화주의는 1973년에 백호주의를 포기하면서 차별을 금지하는 이민정책의 일환으로 채택되었으나, 정권의 성격에 따라 국민정체성 위기의 원인으로도 해결책으로도 이용되고 있다(문경희 2008). 호주에서 다문화주의는 인종문제를 문화다양성으로 포장하여 은폐하는 방식으로 사용되었으며, 무엇보다 이주자들은 호주의 의회와 정당에서 대표성을 확보하지 못하고 여전히 정치적으로 주변화되어 있다고 평가된다(이규영 · 김경미 2010). 즉 다문화주의가 국가 구성원 공통의 정체성을 명분으로 내부자 규합을 위한 선전문구처럼 사용되어 온 측면을 부정할 수 없다.

2000년대 이후 유럽의 국가들을 중심으로 다문화주의는 재고되고 있다. 다문화주의가 현실 세계의 인종적 위계와 차별을 "문화"라는 수사로 호도했다는 해석이 받아들여지고 있기 때문이다. 대표적으로 발리바르(Balibar)는 다문화주의 역시 민족주의와 마찬가지로 동질성을 추구하기 위한 국민국가의 통합 이념이며 인종주의에 기반하여 왔다는 점을 강조한다. 국민국가는 개인들이 인종이나 종족, 계급이나 종교 등과 같은 다양한 범주와 소속감을 벗어날 수 있도록 해주었지만 기본적으로는 인종주의와 상호결정 관계에 있다는 것이다. 이런 점에서 다문화주의는 종족적 우월성을 내세우지 않을 뿐 인종주의의 감춰진 형태이며 "인종 없는 인종주의"(racism without race)라고 비판한다(Balibar and Wallestein 1991).

다문화주의에서 "문화"(culture)는 "인종"(race) 개념을 충분히 대체하지 못하며, 결과적으로 인종주의를 완전히 극복하지 못한다. 대부분의 문화인류학자들이 다문화주의의 "문화" 개념을 비판하는 이유도 여기에 있다. 인류학사에서 인종은 과학적이고 객관적인 근거를 내세우며 19세기에 등장한, 인간에 대한 분류 개념이다. 그러나 당시의 학계가 주목했던 신체 계측적 측면, 즉 피부색, 머리카락의 색과 모양, 두개골 형태 등이 의미 있는 유전적 차이를 반영하지 못한다는 점이 곧 드러났다. 이어서 문화인류학에서는 일찍이 보아스(Franz Boas)에 의해 "인종"이 될 수 없는 모든 것이, 즉 생득적으로 타고난 것이 아니라 집단의 성원으로 학습하여 익히게 된 모든 것이, "문화"로 개념화되었다(Stocking 1966).

20세기 이후에는 인종 개념의 문제를 간파하지 못한 인류학자들은 없었으며, 다음의 두 가지 입장으로 의견이 나뉘었다(Visweswaran 1998). 하나는 인종 개념이 기존의 부정적 함의를 벗어날 수 없기 때문에 '동화와 잡혼을 통해 소멸'하여야 한다고 보는 것이다. 다른 하나는 인종 개념의 과학적 근거가 유전학을 통해 논박되었으므로 '아예 사용하지 말아야' 한다는 입장이다. 그 어느 경우이건 이차대전 이후 인류학에서 인종은 더 이상 집단 간 의미 있는 차이를 설명하는 개념으로 사용될 수 없었으며, 그 자리를 대체한 것이 문화공동체를 설명하기 위한 개념으로 제시된 "종족성"(ethnicity)이었다. 그러나 사람들은 사회적 불평등과 관련되어 눈에 띄는 신체적 차이를 인종으로 '인식'하기 때문에 인종이라는 개념은 '실재'한다. 대표적으로 울프(Eric Wolf 1982)는 식민지의 강제노동과 비인간적 착취를 통해 자본주의 세계체계가 구축되는 과정에서 인종 개념이 만들어졌다는 점을 분석하면서, 인종이 "역사적이고 사회적인 구성물"이라는 점을 강조한다.

근대의 식민지배 과정과 국민국가 형성과정을 돌이켜 볼 때 인종과 종족(즉 문화공동체)은 서로 분리되어 독립적인 범주로 사용된 적이 없었으며, 인종 정체성과 종족 정체성은 하나로 결합하여 작동하여 왔다(Grosfoguel 2004). 즉 특정 문화는 인종-종족 결합체로 인식되어 왔는데, 이는 특정 문화의 성원을 표현하고 구분하는 명칭을 통해서도 확인된다. 예를 들어 사람들은 누군가의 문화적 (또는 종족적) 배경을 한국인이나 베트남인과 같이 출신 국가명으로 구분하여 부르기도 하고, 라티노(Latino)처럼 특정 언어권을 지칭하는 지리적 개념을 사용하여 부르기도 하는데, 어떤 경우든 인종 구분과 호환되는 방식으로 인식된다.

미국과 영국의 센서스 문항은 인종과 종족이 호환되는 방식을 보다 직접적으로 보여준다. 미국의 2010년 센서스 문항에서 "인종"(race)이라는 표현은 흑백의 피부색 구분뿐 아니라 이주자의 출신국, 또는 스페인어를 공통으로 사용하는 히스패닉 문화권에 대한 소속감 등에 모두 사용된다. 미국과 달리 영국의 2011년 센서스 문항에는 "종족집단"(ethnic group)이라는 표현이 등장하지만, 응답 항목은 흑, 백, 아시아, 혼혈, 등으로 구성되어 실제로는 피부색에 기반한 인종을 의미한다.[1] 이렇게 종족과 인종은 국민국가의 인식 속에서 호환되며, 각

1) 미국의 2010년 센서스에서는 응답자의 히스패닉 정체성에 대해 "히스패닉이나 라티노, 스페니쉬 출신배경을 가지고 있습니까?"(Is this person of Hispanic, Latino or Spanish origin?)라고 질문하고 그렇다고 답할 경우에는 멕시코인/푸르토리코인/쿠바인/기타(국가명 쓰기) 식으로 국가명을 답하도록 구성되어 있다. "인종"(race)이라는 표제 아래에는 다음과 같은 6개의 대범주가 보기로 주어진다: ① 백인(White American), ② 흑인(Black or African American), ③ 인디언이거나 알래스카 원주민(American Indian or Alaska Native): 부족명 쓰기, ④ 아시아인(Asian American): 인도인/중국인/필리핀인/일본인/한국인/베트남인/기타(국가명 쓰기), ⑤ 태평양 도서인(Pacific Islander): 하와이인/괌이나 챠모르인/사모아인, ⑥ 기타(국가명 쓰기)이다.(http://www.prb.org/Publications/Articles/2009/questionnaire.aspx.) 즉 미국 사

사회의 작동하는 권력관계 속에서 "인종화된 종족성"(racialized ethnicities) 또는 "종족화된 인종"(ethnicized races)의 맥락으로 사용된다(Grosfoguel 2004: 332).

다문화주의에서의 '문화'라는 말이 만들어내는 이러한 '혼란'에도 불구하고, 다문화주의는 실용주의의 측면에서 옹호될 수 있다. 다문화주의는 사회 불평등의 상황을 역사와 문화의 문제로 접근하고 이슈화하는 작업을 가능하게 해주며, 다양한 차이를 가진 사람들을 사회통합 과정을 통해 포섭하기에 적절하기 때문이다(Trotman, ed. 2002; Modood 2013). 특히 역사・문화적 배경이 다양한 구성원들 간의 새로운 관계를 모색하기 위해 다문화주의 관점이 적극적으로 필요하다는 견해도 있다. 파레크(Parekh 2006)는 다문화주의란 공동체가 차이를 해결하기 위한 기준이며, 정의의 원칙이 하나의 문화에만 기반하는 것이 아니라 문화들 간의 개방적이고 동등한 대화를 통해 도출되어야 한다는 점을 의미하기 때문에 중요하다고 본다.

하지만 실용주의의 측면에서 보더라도 다문화주의는 집단에 대한 소속감을 기반으로 문화적 차이를 인식하기 때문에, 현대사회의 전제

회에서 인종 개념은 흑백의 피부색 구분 뿐 아니라 이주자의 출신국 배경, 또는 스페인어를 공통적으로 사용하는 히스패닉 문화권에 대한 소속감 등이 뒤섞여 있다. 한편, 영국의 2011년 센서스에서 응답자는 자신의 "종족집단"(ethnic group)을 다음과 같은 5개 대범주 보기 중에서 골라야 한다. ① 백인: 잉글랜드・웨일즈・스코트랜드・북부아일랜드・브리튼인/아일랜드인/집시 또는 아일랜드 유랑민/기타(직접 쓰기), ② 혼혈이거나 복수 종족집단: 백인과 카리브해 흑인/백인과 아프리카 흑인/백인과 아시아인/기타 혼혈(직접 쓰기) ③ 아시아인: 인도인/파키스탄인/방글라데시인/중국인/기타(직접 쓰기), ④ 흑인・아프리칸・카리비안・흑인브리티시: 아프리카인/카리비아인/기타(직접 표기) ⑤ 기타 종족집단: 아랍인/기타(직접 표기)이다. 즉 '종족성'의 질문에 대한 실제 응답항목은 흑, 백, 아시아, 혼혈, 등 피부색과 외모의 차이에 주목하는 인종 범주로 구성된다. file:///C:/Users/MJ%20Kim/Downloads/2011censusquestionnaireenglandh1.pdf

가 되는 개인의 권리나 자유를 제약할 수 있다는 근본적인 비판을 피하기 어렵다. 이에 대해, 다문화주의를 가장 세련된 방식으로 옹호하는 킴리카(Kymlicka)는, 토착원주민(indigenous people)과 국제이주민의 상황을 고려하여 집단의 권리를 인정하면서도 자유주의 입장과 공존할 수 있는 다문화주의 철학을 정립하고자 한다(킴리카 2010[1995]). 즉 다문화주의의 논리가 개인을 억압할 위험으로까지 확장되어서는 안 되며, 특히 자유주의적 헌법이 보장하는 권리와 상충하는 집단의 문화적 제재를 허용해서는 안 된다고 강조한다. 그러나 현실에서는 구체적인 입법이나 정책 목표가 소수집단 내부의 제재를 허용하는 것인지 아니면 외부의 다수집단으로부터 소수집단을 보호하려는 것인지를 판단할 수 있는 객관적 지표를 마련하기 힘들다.

이주의 시대가 심화될수록 다문화주의의 '문화' 개념이 가지는 한계는 증폭된다. 문화는 특정 집단이 공유하는 가치와 신념에 기반한 특정한 생활방식을 지칭하는데, 다문화주의는 문화 경계의 넘나들기가 빈번해지는 사회변화의 시기에 등장하였다. 현대사회의 문화 다양성은 정보와 이념, 상품과 서비스 등의 영역에서, 그리고 온·오프라인 세상의 교차연결 등을 통해, 더욱 다양하고 복잡한 방식으로 구성되고 있다. 국경을 넘나드는 사람들의 이주 역시 증가할 뿐 아니라 이주 유형과 성격도 다변화되면서, 출신 국가나 지역 같이 지리적 경계를 단위로 하여 문화 배경을 이해하기 힘든 변화를 만들어내고 있다.

지역성에 기반한 고전적인 문화 개념의 유용성은 퇴색하고 있지만, 사회를 구성하는 부분들 간의 상호관련성을 "총체적"(holistic)으로 그리고 특정 사례의 맥락을 "통문화적"(cross-cultural)으로 이해하는 관점을 제시한다는 점에서 문화 개념의 사용은 여전히 유용하다(한상복 외

2011: 75-77). '문화'는 특정한 사회집단과 사회관계에서 통용되는 범주의 경계들과 의미들을 통해 인류의 생활방식을 파악할 수 있도록 해준다. 오늘날 점점 더 많은 사람들이 국가 영토라는 공간적 제약을 벗어나 생활하는 현상은 새로운 이름의 주민과 국민, 시민 유형들을 만들어낸다.

글로벌 이주의 시대에는 정주(定住)보다 이동이, 안정보다 불안정이 보다 '더 정상적인' 것으로 자리 잡는 체제의 성격 전환이 감지된다. 더 많은 국가들이 더 선별적이고 더 세분화된 방식으로, 외국 국적자들에게 영주권을 주거나 장기체류를 보장하고 복수 국적의 보유에 유연한 태도를 보이는 추세가 나타난다. 사회집단이 지리적 경계와 맺는 의미가 변화한다는 것은 그 집단의 문화를 이해하기 위해 성원들의 소속감과 정체성에 대한 접근을 달리 해야 한다는 점을 의미한다. 이런 점에서 이주 시대의 문화 경계는 보다 모호하거나(ambiguous) 다공적인(porous) 것으로, 구성원들의 정체성은 복수적(plural)이고 혼성적(hybrid)인 것으로 접근될 필요가 있다.

2. 한국사회의 '다문화'

한국사회에서는 미국 슈퍼볼 MVP로 선정된 하인즈 워드(Hines E. Ward, Jr.)의 한국 방문을 계기로 '다문화'(multicultural)라는 말이 등장하게 되었다. 하인스 선수는 주한 미군이던 아버지 하인스 워드 시니어와 클럽 가수였던 어머니 김영희 씨 사이에서 1976년 한국에서 태어난 "혼혈인"이다. 돌이 되기 전에 미국으로 이주하여 이혼한 어머니와 함께 살았고 미식축구 선수로 크게 성공하여 어머니와 함께 "금의환향"하였다(KBS 1TV 2006). 이들의 한국행은 한국을 떠난 지 29년

만의 첫 방문이었는데, 하인즈 워드는 자신의 방한이 혼혈인에 대한 한국사회의 편견을 바꾸는 계기가 되기를 바란다고 발언하였고 노무현 대통령과의 면담, 펄벅 재단 방문, 혼혈 아동과의 만남 등으로 일정을 보냈다.

하인즈 워드의 방문은 무엇보다 그동안 없는 존재로 취급되던 "기지촌"(주둔지) 혼혈인들의 부당한 현실을 소환하였다. 동시에 1990년대 이후 증가한 국제결혼 부부의 자녀들이 "혼혈"(mixed)로 불릴 때 직면하게 될 차별을 우려하면서 한국사회의 반성을 촉구하는 계기가 되었다.[2] 방한 이틀째 되는 날 MBC 뉴스데스크의 "이제는 다인종 시대"라는 대담시리즈에는, 장년이 된 혼혈인 가수와 1990년대 말 파키스탄 남성과 결혼하여 9살 아들을 둔 한국 여성, 그리고 외국인 노동자 활동가가 초빙되어, "혼혈인들 차별과 따돌림의 역사 반세기"라는 주제를 진행하기도 하였다. 이주 시대에 한국사회가 직면한 문제 중 하나로 국제결혼 가족의 혼혈 자녀들이 받게 될 차별이 "인종문제"로 공론화되기 시작한 것이다(MBC 2006년 4월 4일).

2006년은 또한 통계청이 90일 이상 출국 또는 입국 상태인 사람들을 대상으로 집계하는 국제인구이동 수치에서, 외국인의 입국 초과가 내국인의 출국 초과를 처음으로 앞지른 해이기도 하였다.[3] 전체결혼 건수 대비 국제결혼의 비율은 그전 해인 2005년에 13.6%로 이미

2) 동아일보의 경우 2000년부터 2005년까지 "혼혈"과 관련하여 나온 기사는 모두 34건이었으나 2006년 한 해 동안에는 76건으로 급증한다. 기사 내용도 과거에는 어두운 사회문제로서 보도되었지만 2006년 이후에는 차별과 역경을 이기고 성공한 혼혈인을 소개하는 방향으로 변화한다(조하나 · 박은혜 2013).

3) 통계청의 국제이주 이동통계는 90일 이상 상주국을 떠난 사람들만을 대상으로 한다는 점에서 일반 관광객들이 제외된다. 입국자보다 출국자가 많으면 출국 초과, 출국자가 입국자보다 많으면 입국 초과라고 하며 국제 순이동 수치는 입국자에서 출국자 수를 뺀 것이다. http://kostat.go.kr.

최고조로 증가하였고 2006년에는 국제결혼에서 한국남성과 외국인여성의 비율이 전년도의 72.3%에서 76.1%로 계속 증가 중이었다(〈표 5-1〉 참조). 특히 농림어업에 종사하는 한국남성 중 외국인 여성과 결혼한 경우의 비율이 2005년도 35.9%에서 41%로 증가하고 있었다(통계청 2007: 15). 이렇게 2006년은 한국남성과 외국인 여성 간의 결혼 건수가 급증하면서, 신자유주의 경제변화 과정에서 소외된 농어촌 지역의 국제결혼이 새로운 사회 이슈로 주목되던 시기였다.

그해 4월 말 노무현 정부는 부처 합동으로 "혼혈인 및 이주자의 사회통합 기본방향"과 "여성결혼이민자 가족의 사회통합 지원대책"을 발표하면서 이주의 시대에 새로운 법체계와 정책 수립이 필요하다는 점을 공표하였다. 한 달 후, 국무총리 산하 외국인정책위원회는 "외국인정책 기본방향 및 추진체계"를 발표하였고 이에 따라서 2007년에는 "재한외국인처우기본법"이 이어 2008년에는 "다문화가족지원법"이 제정되었다(〈표 7-1〉 참조).

이렇게 새로운 이주정책의 방향과 체계를 수립하고 입법화하는 과정에서는 다음의 두 가지 점이 주목된다. 첫째, 이주 관련 정책 수립 과정에서 정부가 가장 먼저 언급한 주요 개념은 '인종'이었고, 과거 한국사회에서 "혼혈인"을 차별해 온 역사가 새로이 조명되었다. 즉 "국가 간 인적교류의 활성화로 (한국사회가) 빠르게 "다인종 사회"로 변모하고 있으나 뿌리 깊은 순혈주의는 혼혈인 등에 대한 편견과 차별을 확대 재생산"하기 때문에, "혼혈인 및 이주자의 사회통합 기본방향"이 서둘러 수립되었다.

둘째는 탈북자에서부터 재외동포, 이주노동자, 영어강사, 결혼이주자, 이들의 초청 가족 등, 대한민국 국적을 가지지 않았거나 귀화한 다양한 체류자격과 거주 동기를 가진 사람 중에서도, 결혼이주여성과

〈표 7-1〉 한국의 외국인 및 결혼이주 체류 관련 정책 변화

연도	내용	비고
1989년	해외여행자유화 전면 실시	
1991년	산업연수생 제도 도입	
2002년	배우자 F-1-3 폐지하고 국민배우자 F-2-1신설 영주 F-5 신설	영주권 신설은 화교들의 안정적 거주 보장이 주요 계기
2003년	고용허가제 제정: 비전문취업 F-9 신설, 2004년 시행	
2004년	국적법 개정: 배우자가 사망·실종되거나 자신의 귀책사유 없이 혼인생활을 계속할 수 없었던 경우 또는 혼인에 의하여 출생한 미성년 자녀의 양육 등의 필요가 있는 경우	인권보장과 아동보호 차원에서 한국인 배우자와 결혼관계가 없어져도 결혼이민자의 국적 취득을 허용함
2006년	정부합동으로 "혼혈인 및 이주자의 사회통합 기본방향" "여성결혼이민자 가족의 사회통합 지원대책"을 발표. 이어 외국인정책위원회가 "외국인정책 기본방향 및 추진체계" 발표	
2007년	방문취업제로 외국국적 동포의 취업허가 재한외국인처우기본법 제정	
2008년	(재한외국인처우기본법에 따라) 다문화가족지원법 제정 결혼중개업의 관리에 관한 법률 시행	
2009년	법무부 사회통합프로그램 시행: 20개 기관에서 시범 시행	시행기관 수는 2015년까지 308개로 확대됨
2010년	외국국적동포의 영주자격 취득 허용	
2011년	결혼이민비자 F-6 신설, F-2-1 폐지, 2012년 시행	
2014년	결혼이민비자 F-6 발급 강화기준 적용 -초청인: 초청회수제한, 소득요건 강화, 주거요건 심사, 혼인귀화자의 경우 3년 경과 후 초청 가능, 교제경위서 제출 -신청인: 의사소통요건(한국어) 심사, 배경진술서 제출	

그들의 (한국 남편과의 혼혈) 자녀들에게 한국사회가 특별한 관심을 가져야 한다는 의견이 공식화되었다. 2006년까지만 해도 이주 관련 정책의 수립과정에는 혼혈인, 이주자, 결혼이민자, 외국인 등의 용어가 다소 혼란스럽게 뒤섞여 사용되었다. 그러나 2008년 "다문화가족지

원법"이 제정되면서는 다양한 성격의 국제이주 인구 중 일부분이 그들의 한국 가족성원과 함께 "다문화가족"이라는 범주로 묶이면서, 새로 시작되는 이주정책의 주요 대상이 되었다.

이 시기에 "다문화가족"이라는 새로운 명칭의 도입은 앞으로 그 수가 늘어날 자녀 세대를 '배려'하기 위한 것이었다. 과거 한국여성들과 주둔지 미군과의 국제결혼에서 태어난 자녀들과 같이 "혼혈아"라는 낙인을 찍어 배제하면 안 된다고 판단했기 때문이었다. 이 새로운 국제결혼의 자녀들은 외국인도 이주자도 아닐뿐더러, 한국인으로 태어나서 한국에서 성장하는 '지극히 보통의' 한국인이지만, 다문화가족이라는 별도의 가족 유형으로 분류되면서 새로운 정책의 대상이 되었다.

한국사회에서 혼혈아를 대체할 용어의 필요성은 1990년대 중반경에 이미 제기되었다. 당시 아시아 이주노동자 남성들과 결혼한 한국여성들은 자녀가 태어나도 한국인으로 출생신고를 할 수 없다는 사실을 알고 국적법 개정을 요청하였지만, 사회적 관심을 끌지 못하였다. 외국인 이주노동자 남편의 체류자격과 자녀의 출생등록 문제를 해결하기 위해 당시의 국제결혼 한국여성들은 자조모임을 결성하였고(전수현 2002), 이를 지원하던 운동단체 활동가들은 이들의 상황을 설명하고자 코리안과 아시안의 합성어인 "코시안"(Kosian)이라는 말을 만들어 사용하였다(김민정 2008: 55). 그러나 1990년대 말로 접어들면서, 이들 부부와는 성별과 국적 조합이 반대되는 한국남성과 아시아여성 간의 국제결혼이 증가하고 사회적 이목을 끌게 되자, 이들의 자녀에게까지 같은 표현을 사용하기 힘들다는 판단이 내려졌다. '코시안'이라는 말은 아시아 지역 미군 주둔지에서 미군 아버지와 아시아인 어머니 사이에서 출생한 "아메라시안"(Amerasian, 아메리칸과 아시안의 합성어)이란 명칭을 연상시키기 때문이었다.[4)]

2000년대 중반이 되자 의도적으로라도 새로운 명칭을 만들어야 한다는 사회적 압박이 감지되기 시작하였고, 2006년 전북 교육청은 공모를 통해 "온누리안"이라는 용어를 채택하기도 하였으나 그다지 사용되지는 않았다(『경향신문』 2006년 3월 20일). 2006년 4월 교육부에서 "다문화가정 자녀"라는 표현을 사용하기 시작하였고, 2007년 1월 이듬해부터 시행될 다문화가족지원법 공청회 등이 개최되면서 "다문화가족 자녀"라는 용어가 공식화되었다.

이 새로운 용어의 도입에는 두 가지 점이 주목된다. 우선, 이주자의 외래성을 드러내는 범주적 표식을 새로운 가족의 형태로 만들어 사용한다는 점이다. 그 결과 부모 세대의 외래성은 자녀 세대로 대물림되며, 아동들은 독립적인 개인으로 인식되지 않는다. 중요하게 고려된 것은, 부모로부터 이어진 자녀의 혈연적 계승이 순혈인지 혼혈인지 따지는 인식을 드러내는 것을 피해야 한다는 점이었다. "혼혈"이 암시하는 오랜 차별적 함의를 세탁하고자 상대주의적 어감을 담은 문화를 동원하여 "다문화"라는 표현이 사용된 것이다. 다문화가족이라는 용어의 도입은 국가가 부부 사이의 문화적(인종-종족적) 차이에 주목하면서 이들에 대해 한국사회가 수용적 태도를 보여야 한다는 입장을 선언하는 것이었다. 하지만 한국인으로 출생하여 한국에서 성장하고 교육받는 '자녀들'의 정체성에 대해서까지 부모의 문화적 배경을 내세워 다른 인구집단으로 규정하는 것은 논리적이지도 바람직하지도 않다.

의미상으로도 "다문화"는 "혼혈"과 상호호환 될 수 있는 표현이 아니다. "다문화"라는 말은 한 사회 안에서 다양한 가치와 신념, 관습

---

4) 그러나 1996년에 시작된 안산의 '코시안의 집'은 활동 대상을 다양하게 넓히면서 현재까지도 기존의 코시안이라는 용어를 계속 사용하고 있다 (http://www.kosian.or.kr/ko02).

등을 따르는 사람들이 함께 한다는 점을 전제하고 이러한 '차이들이 공존하는 상태'를 의미한다. 그러나 "혼혈"은 순혈이 아닌 상태, 즉 서로 명확하게 구분되어 인식되던 '이질적 요소들이 뒤섞인 상태'를 의미한다. 이렇게 볼 때 "혼혈"은 여러 범주의 경계를 넘어 혼성성(hybridity)을 지향한다는 점에서 범주와 정체성에 대한 새로운 인식의 출현을 의미하며, "다문화"와 비교할 때 기존의 경계를 해체할 가능성을 담은 더 급진적인 용어가 될 수 있다.

한국사회에서는 그동안 "다문화주의"라는 용어를 통해 특정한 가치나 신념이 표현되고 주장되기보다는, "다문화-"를 수식어로 하는 다양한 신조어들이 등장하였다. "다문화"로 번역된 영어 표현인 "멀티컬쳐럴-"(multicultural)은 꾸며주는 말이 필요한데, 사회나 이념과 같은 추상적 개념이 아니라 구체적인 개인을 꾸미는 대상으로 하여 사용된다면, 차별적인 어조를 띠기 쉽다. 앞서도 언급했듯이 "다문화-"라는 표현은 한국인구 중 외국인 주민 비중이 증가하는 추세를 일컫는 "다문화 사회"나 한국인과의 국제결혼으로 구성된 가족을 지칭하기 위해 도입한 "다문화가족"과 같은 정책 용어로 사용되었다. 온라인 검색사이트에서 "다문화"를 입력해보면 "다문화 교육", "다문화 축제", "다문화 영상제", "다문화 공무원", 심지어 "다문화 남아" 등의 다양한 조어들이 등장한다.

교육과 축제, 영상제를 수식하는 '다문화-'는 한국사회의 이주노동자와 국제결혼 이주자, 기타 외국인 인구가 증가함에 따라 다양한 문화들의 공존을 지향한다는 의미를 가진다고 볼 수 있다. 반면 공무원 앞에 놓인 '다문화-'는 외국인이었으나 한국인으로 귀화한 사람이라는 의미이며, 남아 앞에 놓인 '다문화-'는 아이의 부모 중 한 명 이상이 외국인이거나 외국인이었다가 한국인으로 귀화하였다는 사실을 의미한다. 이렇게 특정한 개인을 수식하는 '다문화-'라는 표현은 그 사람을 온전한 한국인으로 바라볼 수 없다는 인식을 보여준다.

이제 한국사회에서 '다문화'라는 표현은 그 자체가 하나의 명사처럼 단독으로 사용되기도 한다. "요즘은 다문화가 대세니까"라거나 "다문화로 세금 떼는 문제", "아이 친구가 다문화인데" 식으로 피수식어 없이 애매한 방식으로 사용되기도 한다. 이렇게 독립 명사처럼 사용되는 "다문화"는 다문화주의의 지향을 내세우는 것일 수도 있고, 외국인이나 다문화가족을 대상으로 한 정책을 일컫는 말일 수도 있으며, 외국인이나 결혼이주여성 또는 다문화가족 자녀와 같은 특정 인구집단이나 개별 시민을 지칭하는 것일 수도 있다.

10여 년 전 한국사회에서 "다문화"라는 용어는 이주의 시대에 새로운 사회적 소수 집단이 생겨나는 것을 방지하려는 정책 목표로 도입되었다. 그러나 현실에서 "다문화"라는 용어는 이주 시대의 사회변화에 대한 특정한 가치지향을 담기 보다는 특정 가족이나 개인의 이주배경이나 가족배경을 일컫는 방식으로 사용되어 왔다. 전반적으로 한국사회에서 "다문화"라는 표현은 애매하고 자의적으로 사용되었으며, 개인을 특정하여 말하는 방식으로 쓰일 경우 쉽게 차별적 함의를 띠게 되었다.

3. 다문화 '가족'

제1장의 "이주자에 대한 새로운 이름" 부분에서 언급하였듯이 정부의 공식 통계에서 한국사회의 국제이주자와 가족성원들은 "외국인", "외국인주민", "다문화인구", "결혼이민자", "혼인귀화자", "외국인주민 자녀," "다문화가족"과 같은 명칭으로 불린다. 이러한 용어의

다양성과 대상과의 불일치라는 문제는 다문화가족에 대한 법률상의 정의에서 출발하며 다문화가족에 대한 지원이 이주정책에서 차지하는 중요성으로 인해 증폭되었다.

"다문화가족"은 다문화가족지원법 2조에서 두 가지 유형으로 정의된다. 첫째는 결혼이민자와 대한민국 국적자로 이루어진 가족이다. 여기서 "결혼이민자"는 (재한외국인처우기본법의 제2조 제3호에 의해) "대한민국 국민과 혼인한 적이 있거나 혼인관계에 있는 재한외국인"으로 정의되는데, 대한민국 국민은 (국적법 2조부터 4조에 의해) "출생 · 인지 · 귀화로 인해 국적을 취득한 자" 모두가 해당된다. 둘째는 "인지 · 귀화로 인한 한국국적자와 출생 · 인지 · 귀화로 인한 한국국적자로 이루어진 가족"이다. 이 유형은 다문화가족지원법의 대상자를 혼인귀화자로까지 확대하기 위해 2011년의 법개정으로 덧붙여진 것이다.

이렇게 "다문화가족"의 개념은 한국사회 내의 외국출신 주민들보다 국제결혼으로 구성된 한국인과의 가족을 중심으로, 배타적이고 제한적으로 구성되었다. 또한 다문화가족이나 다문화가족 자녀로 분류되어야 국제이주자를 위한 정착지원이나 자녀교육에 대한 지원, 여타의 복지혜택 등을 받을 수 있었다. 이러한 국가 정책은 역설적이게도 국제결혼 이주자와 자녀 세대는 아무리 시간이 오래 지나더라도 온전한 '한국인'이나 '한국가족'으로 인식되기 힘들어지는 상황을 초래한 측면이 있다.

'가족정책'을 내세워서, 즉 국제결혼으로 구성된 가족관계를 전제로 하여, 이주민 지원 정책을 편 배경에는 국제결혼의 절대다수가 한국 남성과 외국인여성 간의 결혼이었다는 점이 중요하게 작용하였다. 전통적인 부계가족 관념에 따라 외국인이라 하더라도 혼입(婚入)한 여성이라면 다른 어떤 외국 출신의 주민들보다 먼저, 한국의 가족관계를 통하여 사회에 적응하도록 도와야 한다는 사회적 인식이 작용하였기 때문이다, 이렇게 지난 10여 년간 한국사회의 이주정책이 다문화가족 지원이라는 가족정책으로 진행된 것은, 김혜순(2014; 2017)의 지적처럼, 한국사회가 국제이주에 대한 기본 입장과 정책을 가지고 있지 못하다는 점을 보여주는 것이기도 하다. 이주정책의 부재와 다문화가족 정책의 과잉은 반다문화 정서의 토양이 되며 결혼이주자가 한국인으로 재규정될 기회를 박탈하는 맥락으로도 작용할 가능성을 가진다.

다문화가족 정책이 도입된 2008년은 한국사회에서 호적제가 철폐된 해이기도 하다. 한국인들은 이제 더 이상, 가족을 통해서가 아니라 개인 단위로 국가에 등록되는 제도가 시작된 시점이었다. 국민국가 공동체는 개인화된 시민들로 구성된다는 사회적 합의가 외국출신 시민에게는 바로 적용되지 않고 유보될 수 있다는 점을, 한국의 다문화가족 정책은 암시하고 있는 것이다.

"가족"은 시간의 흐름에 따라 구성원이 누구인지, 그리고 구성원 간의 관계는 어떠해야 하는지 등이 변화하는 관념체이기 때문에, 구체적인 정책대상으로 규정하기 어렵다. 가족 정책은 실제로도 여성이나 남성, 아동이나 노인을 대상으로 하는 복지나 교육, 취업, 여가, 폭력 예방 정책 등을 그 내용으로 한다. 국민국가 공동체의 성원은 개인으로 등록되고 인지되며, 국가 운영을 위한 기본통계도 개인 단위로 수집된다. 가족에 해당되는 통계 내용도 실제로는 가구 단위로 수집된다.

통상 가족은 결혼으로 시작되며 일련의 가족 주기가 진행되면서 구성원들 간의 관계는 변화한다. 자녀의 교육이나 부부의 직장, 경제적인 결정, 이혼이나 재혼 등의 사유로 실제 가족의 가구 구성이나 가족관계의 유형과 성격은 실로 다양하게 나타난다. 또한 급격한 사회변화 속에서 가족 구성원들 간의 책임과 권리 그리고 가족관계의 도덕과 윤리 등에 대한 가족 성원 간의 입장과 판단의 불일치는 더욱 커진다. 즉, 가족이 무엇이고 어떠해야 하는지는 당연하게 전제된 것이 아니라 지속해서 논의되어야 할 정책 철학이자 정책 탐구 내용이다.

여기에 더하여 다문화가족은, 가족 구성원 내부의 차이로 문화 정체성과 국민의 지위가 부각되면서 주류 사회와 구분된다. 이런 상황에서 국가가 특정 관행을 내세워 가족관계에 대한 표준을 정하고 이에 맞추어 가족정책으로써 이주정책을 대신하는 것은 가족관계로 인한 새로운 차별의 가능성을 열 수 있다.

첫째, 국제이주자를 개별적이고 다양한 개인으로 인식하는 것을 방해하는 결과를 낳는다. 국제이주자들은 체류 동기나 목적에 따라 이름 붙여진 비자를 가지고 생활하는 것만이 허용되기 때문에 이들에 대한 사회적 인식은 체류자격의 유형에 맞추어 제한되고 단순화된다. 다문화가족 위주로 이주정책이 전개되는 상황에서는 국제이주자가 어떤 식으로든 한국인과 가족관계를 맺을 경우에야 정책 대상자로 고려된다. 그래서 정책적 지원을 받는다는 사실이 바로 이주자 개인에 대한 보편적 인권의 확대를 의미하지 않으며 오히려 정반대의 결과가 초래될 수 있다.

둘째, 외국여성이 한국남성과 결혼하여 구성한 가족에 대한 정책적 지원이 가족 내 성역할을 전제로 할 경우, 젠더차별과 인종-종족차별이 결합한 새로운 유형의 차별 이미지가 만들어질 수 있다. 필리핀을 위시하여 동남아 지역에서 온 결혼이주여성들은 특히, 겉으로 보이는 외모가 다르고 생활 문화의 차이도 드러나기 때문에 더 많이 사회적으로 주목을 받았다. 결과적으로 한국사회에 정착한 동남아 여성의 이미지는 국제결혼 이주여성으로 고정되었다. 그리고 한국사회의 저출산 문제와 농촌 가족의 위기를 해결하고 희생하는 공로자이거나 그렇지 않다면 한국인 남편과 시가를 속이고 이용하는 파렴치한이라는 양극화된 극단적 이미지로 재현된다. 어떤 이미지이건 한국인 남편과 시가의 이해관계에 종속되는 존재로 인식된다는 점은 공통된다. 이런 점에서 주체성을 충분히 인정받지 못할 경우 이들에 대한 차별적 대우를 정당화하는 편견이 생겨난다.

셋째, 결혼이주여성들에 대한 인종-종족 차별은 다문화가족의 경제적 위상과 결합하여 작동하며, 한국남편과 자녀들까지도 한국사회의 새로운 소수집단으로 만드는 파급효과를 가져온다. 국제결혼 이주여성에 대한 이분화된 이미지는 한국남편의 이미지와 짝을 이루기 때문에 다문화가족을 구성한 한국남성에 대해서도 이분법적 이미지가 구축된다. 즉 한국사회의 급격한 변화 속에서 제대로 성공하지 못하였거나 여자 복이 없어 혼기를 놓친 안쓰러운 노총각이거나 아니면 돈을 주고 가난한 나라의 여성을 데려와 집 안팎의 온갖 일을 떠맡기고 폭력도 행사하는 파렴치한으로 여겨지는 것이다. 어느 쪽이건 다문화가족의 한국남성은 경쟁에서 뒤처지고 빈곤한, 또는 어떤 식으로든 무언가 문제가 있는 남성이라는 차별적 이미지가 만들어진다. 또한 부모 중 한쪽이 국제이주자인 자녀들을 "다문화가정 자녀"(여성가족부나 교육부)나 "외국인주민 자녀"(행정안전부), "다문화인구"(통계청)라는 별도의 범주로 분류하는 것도 얻는 것보다 잃는 것이 더 많다. 자녀들에게 다문화가족 출신이라는 '프레임'은 부모가 가난하거나 일반적이지 않은, 즉 온전한 가족에서 성장하지 않았다는 의미를 만들어낸다. 이렇게 부모 세대에 대한 편견이 자녀 세대로 이어지면서 차별이 세대 전승될 수 있는 여지가 생겨난다. 둘 다 내국인(출생으로 인한 한국인)인 부모가 이혼하고 국제이주자와 재혼하게 되면, 원래 내국인이던 자녀가 갑자기 다문화가정 자녀나 외국인주민 자녀, 다문화인구로 새로 분류된다는 사실은 이런 상황을 잘 보여준다.

넷째, 다문화가족이라는 새로운 구분과 이들에 대한 특별한 위상은 지원과 혜택을 위한 정책적 고려이지만, 실제로는 인종-종족 차별을 불러일으키고 단일혈통 민족주의라는 한국사회의 인종-종족 의식을 강화하는 결과를 가져올 수 있다. 정부의 새로운 정책과 이를 뒷받침하는 통계 범주를 통해, 이제 한국인은 '온전한' 한국인과 '부가적 설명이 필요한' 한국인으로 구분되기 시작하였다. 이 부가적 설명에는 "귀화로 인한 한국인"뿐 아니라 "귀화로 인한 한국인의 배우자인 한국인" 또는 "귀화로 인한 한국인의 자녀인 한국인"이 포함된다. 즉 다문화가족이라는 새로운 범주가 한국인 내부에 새로운 구분과 경계를 만들어내면서, 인종-종족 차별은 더 구체적으로 현실화하고 한국사회 일각의 순혈 민족주의는 더 편협한 방식으로 보수화할 가능성을 가진다.

4. 반다문화 '정서'

2000년대 말 한국사회에서는 정부의 "다문화정책"을 반대하는 목소리도 들리기 시작하였다. 2008년에 이미 포털사이트 다음에는 "다문화정책반대"라는 온라인 카페가 개설되어 만 명 이상의 회원 수를 기록하였고 이들은 오프라인 시위에도 나섰다(『연합뉴스』 2011년 9월 26일). 2012년에는 특히 중국동포 오원춘의 엽기적인 살인사건이 발생하면서 외국인 범죄에 대한 사회적 우려가 갑자기 증폭하였다. 이후에도 거의 매해 이주자들에 의한 강력범죄들이 발생하면서 언론보

도와 온라인 매체를 통해 외국인들의 '존재 자체'에 대한 불안과 공포가 조성되어 왔다(『조선비즈』 2016년 12월 9일).

그러나 이렇게 갑자기 증폭된 외국인 범죄에 대한 공포는 충분히 현실을 반영한 것으로 보기 어렵다. 경찰청의 보도자료에 의하면, 국내 외국인의 피의자 비율은 2012년 1.69%에서 2014년의 1.71%로 약간 증가하기는 하였다. 그러나 이 숫자는 같은 해 내국인의 피의자 비율인 3.83%와 3.75%의 절반에도 미치지 못하는 수치였다(경찰청 2015).

사회 전반적으로 "반다문화 현상"이 고조되면서, 2010년 이후 학계에서는 반다문화 여론이나 담론을 분석하거나(강진구 2012; 한건수 2012; 김현희 2014; 전의령 2015; 육주원 2016; 심양섭 2016), 다문화주의를 자체를 비판하는 논의가 등장하기 시작하였다(심양섭 2016: 140-142). 이 중 심양섭(2016)은 2003년부터 2013년 사이 한국사회의 반다문화 인식을 알아보기 위해 여러 연구기관에서 시행한 여론조사 결과들을 정리 분석하였다. 응답자들의 의견이 갈리는 쟁점은 크게 "민족주의"와 "사회경제적 영향"으로 나뉘었고, 민족주의 부문은 "민족 정체성의 혼란과 국가결속력 약화"와 "한국인의 인종적·민족(종족)적 배타성"으로, 사회경제적 영향 부문은 "외국인 범죄"와 "복지 부담", "일자리 잠식"이라는 하위 세부항목으로 구분되었다.

"민족주의"와 관련한 부정적 의견은 실시 시기나 기관의 차이에도 불구하고 20%대에서 30% 중반대로 고른 결과를 보이지만, 흥미롭게도 "사회경제적 영향"에 대한 부정적 의견은 시간이 지나면서 30%대에서 60%대로 증가하며 조사 간 편차도 크다.[5] 즉 2010년대

5) 심양섭은 그러나 이 두 부류에서 나타나는 부정적 의견의 차이에는 주목하지 않으며, 전반적으로 다문화정책에 대해 1/3 이상이 부정적 의견을 가지고 있다고 정리

이후 한국사회의 반다문화 인식은 민족주의의 이념이나 정체성과 관련되기보다는 현실적이고 실제적인 사안들을 통해 표출되고 있었다. 그리고 사회경제적 영향에서 부정적 응답은 "일자리 잠식", "외국인 범죄", "복지 부담" 순으로 나타나, 언론이 주목한 범죄보다 국내정치에서 민감한 복지 이슈가 더 문제가 되고 있음을 보여준다.

한편 응답자들이 긍정적으로 인식하는 "외국인 유형"은 유학생·전문직·투자자, 생산직 근로자, 결혼이주여성 순이었다. 조사에 따라서는 "결혼이주여성"에 대한 인식이 "생산직 근로자"보다 더 안 좋게 나타나기도 하였다. "국가 선호도"에서는 미국과 유럽, (일본과 중국), 몽골, 동남아시아, 남아시아, (일본과 중국) 순서로 응답이 나왔는데 조사에 따라서 일본과 중국이 동남아시아와 순서가 바뀌기도 하였다(심양섭 2016: 149-151).[6] 이렇게 한국사회에 새로 등장한 반다문화 인식은 민족정체성을 명분으로 내세운 것이라기보다는, 한국인과 가족을 이루고 사는 결혼이주여성들에 대한 실제적 반감을 표출하는 방식으로 나타났다.

아산정책연구원이 2010년부터 2014년까지 네 차례 실시한 아산연례조사의 결과는[7] 다문화가족에 대한 부정적 견해의 미묘한 여러 측면을 보여준다(김지윤 외 2014). 2013년 조사의 응답자들은 "일반 외국인"보다 "다문화가정"에 대해 '덜 긍정적인' 태도를 보였으며, "다문화가정의 증가가 한국사회에 미치는 영향" 항목에 대해 사회통합을

한다.

6) 여러 여론조사에서 일본인과 중국인에 대한 선호도 결과는 일관되게 나타나지 않았다. 결혼이민자를 염두에 두고 답하는 상황에서는 일본인에 대한 호감도가 높았지만, 일본인 일반을 염두에 두고 물으면 비호감도가 더 높게 나오는 식이었다.

7) 이 조사는 전국 만 19세 이상 성인남녀 2천 명을 표본으로 한 설문조사로 2010년에는 개별방문으로, 2011년은 전화면접과 온라인으로, 2012년과 2013년은 응답자 패널 구축 후 온라인으로 조사한 내용이었다.

저해한다고 응답한 사람은 남성(28.7%)보다 여성(36.3%)이, 40대(30.0%)보다 20대(35.1%)가 더 많았다.

이 항목에 대한 부정적 응답의 전체 비율은 32.5%로 2011년의 25.8%에서 6.7%가 증가하였는데, 증가분은 20대와 30대 집단에서 나온 것이었다. 특히 20대의 인식은 다문화가정뿐 아니라 외국인 노동자에 대해서도 다른 세대보다 더 부정적으로 변화하였다. 2010년에는 "외국인 노동자가 한국사회의 가치를 어지럽힌다"는 의견에 동의한 20대의 비율(13.3%)이 60대 이상(18.1%)보다 낮았지만, 2013년에는 2배 이상(31.3%)으로 증가하면서 60대 이상(21.6%)을 웃돌았다.[8] 이렇게 아산정책연구원의 조사결과는 2010년대 들어 한국사회에서 이주노동자와 다문화가족에 대한 인식이 여성과 젊은 세대를 중심으로 더 부정적으로 형성되고 있음을 제시한다.

한편, 스마트폰이 대중화되어 각자의 취향이나 관심사 등에 맞는 뉴스와 정보, 오락거리를 온라인에서 찾는 사람들이 많아지면서, 온라인 커뮤니티는 반다문화 담론을 일상적으로 가장 쉽게 접할 수 있는 곳이 되었다. 온라인 커뮤니티의 자유게시판에는 다양한 정보와 의견, 고민거리 등이 일상적 말투로 여과 없이 올라오는데, 거의 모든 커뮤니티 게시판에는 다문화 현상과 관련된 포스팅이 등장한다. 이와 관련하여 김현희는 반다문화 담론이 설득력이 있기 때문이 아니라 그때그때의 사회적 불만과 불안, 공포를 결집하고 표현하는 통로로서 기능한다는 점에 주목한다(김현희 2016: 214). 그러므로 인터넷의 반다문화 담론에 대해서는 그에 담겨있는 정서나 감정에 주목해야 하며 특히 신자유주의 체제 아래 시대적 정동(affect)의 측면에서 접근할

8) 한편 자신의 이념 성향을 보수라고 답한 비율도 2010년의 11.3%에서 2013년의 27.9%로 크게 증가하였다(김지윤 외 2014: 13).

것을 강조한다(김현희 2016: 215).

결혼이주여성과 다문화가족에 대한 반대 여론도 반다문화 '정서'로 표출되는 측면에 주목하여 볼 필요가 있다. 소위 '여초'(女超) 온라인 커뮤니티 중 30대 이상 기혼여성들이 주류인 한 커뮤니티의[9] 자유게시판에서 "다문화"를 검색어로 하여 살펴본 결과는 다음과 같았다(검색일 2017년 8월 1일). 전반적으로는 2012년부터 다문화정책에 반대하는 포스팅이 부쩍 늘어나다가 2015년 이후로 주춤하는 추세를 보였다.

2006년이 다문화정책의 구상이 발표되었다는 점에서 다문화정책의 원년이라고 한다면, 2012년은 다음의 두 사건을 계기로 하여 반다문화 여론몰이가 본격화된 원년이라고 할 수 있다. 하나는 앞서 언급한 조선족 오원춘이 저지른 끔찍한 살인사건으로, 이는 미등록체류 외국인들의 범죄에 대한 공포와 분노를 전체적으로 고조시켰다. 다른 하나는 앞장에서 소개한 필리핀 출신 이자스민 씨가 새누리당의 비례대표 국회의원으로 당선된 일로, 이를 계기로 결혼이주여성들에 대한 인신공격이 증가하고 다문화가족 정책에 대한 상대적 피해 의식이 확산하였다. 이 커뮤니티 게시판에도 2012년 이후부터는 이 두 사건의 내용이 자주 등장하였다. 오원춘의 사건에 대해서는 외국인 범죄에 대한 공포와 불안, 분노의 감정이, 이자스민 씨의 국회 입성에 대해서는 경멸과 무시, 부인 등의 감정이 많이 표출되었다.

완전히 다른 성격의 두 사건이 "다문화"라고 함께 표현되면서 검

---

9) 이 사이트는 2002년에 요리 및 생활정보를 나누는 커뮤니티로 시작되었다. 2008년 광우병 사태 발생 시 조선일보와 중앙일보, 동아일보의 광고주에게 항의 전화를 하는 운동을 하면서 언론의 주목을 받았었는데 당시 회원 수는 이미 11만 명을 넘었다 (『미디어오늘』 2008년 6월 16일). 현재는 회원가입을 받고 있지 않으며 회원 수도 공개되고 있지 않다.

색 결과에도 같이 등장하는 것은 전자의 정서와 후자의 정서가 어떤 식으로든 서로 연결되기 때문일 것이다. 즉 외국인 또는 외국 출신이라면 어떤 식으로든 국민에게 피해를 줄 수 있는 위험한 존재라는 점에서 범죄자와 국회의원은 함께 언급되었다. 그러나 재외동포 오원춘은 '문화'로 보면(인종·종족 상으로는) 우리와 같은 '한국인'이고 귀화자 이자스민은 '법'이 규정한 '한국인'이기 때문에, 사실 두 명 모두 한국사회의 외국 출신 주민 중 가장 덜 외국적인 인물이다.

"다문화"로 검색된 포스팅 중에서 조회 수가 만 건 이상인 글은 모두 4건이었는데, 다문화가족 지원정책에 반감을 표하는 글이 3건이었고, '그런' 결혼을 부정하는 글이 1건이었다. 포스팅과 댓글의 내용에는 다문화가족 지원정책의 대부분을 차지하는 한국어 교육이나 사회적응 프로그램에 대한 언급은 거의 없었다. 대신, 유치원 우선 배정, 전일제 보육 자격 부여, 대학 특별전형 자격, 높은 금리의 적금 가입 자격 등과 같이 사실확인이 어려운 무척 구체적인 지원내용들이 언급되었다. 어떤 식으로든 지원은 특혜라는 점이 강조되었고 즉각적으로 비난에 동조하는 민감한 반응이 많았으며, 자신들이 상대적으로 피해를 보고 있다는 주장으로 비난을 정당화하는 식이었다.

다른 관점에서 본다면 이러한 인기 글의 내용은, 한국의 기혼여성들이 오늘날 가장 어려움을 느끼고 상대적 격차를 민감하게 느끼는 생활영역을 명확하게 짚어주고 있다. 그것은 자녀교육과 가정경제 분야로, 이는 결혼을 통해 자신이 새로 꾸린 가족의 사회적 지위에 결정적이지만, 아이들과 남편을 통해 대리 성취를 이뤄야 하는 영역이라는 특징을 보여준다.

한편, 다문화가족 구성에 깊이 연루된 지자체의 농촌총각 결혼지원사업을 염두에 둔 발언도 등장한다. 이에 대한 논의는 흥미롭게도,

세대와 젠더에 따라 반다문화 정서의 내부인식에 균열이 나타날 수도 있다는 점을 드러낸다. 댓글 중에는 다문화정책이 (기성세대에게는 국제결혼을 하고 가족도 꾸릴 수 있도록 지원해주기 때문에 "삼포세대"로 불리는 젊은 세대의 입장에서 보면) "결혼을 거세당한 세대에 대한 역차별"이라고 판정하면서 반다문화 정서를 세대 문제와 교차하여 인식하는 내용도 있었다. 또한 이러한 다문화정책 아래에서는 (여자들은 결혼 상대가 없어도 남자들처럼 정부 지원으로 국제결혼도 못 하고 오히려 외국인들의 성범죄에 노출되니) "우리나라 여성들이 제일 큰 피해자가 될 것"이라면서 자국민중심주의의 입장을 젠더문제와 교차하여 부각하는 발언도 있었다.

이러한 댓글들은 이주노동자와 다문화가족에 대한 부정적 정서가 젊은 세대와 여성에게서 더 크게 나타난다고 분석한 앞의 아산연례조사 결과와 부합한다. 이는 오늘날 한국사회에서 젊은 세대와 여성이라는 사회적 범주의, 그리고 이들의 교집합이나 합집합의, 관심과 요구가 제대로 공론화되고 있지 못하다는 점을 반증하는 것이기도 하다.

한편, 이 4개의 인기글을 통해 표출된 반다문화 정서는 외국인 범죄에 대한 공포와 분노, 결혼이주여성의 정치적 영향력에 대한 반감, 다문화가족 지원으로 인한 상대적 피해와 억울함 등으로 다양하였으나, 그 원인은 하나의 주도적인 설명틀로 수렴되었다. 값싼 하청 노동력이 필요한 기업인과 새로운 유권자들의 표가 필요한 정치인이 다문화정책을 지지하고 옹호하기 때문이라는 분석이었다. 여야 모두 선거철에는 다문화정책에 대해 한목소리를 내는 것을 지적하며 "다문화는 정말 기업인력과 미래 세금 낼 국민 만들기지 뭔가요?"라는 댓글이 달리는 식이었다. 즉 다문화정책은 신자유주의적 시장 질서와 국민국가 정치가 결합하여 작동하는 이데올로기의 일부로 인식되었다. 그러나 이러한 사회구조의 힘과 제약에 대한 '간파'는 역설적이게도,

정치적 지향의 차이를 넘어 반다문화 정서가 공유되고 주변화된 다양한 집단들에게도 폭넓게 수용되는 맥락으로 작용한다.

다문화가족 정책이 도입된 지 10여 년의 시간이 흐르면서 온라인에서는 이제 다문화가족 자녀들과 함께 학교에 다닌 십 대들의 인식도 엿볼 수 있다. 흥미로운 것은 일부 10대(로 추정되는 사람)들은 "혼혈"보다 "'다문화"라는 말을 더 부정적인 표현으로 인식하기도 한다는 점이다.

10대와 20대가 주류인 한 연예오락 커뮤니티의[10] 자유게시판에는 2016년 7월 26일, "혼혈아 특징"이라는 제목 아래 텔레비전 화면 속의 한 아이가 "왜 나는 엄마가 필리핀 사람일까"라는 독백이 캡처된 장면이 올라왔다. 그리고 캡처본 아래에는 "백인 혼혈은 예능에 나오는데 동남아 혼혈은 다큐에 나옴"이라는 게시자의 '비교 분석'이 달렸다. 이 게시물은 1년 4개월 동안 18.949건 조회되었고 94개의 댓글이 달렸다(검색일 2017년 11월 30일). 대부분의 댓글은 게시자의 '통찰력'에 대해 (미처 생각하지 못했는데) "어, 정말 그러네" 식으로 동조를 표하였다.

그런데 가장 호응이 많았던 댓글은 "ㅁㅈ(마자[맞아]) 백인은 혼혈이고 동남아는 다문화라고 함"이라는 내용으로, 여기에는 무려 16명이 동의를 표하였다. 즉 2000년대 중반 이전 한국사회에서 "혼혈"에 덧씌워진 편견과 차별의 역사는 바로 잊혀지고 그 자리를 "다문화"가 대신 하게 된 것이다. 10대들에게 "혼혈"이라는 말은 더 이상 주둔지 역사로 인한 민족 불운의 상징이 아니라, 드라마나 광고, 예능프로그

10) 이 커뮤니티는 2009년에 아이돌 팬으로서 연예와 오락정보를 나누는 커뮤니티로 시작되었고 회원 수는 공개되지 않으며 가입도 제한적인데, 2016년 7월 시점의 페이스북 팔로워는 36만 명 규모이다.

램에 등장하는 글로벌하고 스마트한 이국적 인물들의 주요 특징으로 여겨진다. 반면 "다문화"는 국제결혼의 폐해가 아시아 지역 내 저개발국가들의 인종적 이미지와 결합하여 부정적인 어감을 가지게 되었다. "그래서 저도 다문화라는 말 절대 안 쓰고 혼혈로 쓰는 중인데 국어쌤(선생님)이 혼혈도 차별이라고 하셨어요… 근데 왜 차별어인지 아직까지 이해불가"라는 댓글이 이어진다.

그러자 여기에 "근데 전 국어시간에 혼혈이 차별하는 단어고 그 대체어?가 다문화 가정이라고 배웠어요."라는 반박이 등장한다. 즉 혼혈이라는 말의 부정적 어감과 다문화라는 말의 긍정적 취지는 교우관계나 대중매체, 사회여론 등을 통해서는 습득할 수 없었고, "국어시간"에 학교에서 배운 학습 내용에 그치고 마는 것이다. 그렇기 때문에 다시, "연애로 만나서 결혼하면 혼혈이고 돈 주고 사서 결혼한 가정을 다문화라고 하는거 아닌가욤(요)?"라는 댓글이 이어지면서, 10대들만의 '신박한' 구분법까지 등장한다.

온라인 댓글을 통한 이러한 10대들 간의 대화는 오늘날 한국사회에서 "다문화"라는 말이 가지는 부정적 어감이 인종차별의 인식과 다르지 않다는 점을, 그리고 인종차별의 인식은 세계자본주의 체계에 편입된 국민국가의 경제적 위상을 반영한다는 점을, 간결하게 보여준다. 무엇보다 주목되는 것은 한국 근현대사의 질곡에 대해 구체적인 경험이나 인식이 없는 세대로서 경계를 넘어 뒤섞이는 혼혈의 이미지 그 자체를 부정적으로 인식하지 않는다는 점이다.

경계를 넘어 이동하는 사람들이 증가하고 그로 인해 기존의 인종-종족 경계와 범주가 재조정되는 변화는 어떤 식으로든 현실로 받아들여져야 한다. 이와 관련하여 국가 간 경제적 위계관계는 새로운 방식의 인종-종족적 차별 의식을 통해 정당화된다. 이런 점에서 이주 시대에 도래한 "다문화사회"는 "혼혈"을 가리고 덮을 수 있는 포용적 개념으로 사용되기 힘들다. 오히려 "혼혈"에 대한 인식이 바뀌고 있는 시대적 변화를 수용하고 그 의미를 재규정하는 노력이 필요하다는 생각도 든다.[11)]

"다문화가족"에 대한 소속을 기준으로 하여 이주자들을 통칭하고 한국인과 구분하는 것은 이주자들 내부의 다양성을 지운다. 다문화가족 내부의 젠더나 세대, 종족성, 체류자격, 계급, 문화자원 등으로 인한 차이들이 주목되지 않을 때 이주자들의 개별성은 부정된다. 한국사회에서 다문화가족이라는 용어의 도입과 정책의 적용방식이, 한국인과 외국인의 이분법적 인식을 강화하면서 "다문화사회"의 다양한 이슈와 차이의 문제를 부정하는 효과를 만들어 낸 점을 인정할 필요가 있다.

11) "혼혈에서 다문화로"는 2008년에 저자가 공저자로 참여한 단행본의 제목이다(전경수 외 2008). 어쩌면 이제는 혼혈의 의미를 재전유하는 방식으로 이주 시대가 만들어내는 전지구적 변화를 수용하면서, "다문화에서 혼혈로"의 인식 변화가 필요한 시점은 아닌가도 생각해본다.

제 8 장: 이주라는 생애전략과 젠더

제 8 장 이주라는 생애전략과 젠더

1. 필리핀 이주여성의 이동성과 가시성

앞에서 소개한 사라와 제인, 마엣의 생애이야기를 다시 소환하여 이동성과 이주패턴의 측면에 주목하여 비교해보고자 한다. 이들은 국경을 넘어 이동한 국제이주자들이지만, 체류자격이나 사회적 위치로 인해 생활권 지역에서의 이동성은 오히려 제한되는 상황에 처한다. 국제이주자로서 거주국에서 직면하는 활동과 권리에 대한 제약은 가족이나 종족 커뮤니티 관계망 안에서 국제적 이동 가능성을 확보하는 것으로 상쇄하려고 노력한다. 가족 성원 중 누군가는 항상 해외체류 중인 상태를 유지하는 가족생계전략을 펴게 되는데, 이에 따라 특정한 이주패턴이 두드러지거나 거주국에서 종족(필리핀) 커뮤니티와 맺는 관계의 특징들이 만들어진다.

미등록체류 이주노동자인 사라는 공단 지역을 벗어나지 않는, 물리적 이동성이 극도로 제약된, 한국생활을 하고 있다. 하지만 18년 동안 필리핀의 가족들에게 송금하면서 기본 생활을 책임지고, 온라인 통신기술을 이용하여 필리핀의 가족관계를 유지하고 관리해 왔다. 빠레냐스가 필리핀 기혼여성이주노동자들이 송금을 통해 어머니 역할을 수행한다는 점을 설명한 바와 같이(Parreñas 2001), 송금은 물리적으로 떨어져 있는 가족과 정서적 친밀감을 유지할 수 있는 중요한 기제이다. 해외노동의 결과물인 송금이 물리적으로 떨어져 생활하는 어머니의 돌봄노동을 대신할 수 있다는 인식을 통해, 필리핀 여성들의 장기 해외노동은 가족 내 성역할을 (즉 어머니 역할을) 벗어나지 않는 것으로 받아들여진다.

거주국 내 필리핀 사람들 관계에서 '체류자격'은 글로벌 시대의 새로운 '신분'과도 같다. 사라와 함께 함께 미등록으로 체류 중이던 장남만 보더라도, 고용허가제로 체류 중이던 아내를 만났기에 자녀의 출생을 필리핀에 등록할 수 있었다. 하지만 이러한 체류자격의 합법성에 대한 기준은 거주국의 이해관계에 따라 정해진 것으로 현실 생활을 위해 맞춰나가야 하는 것이지 본질적으로 규정된 것은 아니다. 사라에 의하면 해외에서 일하는 필리핀 이주노동자들은 '일'과 '돈'을 기준으로 하여 서로를 구분한다. 한쪽 끝에는 "일도 열심히 하고 돈도 착실히 모으는" 유형이 있고 다른 쪽 끝에는 "일도 건성으로 하고 돈도 모으지 못하는" 유형이 있는 것이다. 전자에 가까울수록 거주국의 필리핀인 커뮤니티 내에서 믿을만한 사람으로 대접을 받을 수 있으며, 이렇게 일과 돈을 기준으로 하는 내부자들의 평가가 체류자격을 넘어서는 본질적인 것으로 여겨진다. 이런 점에서 미등록체류자로 해외에서 오래 일한다는 것은 현실적으로 실행하기 힘든 일일 뿐, 합법 체류자격을 가지고 일하는 것과 본질적으로 큰 차이는 없다고 인식된다.

사라의 이야기는 한국에서 외국인 이주노동자들이 '미등록상태라는 위험'을 감수할 경우 '장기체류의 가능성'을 확보할 수 있다는 역설을 보여준다. 미등록상태라 하더라도 일과 생활 공간을 공단이라는 게토

내로 철저히 제한하는, 즉 "제한된 이동성"(constrained mobility)을 특징으로 하는 삶을 선택할 경우 그 위험은 최소화될 수 있다.[1] 이동성이 극도로 제약된 삶을 장기간 유지하려면 거주국에 가족관계 또는 가족을 대신할 친밀한 관계가 구축되어야 한다. 또한 "연쇄이주"(chain migration)를 통해 가족을 단위로 한 해외이주 가능성을 항시적으로 확보하는 것이 중요하다. 이렇게 가족관계를 통한 연쇄이주는 미등록 체류를 지속할 수 있는 기제가 된다. 거주국 내에서 미등록 체류자가 제한된 이동성이라는 제약을 감수하고 살 수 있는 것은 가족 중 또 다른 누군가의 국제이주가 가능하도록 이어달리기의 바통을 들고 뛰는 중이라고 생각하기 때문이다.

제인이 대변하는 예술흥행 체류자격을 가진 한국 내 이주노동자는 1990년대 중반부터 그 수가 급증하였다. 1990년대까지는 필리핀 남성들이 주도하는 연주밴드가 주류였으나 2000년대 중반부터는 개인으로 활동하는 필리핀 여성 가수들이 한국 내 연예 이주노동자의 다수를 차지한다. 결과적으로 한국에서 예술흥행 분야의 이주노동은 여성화되었고, 특히 필리핀 여성들이 다수를 구성하는 이주노동 분야가 되었다. 예술흥행 분야로 진출한 필리핀 여성이주노동자의 입장에서 본다면 이러한 변화는 취업 기회의 확대를 의미한다. 그러나 현실에서는 공연무대에서의 주도권을 상실하고 뮤지션으로서의 전문성도 희석되는 과정이 진행되었다.

무엇보다 제인과 같은 필리핀 여가수들은 외국에서 온 이주자라는

---

1) 여기서 언급한 사라의 "제한된 이동성"이나 뒤에 언급할 마엣의 "성취적 이동성"은 일본의 필리피나 엔터테이너의 상황을 분석하면서 빠레냐스(Parreñas 2011)가 제시한 "도제계약적 이동성"(indentured mobility)을 염두에 두고 맥락적 비교를 위해 필자가 만든 표현이다.

점에 더하여 예술흥행 분야에 종사한다는 이유로 인해 백안시된다. 한국남성 고객들은 동정심을 내세워 성적 접근 가능성 여부를 타진해 보려 하고, 한국 내 필리핀 커뮤니티로부터는 도덕성을 의심하는 눈초리를 받곤 한다. 2년 단위로 한국과 필리핀을 오갈 뿐 아니라 한국에서도 업소를 따라 이동하며 생활하기 때문에 한국사회에서 필리핀 종족 네트워크를 구축하거나 여기에 연결되기도 힘들다. 하지만 필리핀 여가수들 스스로는 가수로서의 '탤런트'(재능)를 활용하여 일할 수 있다는 점을 긍정적으로 평가할 뿐만 아니라 이에 대해 자부심을 느끼면서, 예술흥행 분야의 해외 이주노동을 선택한다.

이들이 한국생활을 오래 할 수 있는 것은 반복적으로 국제이주를 실현할 수 있기 때문이다. 즉 예술흥행 분야에 종사하는 필리핀 여성들은 합법적으로 반복이주가 보장되는 "순환이주"(circular migration) 유형의 국제이주자들이다. 그러나 이러한 이주패턴은 에이전시의 개입을 통해 유지될 수 있다. 필리핀 여가수들이 에이전시의 보호와 후원에 의존하는 것은 거주국에서의 업소선정에서부터 고용 기간과 공연시간, 숙소와 식사 등 고용조건과 생활환경에 대한 결정을 위임하는 대가이다. 그래서 합법적인 체류자격을 갖추었음에도 불구하고 상황에 따라서는 "불법체류"보다 더 불안정하고 종속적인 위치에 처할 위험을 안게 된다. 이러한 일본의 필리피나 엔터테이너의 상황에 대해 빠레냐스는 "도제계약적 이동성"(indentured mobility)이라는 개념으로 설명하기도 하였다(Parreñas 2011).

마엣이 대변하는 결혼이주여성들은 간이귀화로 한국 국적을 취득할 수 있으며 이런 점에서는 한국 국민으로서 온전한 시민권을 누릴 수 있도록 허용되었다. 그러나 이들이 한국에서 구성한 가족은 "다문화가족"이라는 새로운 범주로 구분되며, 자녀 세대까지도 '다문화인구'로 불리는 별도의 통계대상이 된다. 이런 점에서 한국에서 국제결혼 이주방식을 통해 입국한 여성들은 '국민'의 자격을 갖추고 한국인이 될 수는 있지만, 아내와 어머니, 며느리 등의 가족 내 역할을 중심에 두어야 한다는 한국사회의 기대와 압박을 벗어나기 힘들다.

즉 결혼이주여성들은, 사라나 제인처럼 체류자격이나 고용계약 때문이 아니라, 가정 내 성역할에 대한 기대로 인해, 즉 종족 차원의 차별이 가미된 젠더규범으로 인해, 한국사회에서 이동성을 제약당하는 사회적 위치에 놓인다. 필리핀 출신 결혼이주여성들의 많은 수가 중소도시나 농촌지역에서 생활하는 것도 이동성을 제약받는 배경이 된다. 무엇보다 결혼이주여성들이 새로운 가족관계를 안정시키기 위하여 이주 직후 바로 출산하는 경우가 많은데, 이러면 한국사회에 적응하는 시간을 갖지 못하고 양육과 가사를 도맡아 가족관계 안에서만 생활하게 된다. 가족 밖의 관계도 다문화가족 지원 프로그램이나 다른 결혼이주여성들을 만나는 정도로 제한되는 경우가 많다.

마엣의 사례는 결혼이주자라는 위치를 적극적으로 활용하여 지역 내에 필리핀 네트워크를 구축하고, 한국과 필리핀을 오가며 양국 모두와 연결되는 삶을 유지하려는 노력을 보여준다. 마엣은 자신의 한국생활권과 고향 지역을 연결하는 수준에서 또 다른 결혼이주여성들의 한국행을, 즉 또 다른 다문화가정의 구성을 돕는다. 중소도시 지역의 다양한 필리핀인들과 관계망을 구축하고 유지하면서 비공식적으로 필리핀 음식배달사업을 시도하기도 하고, 농번기의 일손 부족에 대처하기 위해 계절근로자 제도가 도입되자 지역공무원들을 대신하여 필리핀 농업 이주노동자들을 관리하는 공무를 맡기도 하였다.

지역의 필리핀 커뮤니티에서 마엣의 위치는 바시가 제시한 "바퀴살 네트워크"(hub and spoke network)의 중심축 역할에 해당하는 것처럼 보인다(Bashi 2007). 지방 도시에서 차량을 소유하여 이동이 자유롭고 발이 묶인 다른 이주여성들의 이동을 도울 수 있다는 점은 중심축에 연결된 바큇살을 굴릴 수 있는 윤활유의 역할을 하였다. 애초에 아는 사람이 단 한 명도 없었던 한국사회에서 마엣이 구축한 필리핀 이주여성들과의 바큇살 네트워크는, 앞서 제시한 제약된 이동성이나 도제계약적 이동성에 견주어, "성취적 이동성"(achieved mobility)을 특징으로 한다고 설명해볼 수 있다.

이주자들의 사회적 가시성 측면에서 볼 때, 한국사회에서 사라나 제인은 "비가시적인" 존재이다. 한국 대학에서 유학생으로 한국생활을 시작한 20~30대 남성 외국인들의 경우, 텔레비전의 오락이나 정보 프로그램의 외국인 패널로 자주 등장한다. 이들 외국인과 비교할 때 사라와 제인의 비가시성은 더욱 두드러진다. 사라나 제인의 존재감이 한국사회에서 드러나지 않는 이유를 단순히 체류자격의 문제라거나 숫자상 소수이기 때문이라고 할 수는 없다. 사라는 무려 18년 동안 한국에서 옷을 만들고 천을 염색하고 플라스틱 생활용품을 만들고 또 가구를 만들어 왔다. 사라의 비가시성은 사라가 '속한' 한국사회의 구성원들이 자신들이 소비하는 일상 생필품을 저가로 사기 위해서는 저가 노동력이 비공식적으로 활용될 수밖에 없다는 사실을 외면하기 때문이다.

제인은 14년 동안 사람들이 가족이나 친구들과 함께 가는 놀이동산에서, 또는 동창회 모임이나 회사 회식을 위해 들르는 라이브 바 무대에서, 팝송과 한국 노래를 불러왔다. 이렇게 제인은 한국사회의 일상과 그리 멀리 않은 곳에 있었다. 제인의 비가시성은 외국인의 연예 서비스를 통해 한국사회가 일상의 스트레스를 벗어나 즐겁게 지낼 수 있다는 사실이 편안하게 받아들여지기 힘들다는 점을 보여준다.

나아가 한국사회가 연예유흥 서비스와 재화의 교환관계에 대해 정직하고 이성적으로 사고하는 것을 회피한다는 점도 보여준다. 이들 필리핀 이주여성의 존재에 대한 부정과 이들이 제공하는 연예 서비스에 대한 폄하는 1970~80년대 산업화 과정에서 제조업이나 관광업계에서 외화벌이에 나섰던 젊은 여성들의 존재가 폄하되고 비가시화되어 온 한국의 가까운 과거를 소환한다(장미경 2004; 이하영 외 2015).

마엣은 정부가 대대적으로 홍보해 온 다문화가정프로그램의 참가자이자 수혜자이고, 한국 지역사회의 가정과 경제 구성원이며, 한국과 필리핀 사이를 다양한 방식으로 매개하는, "가시적인" 존재이다. 나아가 "결혼이주여성들"이 귀화한국인으로서 경찰과 같이 공무를 집행하는 일을 맡게 된다면 "모델 마이너리티"의 사례로 알려지고 한국사회의 인정을 받을 수도 있다. 아나벨 경사에 대한 뉴스는 다소 정형화된 결혼이주여성의 성공담 형식으로 지역언론을 통해 많이 보도되었다. 그러나 이자스민처럼 법을 만드는 국회의원으로까지 소위 결혼이주여성의 역할이 격상되었을 때, 한국사회의 반응은 갈라졌으며 사회적으로 크게 논란이 되었다.

이자스민 전 의원의 정치입문은 한국사회의 여성활동가들이 이주여성들의 "당사자 정치"를 위해 진행했던 정치참여 교육프로그램을 통해 준비되었다. 그러나 이 씨의 대중적 인지도를 이용하여 당의 이미지를 세탁하려 한 보수 우익 정당을 통해, 이자스민 씨는 국회의원이 되었다. 임기 동안 이자스민 전 의원은 정치색으로 특정할 수 없는 다양한 사회집단들로부터 공격을 받았으며, 마치 반다문화 정서를 여과 없이 분출해도 되는 화풀이용 과녁판처럼 다루어졌다. 중요한 점은 이 씨의 정치행보가 여전히 진행형이라는 사실이다. 임기 후 4년의 공백을 두고 이자스민 씨는 극우보수 정당에서 여성대표를 둔 진보소수자 정당으로 당적을 바꾸었다. 이 씨가 과거 정치참여 교육을 제공받았던 여성활동가 집단과 친화력을 회복할 수 있을지, 한국의 정치 영역에서 이주자들을 대변하는 당사자성을 구축해낼 수 있을지. 등이 기대되는 변화이다.

이렇게 볼 때 한국사회에서 가시적 존재가 된다는 것은 그들의 사회적 역할에 대한 열린 기대와 허용을 의미하는 것으로 보이지 않는다. 오히려 한국사회 전체가 일종의 "시가(媤家) 마인드"를 가지고 이들의 위치를 제한하고 역할을 통제하려는 의도를 감추지 못하는 것처럼 보인다. 시가의 성원들은 "혼입(婚入)한 여성"에 대해, 친족계보상의 위치를 만들어내는 세대와 서열, 젠더 조합에 따라 각기 서로 다른 이해관계와 입장을 가지게 된다(조한혜정 1988). 그러나 시가의 성원이라는 사실만으로 모두가 새로 혼입한 여성의 도리와 역할에 대해 판단할 자격을 가지고 있다고 생각한다. 어쩌면 다문화 한국사회를 만들어내고 이끌어 온 결혼이주여성을 대하는 한국사회의 태도가 이와 닮지는 않았는지 돌아보게 된다. 한국사회에서 이주여성들이 더욱 가시화되고 다양한 방식으로 논란이 되는 상황은 당사자 정치를 위한 젠더 전략을 새로운 방식으로 모색하는 기회가 되어야 할 것이다.

2. 이주 시대의 국가와 가족, 이주여성

한국처럼 소득수준과 교육수준이 높고, 평화 상태이며, 단일민족 국가에서, 다른 인종에 대한 관용도가 낮은 것은 무척 특이하고 이례적인 현상이라고 한다(*The Washington Post* May 15, 2013). 이주 시대의 한국사회에서 반다문화 정서는 "단일민족" 정체성을 겉으로 내세우지는 않지만, 외국인과 다문화가족으로 인해 소득이나 교육, 안전

등의 제반 생활영역에서 내국인이 피해를 본다는 인식을 드러내는 식으로 표출된다. 이러한 정서적 반응이 연쇄적으로 증폭된다면 국민공동체와 시민사회의 구성원으로 여겨지지 않는 사람들이 늘어나게 되므로 사회적으로 문제가 될 수 있다.

개인화를 조직의 원리로 삼는 근대사회에서 국민국가는 개인이 직면하는 여러 위험에 대해 가족과 함께 대응해주는 공동체라는 특징을 가진다. 그러므로 시장경제 영역과 달리 국민국가와 가족의 영역에서는, 평등이라는 근대 고유의 가치를 적용하는 것을 유보하는 문화적 기제들이 (때로는 전통의 이름을 가지고) 힘을 발휘할 수 있었다.

근대국가를 구성하는 국민공동체는 가치와 언어, 법률 등을 통일해야 하는 하나의 문화공동체를 지향한다는 점에서 특정한 종족성에 우선권을 두게 된다. 이런 점에서 문화공동체로서 종족집단은 신체 계측이나 유전자 구성이라는 생물학적 특징으로 정의되는 인종과 대비되는 개념이다. 그러나 세계 경제체제가 구축되는 식민지배 과정과 근대국가의 형성과정 속에서 종족 정체성과 인종 정체성은 하나의 결합체로 작동해왔다(Grosfoguel 2004).

국민국가를 구성하는 단수의 또는 복수의 인종-종족 결합체는 사실, 친족집단과 같은 혈연적 근친성이 확장되면서 역사·지리·문화적 근친성과 결합한 것이다. 국민국가는 혈연과 친족의 논리를 넘어서 시민사회로 구성된 정치체이지만, 여기서 인종-종족적 내부 범주를 구분하고 차별적으로 인식하는 방식은 친족집단의 혈연적 근친성의 논리를 사회 영역에 적용하는 것과 유사하다. 즉 만민평등을 가치로 내세우는 국민국가가, 역사적으로 구축된 인종-종족 집단 간의 위계와 차별을 자연적인 것으로 받아들이면서 동시에 국민공동체의 문화적 단일성을 지향하는 것은 이율배반적이다.

근대의 가족공동체도 비슷한 모순을 가진다. 근대의 개인들은 친족 집단의 구속력을 벗어나 자신의 선택으로 핵가족을 구성하게 되었다. 그러나 가족 내 관계는 근대의 성역할 구도를 따라 위계화되어 있어서 가족 내 개인의 위치와 역할은 선택과 자유의 영역이 아니다. 페이트만(2001[1988])이, 가부장제는 근대에서 사라질 과거의 유산이 아니라 오히려 근대 시민사회와 자본주의 자체를 떠받드는 기둥이라고 분석한 이유가 여기에 있다. 한편 푸코(2012)는 국가가 사람들의 연령이나 종족, 직업 등을 인구 정보로 파악하고, 성적이거나 재생산과 관련된 개인 영역을 감시하고 규제하는 생명정치(biopolitics)를 펼쳐왔다는 점을 지적하였다. 즉 근대국가는 성별화된, 젠더화된 가족을 통해 국민들을 통치해왔다. 이렇게 볼 때 '가족을 매개로 한' 근대 국민국가와 여성, 민족주의와 젠더 간의 연관은 매우 명확하다. 여성들은 결혼제도와 가족관계 속에서 국민국가를 구성할 인구를 생물학적으로 재생산할 뿐만 아니라 종족 경계를 표시하는 문화 표식의 담지자로 간주되었다(Anthias and Yuval-Davis 1989; 유발-데이비스 2012).

글로벌 이주의 시대에 국민국가와 가족은 여전히 개인의 소속감과 정체성에 있어서 중요한 제도이고 기반이 되는 공동체이지만, 점차 변화 가능하고 예측 불가능한 것으로 전환되고 있다. 국민국가와 가족의 변화 가능성은 자본주의와 국민국가가 작동하는 글로벌 구조 자체가 끊임없이 변화하면서 예측불가능해지기 때문이다(Giddens 1992). 국제이주는 무엇보다 가족관계의 변화와 재조정을 필연적으로 초래한다. 후기 근대사회로의 진행으로 인해 젠더 역할이 변화하고 개인주의가 확산하면서 더는 가족의 성역할 분담체계를 과거와 같은 방식으로 유지할 수 없게 되었다. 미혼율의 증가와 혼인연령의 증가, 자녀수의 감소와 이혼율의 증가 등으로 더는 가족을 영원히 지속하는 보편적 공동체로 인식하는 것이 힘들게 되었다. 무엇보다 후기 근대 사회의 성찰적 특징으로 인해, 국민국가와 가족은 과거와 같은 고정성과 예측 가능성을 더욱 상실하고 있다.

이제 개인들은 세계의 지리적 원근과 국가 위계를 일상에서 경험하며 국민국가와 가족 변화의 영향을 받으며, 개인의 삶은 글로벌 자본주의가 허용하는 새로운 방식의 불평등 구조의 영향 아래에 놓이게 되었다. 그러므로 이주의 시대에 국민국가와 종족 간, 그리고 젠더 간 위계의 결합이 만들어내는 배제와 차별의 기제는 더욱 다양하게 치밀한 방식으로 작동하게 될 가능성을 가진다.

국제이주에 대한 국민국가의 관심은 이분법적으로 전개된다. 즉 합법체류자인지 미등록체류자인지, 숙련기술자인지 미숙련노동자인지, 영구이주자인지 임시이주자인지, 자발적 이주인지 강제적 이주인지, 정착하려는 것인지 귀환을 예정하는지 등에 따라, 이주자의 체류자격과 시민권의 내용은 달라진다. 그러나 현실 세계의 이주자들 대부분의 삶은 이러한 이분법의 어느 하나로만 분류되기 힘든, 다채로운 생애의 측면을 가진다. 예를 들어 연예유흥 비자를 가지고 합법적으로 한국에 들어와 일하는 필리핀 여성의 한국생활은 노동조건과 처한 환경에 따라 자발적 이주와 강제적 이주의 중간지대 어디쯤 놓이게 될 수 있다. 만일 이 필리핀 여성이 계약 기간 만료 후에 필리핀으로 귀국하지 않고 한국에 남아 미등록상태로 일을 하다가 고용허가제로 와서 일하는 필리핀남성 노동자를 만나 결혼한다면 한국사회의 이주자로서 어떤 위상이라고 설명되어야 할까? (또는 어떤 '인구집단'으로 분류되어야 할까?)

앞에 나열한 여러 차원의 이분법 구도 중 어느 하나로만 이름을 붙여 국제이주자들을 분류하는 것은 현실을 반영하지 못한다는 점에서 사회과학적 설명력을 가지지 못한다. 이주는 단 한 번 발생하는 사건이 아니라 국가 경계들을 넘나들면서 진행되고 필연적으로 가족 생애전략을 동반하는 삶의 과정으로 이해되어야 하며, 이러한 관점의 연구에 더 많은 관심이 주어져야 한다.

국제이주자로서 산다는 것은 출신 국가나 피부색, 문화권에 대한 소속감과 불일치에 대해, 그리고 시민의 권리와 의무에 대한 자격과 그 정당성에 대해, 끊임없이 질문받으며 그에 대한 대답을 모색하며 사는 것이다. 이러한 현실을 젠더의 관점으로 주목해보는 것은, 체류 자격을 유형화하고 사회통합 정책 대상자들을 분류하는 수준을 넘어서는 것을 출발점으로 한다. 국제이주 현상이 후기근대적 특징이 증가하는 삶의 방식으로서 전개되는 양상에 주목하는 것이다.

이주여성들에게 적용되는 법과 정책상의 범주와 분류법, 그리고 이주여성들이 이를 가로지르거나 중첩 적용을 받으며 삶을 진행하는 방식은 국가의 이주정책과 젠더문화의 영향을 받는다. 근대의 성역할 구분이 국제이주 영역에서 작동하는 방식에 주목하는 것은, 이주 시대 국민국가와 가족제도 변화의 방향과 유연성의 한계에 대한 분석으로 나아갈 수 있다. 국제이주에서 여성이 결혼과 가정, 그리고 여성성으로 규정되는 직종에 묶이는 현상이 어떻게 인식되고 받아들여지는지, 세계적 차원에서 확대되고 변용되는 성역할에 대한 인종-종족 차원의 조정이 국가공동체나 시민권 개념에 어떤 영향을 미치게 될지 등을 질문할 수 있다.

국제이주는 근대 개인의 삶에 기반이 되는 가족과 국민 성원권의 유지 및 변경, 조정 등과 관련하여 새로운 문제를 만들어 낸다. 이런 점에서 이주여성에 대한 주목은 국가의 공식 정책이나 사회의 주류 담론이 동원하는 젠더 공식을 성찰하고 간파하여, 개인들이 채택하는 생애전략의 의미를 다층적 차원에서 이해하도록 돕는다. 한국에서 생활하는 국제결혼 이주여성들의 삶에서 가족 내의 성역할, 그리고 사회에서의 노동자와 시민이라는 역할 사이의 간극은 특히 크다. 이들이 국가 공동체에 포섭되거나 배제되는 방식은 이러한 간극을 처리하는 문제와 관련되며, 한국사회에서 젠더와 이주를 다루는 법과 정책의 자의성에 대해 성찰하도록 해준다.

2000년대 들어 본격적으로 이주 시대를 열게 된 한국사회에서 이주정책은 다문화가족정책을 중심으로 진행되었다. 결혼이주여성과 다문화가족은 한국사회의 변화를 특징짓는 새로운 사회집단으로 주목받았고, 지역사회의 글로벌라이제이션 논의에서도 중심을 차지하였다. 이주 시대의 한국은 결혼이주여성의 이주에 대해 관대한 "사회적 적법성"의 면모를 보여 왔다. 한국사회에서 국제결혼 이주자의 절대다수가 여성인 것은 국가 간 경제적 불평등 구조가 근대가족의 성역할 위계와 결합한 효과이다. 그러나 한국에서 결혼이주여성들에게 주목하여 다문화가족 중심의 이주정책을 펼치기 위해서는 남편 쪽 부계가족의 계승과 운영을 위해 아내를 혼입(婚入)한 사람으로 인식하는 '한국 부계혈통 문화'가 동원되었다.

이주의 여성화는 근대의 성별화된 분업구조가 만들어낸 균열을 메우기 위해 젠더화된 노동시장과 사회관계가 전지구적 차원으로 확대되는 현상이다. 국민국가 차원에서 국제이주는 다양한 이주동기를 선별적으로 허용하고 이주방식을 통제하고 체류상태를 관리하면서 조정해나가는 국가정책의 산물이다. 이주자 여성들의 삶과 초국가적 관계가 전개되는 방식과 그 의미를 이해하기 위해서는 이들의 생활권역에서 접근 가능한 종족문화와 네트워크의 유무에 주목하면서 그것에 갇히거나 넘어서는 것을 허용하는 다양한 사회관계의 문제들을 질문해야 한다. 국제이주라는 글로벌 현상이 곧 세계적 차원으로 차별화가 확대 진행되는 과정이라는 점은 이 모든 현상을 관통한다. 국가 간 경제 격차, 이주노동으로 유지되거나 더 악화되는 노동시장의 양극화, 젠더 위계에 기반한 성별 분업적 서비스의 확대, 문화 자원과 사회 네트워크의 다변화와 끊임없는 구별짓기 등. 글로벌한 차원에서 더 복잡하고 새로운 방식으로 진행되는 차별화 과정 속에서 이주여성들이 취하는 종족 정체성과 젠더 전략, 새로운 행위자성의 구성방식에 주목하면서 그 결과로 만들어지는 생활권역 지역사회의 변화와 그 의미에 대해 좀 더 탐구가 필요하다.

| 참고문헌 |

강미옥. 2014. 『보수는 왜 다문화를 선택했는가: 다문화정책을 통해서 본 보수의 대한민국 기획』. 서울: 상상너머.

김왕배. 2015. "향수: 대중음악과 '칠공팔공(7080)' 세대의 그리움에 대하여." 『사회연구』 28: 9-44.

강준만. 2012. 『매매춘, 한국을 벗기다: 국가와 권력은 어떻게 성을 거래해왔는가』. 서울: 인물과 사상사.

강진구. 2012. "한국사회의 반다문화 담론 고찰: 인터넷 공간을 중심으로" 『인문과학연구』 32: 5-34.

경찰청. 2015. "'외국인 강폭력사범 단속 100일 계획' 추진." 경찰청 브리핑. 2015년 2월. https://www.police.go.kr/portal/bbs/view.do?bbsId=B0000011&nttId=16938&menuNo=200067

고현웅 · 김재원 · 김동심 · 소라미. 2006. "외국인 연예인도입 실태조사 및 정책비교연구." 문화관광부-IOM국제이주기구.

국가인권위원회. 2008. "예술흥행 사증 외국인 인권토론회" 자료집. 국가인권위원회 배움터. 2008년 10월 22일.

국가인권위원회. 2014. "예술흥행비자 소지 이주민 인권상황 실터조사." 국가인권위원회.

국회사무처. 2015. "제332회 국회(임시회) 법제사법위원회회의록 제2호." 국회사무처. 2015년 4월 29일자.

김경희. 2009. "성별화된 저임금 돌봄노동의 재생산 과정 연구: 비공식 부문의 돌봄노동을 중심으로." 『아시아여성연구』 48(2): 147-184.

김미정과 최선영. 2005. "기혼여성의 자아와 가족질서의 균열-봉합: 기혼여성들의 명절, 제사 경험을 중심으로.” 『페미니즘 연구』 5: 133-187.
김민정. 2001. “‘아름다움’과 ‘도덕성’: 필리핀 사회의 여성성과 권력.” 『동남아시아연구』 11: 91-118.
김민정. 2002. “필리핀 친족의 양변성과 ‘집단’ 만들기”. 『비교문화연구』 8(2): 3-36.
김민정. 2004. “필리핀 농촌마을의 주민 조직과 여성 리더십.” 『한국문화인류학』 37(2): 79-113.
김민정. 2006a. “필리핀 정치위기와 여성 리더십: 아키노와 아로요의 비교.” 『동남아시아연구』 16(2): 173-214.
김민정. 2006b. “필리핀 이주노동의 현실과 정부정책”. 성균관대 동아시아학술원. 『동아시아브리프』 1(4): 66-69.
김민정. 2007. “한국 가족의 변화와 지방 사회의 필리핀 아내.” 『페미니즘 연구』 7(2): 213-248.
김민정. 2008. “국제결혼 가족과 자녀의 성장: ‘여러 종류의’ 한국인이 가족으로 살아가기.” 『한국문화인류학』 41(1): 51-89.
김민정. 2009. “한국 관광호텔 라이브 바의 필리핀 여가수: ‘뮤지션’과 ‘엔터테이너’ 사이,” 『동남아시아연구』 19(2): 219-251.
김민정. 2011. “필리핀 노동이주 여성의 일과 한국생활: 미등록 장기체류의 역설,” 『한국문화인류학』 44(2): 313-358.
김민정. 2012a. “필리핀 여성의 젠더화된 이주: 한국의 사례.” 『한국여성학』 28(2): 33-74.
김민정. 2012b. “미국가기와 결혼하기: 하와이 한인 이주여성의 종족간 결혼.” 『가족과 문화』 24(3): 98-130.
김민정. 2015a. “1900년대 초중반기 필리핀의 한인이주에 대한 성찰적 연구.” 『사회와 역사』 107: 251-284.
김민정. 2015b. “세 번의 꿈: 한국 전쟁기에 필리핀 한국남성과 결혼한 한국 여성의 생애이야기” 『한국여성학』 31(3): 103-137.
김민정. 2017. “한국과 필리핀의 가까움에 대하여.” 『세계시민』 11: 142-151.

김민정. 2018a. “1990년대 한국여성의 국제결혼과 또 하나의 ‘다문화가족’.” 『페미니즘연구』 18(1): 93-139.

김민정. 2018b. “조국에 대한 공헌과 재외한인으로의 인정: 미국과 독일의 재외한인여성 비교.” 『아시아여성연구』 57(1): 7-47.

김민정・유명기・이혜경・정기선. 2006. “국제결혼 이주여성의 딜레마와 선택: 베트남과 필리핀 아내의 사례를 중심으로.” 『한국문화인류학』 39(1): 159-193.

김이선・황정임・주유선. 2011. “다문화가족지원정책의 중장기 발전방향 및 실행계획 연구: 기본계획안 수립 연구를 중심으로.” 여성가족부.

김정규. 2010. “미국, 캐나다, 호주의 다문화주의 비교연구.” 『사회이론』 37(6): 159-203.

김주희. 2006. “농촌가구유형의 변화와 가족생존전략: 경기도 산진마을에 대한 재조사 결과를 토대로.” 『농촌사회』 16(2): 119-150.

김지윤・강충구・이지원. 2014. “닫힌 대한민국: 한국인의 다문화 인식과 정책.” 아산정책연구원 『이슈브리프』 2014년 2월호.

김현미. 2006. “국제결혼의 전지구적 젠더정치학: 한국남성과 베트남여성의 사례를 중심으로.” 『경제와 사회』 70: 10-37.

김현희. 2014. “인종주의와 한국사회의 법문화: “다문화사회”의 법의식.” 『비교문화연구』 20(2) 5-46.

김현희. 2016. “외국인 범죄/테러리즘과 반다문화 정서의 “글로벌화: 시화호 토막살인사건과 파리 연쇄테러사건을 중심으로.” *OUGHTOPIA* 31(1): 213-242.

김혜순. 2008. “결혼이주여성과 한국의 다문화사회 실험: 최근 다문화담론의 사회학.” 『한국사회학』 42(2): 36-71.

김혜순. 2014. “결혼이민여성의 이혼과 ‘다문화정책’: 관료적 확장에 따른 가족정책과 여성정책의 몰이민적·몰성적 결합.” 『한국사회학』 48(1): 299-344.

김혜순. 2017. “국내외 정책 환경을 감안한 다문화가족정책 조정방안: 다문화인식개선사업 재고와 주류화.” 『입법과 정책』 9(1): 31-55.

김혜영. 2014. “다문화주의와 다문화가족정책: 이념과 정책의 탈구”. 『여성연구』 87(2): 7-43.

김홍주. 1994. “한국 농민가족의 변화에 대한 연구: 농민에 대한 가족전략을 중심으로.” 고려대 박사학위 논문.

대한민국 ODA. “한국 ODA의 이모저모 > 지원대상 > 필리핀.” 대한민국 국무조정실, 대한민국 ODA 홈페이지.
https://www.odakorea.go.kr/ODAPage_2012/T02/asia/Philippines.jsp

두레방. 2007. “경기도 외국인 성매매 피해여성 실태조사.” 경기도.

매시, 도린. 정현주 역. 2015(1994). 『공간, 장소, 젠더』. 서울: 서울대학교출판문화원.

맥도웰, 린다. 여성과 공간연구회 역. 2010(1999). 『젠더, 정체성, 장소: 페미니스트 지리학의 이해』, 서울: 한울

마르티엘로, 마르코. 윤진역. 2002(1997). 『현대사회와 다문화주의』. 서울: 한울.

문경희. 2008. “호주 다문화주의의 정치적 동학: 인종 정체성 형성과 민족문화 갈등.” 『국제정치논총』 48(1): 267-291.

미즈, 마리아. 최재인 역. 2014(1998). 『가부장제와 자본주의 여성, 자연, 식민지와 세계적 규모의 자본축적』. 서울: 갈무리.

박부진. 1995. “경제적 역할을 통해 본 부부관계의 변화: 한국농촌가족을 중심으로.” 『가족학논집』 7: 45-68.

박정미. 2011. “한국전쟁기 성매매정책에 관한 연구: ‘위안소’와 ‘위안부’를 중심으로.” 『한국여성학』 27(2): 35-72.

박정미. 2016. “쾌락과 공포의 시대: 1980년대 ‘유흥향락산업’과 인신매매.” 『여성학논집』 33(2): 31-62.

박진경 · 임동진. 2010. “다문화주의와 사회통합: 캐나다와 호주를 중심으로.” 『한국정책학회보』 21(2): 123-151.

벡, 울리히. 홍성태 역. 2006(1986). 『위험사회 : 새로운 근대성을 향하여』. 서울: 새물결.

벡, 울리히와 벡-게른스하임, 엘리자베트. 이재원 · 홍찬숙 역. 2012(2011).

『장거리 사랑』. 서울: 새물결.
보건복지부. 2005. "국제결혼 이주여성 실태조사 및 보건 복지 지원 정책 방안". 보건복지부.
설동훈 · 김현미 · 한건수 · 고현웅 · Yea Sallie. 2003. 『외국여성 성매매 실태조사』. 여성부.
설동훈 · 한건수 · 정경숙 · 박수미 · 조진경 · 박혜정. 2011. 『외국인 여성 성매매 실태 및 제도 개선방안 연구』, 여성가족부.
심양섭. 2016. "한국사회 반다문화 담론의 쟁점과 실제 그리고 대응: 여론 조사 자료를 중심으로." 『한국정치외교사논총』 32(2): 137-170.
양현아. 2013. "가족 안으로 들어 온 한국의 다문화주의 실험." 『저스티스』 134(2): 298-335.
여성가족부. 2013. "2012년 전국 다문화가족 실태조사 연구." 서울: 한국여성정책연구원.
여성가족부. 2016, "2015년 전국 다문화가족 실태조사 분석." 서울: 한국여성정책연구원.
여성가족부. 2017. "2017년 건강가정·다문화가족지원센터 통합서비스 사업안내." 여성가족부 홈페이지.
원숙연. 2008. "다문화주의시대 소수자 정책의 차별적 포섭과 배제: 외국인대상 정책을 중심으로 한 탐색적 접근." 『한국행정학보』 42(3): 29-49.
유발-데이비스, 니라. 박혜란 역. 2012(1997). 『젠더와 민족: 정체성의 정치에서 횡단의 정치로』. 서울: 그린비.
육주원. 2016. "반다문화 담론의 타자 만들기를 통해 본 다문화-반다문화 담론의 협력적 경쟁관계." 『한국사회학』 50(4): 109-134.
이규영 · 김경미. 2010. "호주의 다문화주의정책과 이주민 참정권." 『국제정치논총』 50(1): 445-468.
이나영. 2006. "초/국적 페미니즘: 탈식민주의 페미니스트 정치학의 확장." 『경제와 사회』 70: 63-88.
이나영. 2007. "기지촌의 공고화 과정에 관한 연구 (1950~60): 국가, 성별화된 민족주의, 여성의 저항." 『한국여성학』 23(4): 125-148.
이재경. 2009. "사랑과 경제의 관계를 통해 본 이주결혼." 『여성학논집』 26(1): 183-206.
이창원. 2008. "7080, 다시 당신의 저력을 보여주세요." 『평화뉴스』. 2008년 12월 17일자.
이창원 · 최서리 · 박성일. 2016. "국내 이주민의 취업 및 사회생활: 필리핀 출신자를 중심으로." 고양시: IOM이민정책연구원.
이하영 · 이나영. 2015. "'기생관광: 발전국가와 젠더, 포스트식민 조우." 『페미니즘연구』 15(2): 159-203.
이현재. 2015. "인정투쟁의 급진화: 인정투쟁의 시각에서 정치와 경제를 재구성하다." 『여/성이론』 33: 37-60.
이혜경. 2018. "외국인 단기 계절근로자 제도 실태분석 및 종합개선 방안 연구." 서울: 한국이민학회.
일루즈, 에바. 김정아 역. 2010(2007). 『감정자본주의: 자본은 감정을 어떻게 활용하는가』. 서울: 돌베개.
장미경. 2004. "근대화와 1960-70년대 여성 노동자: 여성노동자 형성과정을 중심으로." 『경제와 사회』 61: 106-134.
전경수 · 김민정 · 남영호 · 박동성. 2008. 『혼혈에서 다문화로』. 서울: 일지사.
전수현. 2002. "필리핀 노동자와 결혼한 한국 여성의 주변적 지위". 서울대학교 인류학과 석사논문.
전의령. 2015. "'선량한 이주민 불량한 이주민': 한국 주류 이주-다문화 담론과 반다문화 담론." 『경제와 사회』 106: 238-270.
정연학 · 김윤희 글, 김은진 · 강현우 사진. 2015. 『안산시 원곡동 다문화특구: 한국 속 작은세계』, 도시민속조사보고서 15. 서울: 국립민속박물관.
정은주. 2017. "이주 공간 연구와 이주민 행위주체성(agency) 담론에 대한 비판적 검토." 『비교문화연구』 23(2): 145-185.
조동훈. 2010. "외국인과 국내 근로자 임금 격차 분석." 『노동정책연구』 10(3): 65-86.

조하나 · 박은혜. 2013. "'혼혈'에 대한 사회적 의미: 1950년~2011년 신문기사를 중심으로." 『다문화콘텐츠연구』 14(4): 367-407.
조한혜정. 1988. "한국의 가부장제에 관한 해석적 분석: 생활 세계를 중심으로." 『한국의 여성과 남성』. 서울: 문학과 지성.
킴리카, 윌. 황민혁 역. 2010(1995). 『다문화주의 시민권』. 서울: 동명사.
페이트만, 캐롤. 이충훈 역. 2001(1988). 『남과 여, 은폐된 성적 계약』. 서울: 이후.
푸코, 미셸. 심세광 · 전혜리 · 조성은 역. 2012(1979). 『생명관리정치의 탄생』. 서울: 난장.
한건수. 2012. "한국사회의 다문화주의 혐오증과 실패론: 어떤 다문화주의인가?" 『다문화와 인간』 1(1): 113-143.
한국문화인류학회편. 2010. 『처음 만나는 문화인류학』. 서울: 일조각.
한상복 · 이문웅 · 김광억. 2011. 『문화인류학』. 서울: 서울대학교출판문화원.
허라금 편. 2011. 『글로벌 아시아의 이주와 젠더』. 서울: 한울아카데미.
호네트, 악셀. 문성훈 · 이현재 역. 2011(1992). 『인정투쟁: 사회적 갈등의 도덕적 형식론』. 서울: 사월의책.
혹쉴드, 러셀. 이가람 역. 2009(2003). 『감정노동: 노동은 우리의 감정을 어떻게 상품으로 만드는가』. 서울: 이매진 출판사.
프레이저, 낸시. 김원식 · 문성훈 역. 2014(2013). 『분배냐 인정이냐: 정치철학적 논쟁』. 서울: 사월의책.

Augé, Marc. J. Howe, tr. 1995. *Non-Places: Introduction to an Anthropology of Supermodernity.* London & New York: Verso.
Aguilar, Delia D. 1996. "Ambiguities of Motherhood in the Philippines," *Women and Culture: Asia Pacific Women's Studies Journal* (Institute of Women's Studies, St. Scholastica's College) 6: 89-104.
Anthias, Floya and Yuval-Davis, Nira. 1989. *Woman-Nation-State.* London: Macmillan.

Atkinson, Jane Monnig and Errington, Shelly, eds. 1990. *Power and Differences: Gender in Island Southeast Asia.* Stanford, CA: Stanford University Press.

Balibar, Etienne and Wallerstein, Immanuel Maurice. 1991. *Race, Nation, Class: Ambiguous Identities.* New York: Verso.

Bashi, Vilna Francine. 2007. *Survival of the Knitted: Immigrant Social Networks in a Stratified World.* Stanford, CA: Stanford University Press.

Battistella, Graziano. 1999. "Philippine Migration Policy: Dilemmas of a Crisis." *Sojourn: Journal of Social Issues in Southeast Asia* 14(1): 229-248.

Blanc-Szanton, Cristina. 1990. "Collision of Cultures: Historical Reformations of Gender in the Lowland Visayas, Philippines." In J. M. Atkinson and S. Errington, eds. *Power and Differences: Gender in Island Southeast Asia.* Stanford, CA: Stanford University Press.

Boas, Franz. 1940. *Race, Language and Culture.* New York: MacMillan Co.

Cannell, Fenella. 1999. *Power and Intimacy in the Christian Philippines.* Cambridge: Cambridge University Press.

Cho, Sumi, Crenshaw, Kimberlé Williams and McCall, Leslie. 2013. "Toward a Field of Intersectionality Studies: Theory, Applications, and Praxis." *Signs* 38(4): 785-810.

Choy, Catherine Ceniza. 2003. *Empire of Care: Nursing and Migration in Filipino American History.* Durham, NC: Duke University Press.

Constable, Nicole. 1997. *Maid to Order in Hong Kong: an Ethnography of Filipina Workers,* 1st edition. Ithaca, NY: Cornell University Press.

Constable, Nicole. 2007. *Maid to Order in Hong Kong: an Ethnography of Filipina Workers*, 2nd edition. Ithaca, NY: Cornell University Press.

Constable, Nicole. 2015. "Mail Order Bride." In P. Whelehan and A. Bolin, eds. *The International Encyclopedia in Human Sexuality*. Hoboken, NJ: Wiley-Blackwell.

David, Randolf S. 2001. "The Filipino Family in the Throes of Development." In R. S. David. *Reflections on Sociology & Philippine Society*. Quezon City: University of the Philippines Press.

Del Rosario, Virginia O. 1994. *Lifting the Smoke Screen: Dynamics of Mail Order Bride Migration from the Philippines*. The Hague: Institute of Social Studies.

Eggan, Fred. 1967. "Some Aspects of Bilateral Social Systems in the Northern Philippines." In M. D. Zamora, ed. *Studies in Philippine Anthropology: In Honor of H. Otley Beyer*. Quezon City: Alemar Phoenix.

Ehrenreich, B. and Hochschild, A.R. eds. *Global Woman: Nannies, Maids, and Sex Workers in the New Economy*. New York: Metropolitan Books.

Eller, Jack David. 1997. "Anti-Anti Multiculturalism." *American Anthropology* 99(2): 249-256.

Encinas-Franco, Jean. 2015. "Overseas Filipino Workers (OFWs) as Heroes: Discursive Origins of the "Bagong Bayani" in the Era of Labor Export." *Humaniites Diliman* 12(2): 56-78.

Espiritu, Yen Le. 1995. *Filipino American Lives*. Philadelphia, PA: Temple University Press.

Estopace, Dennis. 2002. "Issues and Concerns on Labor Migration in the Philippines: Inputs for Media Reportage." Paper presented at the Discussion-Workshop on Migration Journalism in the Philippines, Manila, December 7. 2002.

Eviota, Elizabeth. 1992. *The Political Economy of Gender: Women and the Sexual Division of Labour in the Philippines.* London: Zed Books.

Frazer, James George. 1993(1890). *The Golden Bough: A Study in Magic and Religion.* London: Wordsworth Editions.

Geertz Hildred. 1961. *The Javanese Family: The Study of Kinship and Socialization.* Glencoe, IL: Free Press.

Gibbs, Jason. 1998a. "Nhac Tien Chien: The Origins of Vietnamese Popular Song." *Things Asian.* http://thingsasian.com/story/nhac-tien-chien-origins-vietnamese-popular-song.

Gibbs, Jason. 1998b. "Reform and Tradition in Early Vietnamese Popular Song." http://thingsasian.com/story/reform-and-tradition-early-vietnamese-popular-song.

Giddens, Anthony. 1992. *The Transformation of Intimacy: Sexuality, Love and Eroticism in Modern Societies.* Cambridge: Polity.

Gills, Dong-Sook S. 2002. "Neolibral Economic Globalisation and Women in Asia: Introduction," In D. S. Gills and N. Piper, eds. *Women and Work in Globalising Asia.* London: Routledge.

Go, Stella P. 1993. *The Filipino Family in the Eighties.* Manila: De La Salle University Press.

Grosfoguel, Ramán. 2004. "Race and Ethnicity or Racialized Ethnicities? Identities within Global Coloniality". *Ethnicities* 4(3). 315-336.

Hochschild, A. Russell. 2000. "Globla Care Chains and Emotional Surplus Value." In W. Hutton and A. Giddens, eds. *On the Edge: Living with Global Capitalism.* London: Jonathan Cape.

Hochschild, A. Russell. 2002. "Love and Gold." In B. Ehrenreich and A.R. Hochschild, eds. *Global Woman: Nannies, Maids, and Sex*

Workers in the New Economy. New York: Metropolitan Books.
Hochschild, A. Russell. 2003. *The Commercialization of Intimate Life: Notes from Home and Work.* Berkeley, CA: University of California Press.

Human Rights Watch. 2006. *World Report 2006.* New York: Human Rights Watch. https://www.hrw.org/legacy/wr2k6/wr2006.pdf.

Hutchcroft, Paul. 2011. "Reflections on a Reverse Image: South Korea under Park Chung Hee and the Philippines under Ferdinand Marcos." In E. Vogel and B. Kim, eds. *The Park Chung Hee Era: The Transformation of South Korea.* Cambridge, MA: Harvard University Press.

Hüsken, Frans and Kemp, Jeremy. 1991. *Cognation and Social Organization in Southeast Asia.* Leiden: KITLV Press.

Illo, Jeanne F.I. 1999. "Redefining the Maybahay or Housewife: Reflections on the Nature of Women's Work in the Philippines." In J. Illo, ed. *Women and Gender Relations in the Philippines: Selected Readings in Women's Studies,* vol. 1. Quezon City: Women's Studies Association of the Philippines.

IOM. 2015. *World Migration Report 2015.* Geneva: IOM. http://publications.iom.int/system/files/wmr2015_en.pdf.

Kaut, Charles R. 1967. "Bansag and Apelyido: Problems of Comparison in Changing Tagalog Social Organization." In H. O. Beyer. *Studies in Philippine Anthropology (in Honor of H. Otley Beyer).* Quezon City: Alemar Phoenix.

Keesing, M. Roger. 1975. *Kin Groups & Social Structure.* San Diego, CA: Harcourt College Pub.

Kerkvliet, Benedict. 1990. *Everyday Politics in the Philippines: Class and Status Relations in a Central Luzon Village.* Berkeley, CA: University of California Press.

Kikuchi, Yasushi. 1989. "The Concept of Corporate Group in Cognatic Forms." *Philippine Kinship and Society.* Quezon City: New Day Publishers.

Kim, Minjung. 2010. "Filipina Wives and "Multicultural" Families in Korea," In D.I. Steinberg, ed. *Korea's Changing Roles in Southeast Asia: Expanding Influence and Relations.* Singapore: ISEAS.

Kim, Minjung. 2019. "Between Personal Choices and Social Exclusion: Diaspora Identities of Korean Women Married to Filipinos in the Korean War Period" In Y. Ahn, ed. *Transnational Mobility and Identity in and out of Korea.* London: Lexington Books.

Lober, Judith. 1994. ""Night to his Day": The Social Construction of Gender." In J. Lober. *Paradoxes of Gender.* New Haven, CT: Yale University Press.

McCall, Leslie. 2005. "The Complexity of Intersectionality." *Signs* 30(3) : 1771-1800.

Medina, Belen T.G. 1991. *The Filipino Family: A Text with Selected Readings.* Quezon City: University of the Philippines Press.

Modood, Tariq. 2013. *Multiculturalism: A Civic Idea.* Cambridge: Polity Press.

Mülder, Niels. 1997. *Inside Philippine Society: Interpretations of Everyday Life.* Quezon City: New Day.

Ng, Stephanie. 2005. "Performing the "Filipino" at the Crossroads: Filipino Bands in Five-star Hotels throughout Asia." *Modern Drama* 48(2): 272-292.

NSO (National Statistics Office). 2011. "Survey on Overseas Filipinos (SOF)". https://psa.gov.ph/content/2011-survey-overseas-filipinos-sof.

Oishi, Nana. 2005. *Women in Motion.* Stanford, CA: Stanford University Press.

Oldenberg, Ray. 1989. *The Great Good Place: Café, Coffee shops, Community Centers, Beauty Parlors, General stores, Bars, Hangouts, and How They Get You through the Day*. Saint Paul, MN: Paragon House Publishers.

Opiniano, Jeremaiah. 2004. *Our Future Beside the Exodus: Migration and Development Issuses in the Philippines*. Institute for Migration and Development Issues. Bonn: Friedrich-Ebert-Stiftung Foundation.

Paliwala, Rajni and Uberoi, Patricia. 2008. "Exploring the Links: Gender Issues in Marriage and Migration." In R. Paliwala and P. Uberoi, eds. *Marriage, Migration and Gender*. London: SAGE.

Parekh, Bhikhu. 2006. *Rethinking Multiculturalism: Cultural Diversity and Political Theory*. New York: Palgrave Macmillan.

Parreñas, Rhacel Salazar. 2001. *Servants of Globalization: Women, Migration, and Domestic Work*. Stanford, CA: Stanford University Press.

Parreñas, Rhacel Salazar. 2011. *Illicit Flirtations: Labor, Migration, and Sex Trafficking in Tokyo*. Stanford, CA: Stanford University Press.

Peletz, Michael. 1995. "Kinship Studies in Late Twentieth-Century Anthropology." *Annual Review of Anthropology* 24: 343-372.

Pettersen, William. 1966. "Success Story, Japanese-American Style." *New York Times*. January 9, 1966.

Piper, Nicola and Mina Roces. 2003. "Introduction: Marriage and Migration in an Age of Globalization." In N. Piper and M. Roces, eds. *Wife or Worker?: Asian Women and Migration*. New York: Rowman & Littlefield Pub.

Piper, Nicola, ed. 2008. *New Perspectives on Gender and Migration: Livelihood, Rights and Entitlements*. London: Routledge.

Rafael, Vicente L. 1988. *Contracting Colonialism: Translation and Christian Conversion in Tagalog Society under Early Spanish Rule*. Quezon City: Ateneo de Manila University Press.

Reid, Anthony. 1988. *Southeast Asian in the Age of Commerce, 1450-1680, vol. 1: The Lands below the Winds*. New Haven, CT: Yale University Press.

Roces, Mina. 1998. *Women, Power, and Kinship Politics: Female Power in Post-war Philippines.* Westport, CT: Praeger.

Rosenberg, David A., ed. 1979. *Marcos and Martial Law in the Philippines*. Ithaca, NY: Cornell University Press.

Sassen, Sakia. 2000. "Women's Burden: Counter-Geographies of Globalization and the Feminization of Survival." *Journal of International Affairs* 53(2): 503-524.

Sassen, Sakia. 2002a. "Global Cities and Survival Circuits." In B. Ehrenreich and A.R. Hochschild, eds. *Global Woman: Nannies, Maids, and Sex Workers in the New Economy.* New York: Metropolitan Books.

Sassen, Sakia. 2002b "Countergeographies of Globalization: The Feminization of Survival." Paper presented at the conference on "Gender Budgets, Financial Markets, Financing for Development," Feb. 19th and 20th 2002, by the Heinrich-Boell Foundation in Berlin. http://www.transformaties.org/bibliotheek/sassgender.htm

Scott, James. 1972. "Patron-Client Politics and Political Change in Southeast Asia." *The American Political Science Review* 66: 91-113.

Scott, William H. 1994. *Barangay: Sixteenth-Century Philippine Culture and Society.* Quezon City: Ateneo de Manila University Press.

Siddiqui, Tasneem. 2005. "International labour Migration from Bangladesh: A Decent Work Perspective." ILO Working Paper 66. Geneva:

ILO.

Sijapati, Bandita. 2015. "Women's Labor Migration from Asia and the Pacific: Opportunities and Challenges." IOM & MPI Issue in Brief, no. 12. https://publications.iom.int/system/files/pdf/mpi_issue 12.pdf.

Sikder, Mohammad Jalal Uddin. 2008. "Bangladesh." *Asian and Pacific Migration Journal* 17(3-4): 257-275.

Smith, Raymond T. 1973. "The Matrifocal Famuly." In J. Goody, ed. *The Character of Kinship.* Cambridge: Cambridge University Press.

Steinberg, David. 2000. *The Philippines: A Singular and a Plural Place.* Boulder, CO: Westview Press.

Stocking, George W. 1966. "Franz Boas and the Culture Concept in Historical Perspective." *American Anthropologist* 66: 867-882.

Tanner, Nancy. 1974. "Matrifocality in Indonesia and Africa and Among Black Americans." In M. Rosaldo and L. Lamphere, eds. *Woman, Culture, and Society.* Stanford, CA: Stanford University Press.

Teodoro, N. V. 1999. "Pensionados and Workers: The Filipinos in the United States, 1903-1956." *Asian and Pacific Migration Journal* 8(1-2): 157-178.

Thornton, Bruce. 2012. "Melting Pots and Salad Bowls." *Hoover Digest* 2012, no. 4. http://www.hoover.org/profiles/bruce-thornton.

Trotman, C. James, ed. 2002. *Multiculturalism: Roots and Realities.* Bloomington, IN: Indiana University Press.

Umansky, Lauri. 1996. *Motherhood Reconceived; Feminism and the Legacies of the Sixties.* New York: New York University Press.

UN DESA(Department of Economic and Social Affairs). Each year. "International Migrant Reports Highlight." http://www.un.org/en/

development/desa/population/index.shtml.

Van Esterik, Penny, ed. 1982, 1996 (rev. ed.). *Women of Southeast Asia.* Dekalb, IL: Northern Illinois University Press.

Visweswaran, Kamala. 1998. "Race and Culture of Anthropology." *American Anthropology* 100(1): 70-83.

Vogel, Ezra F. 1991. *The Four Little Dragons: The Spread of Industrialization in East Asia.* Cambridge, MA: Harvard University Press.

Volokh, Eugene. 2015. "The American Tradition of Multiculturalism." *The Washington Post.* January 27, 2015. https://www.washingtonpost.com/news/volokh-conspiracy/wp/2015/01/27/the-american-tradition-of-multiculturalism/?utm_term=.f87cd573b769.

Ward, Barbara, ed. 1963. *Women in the New Asia: The Changing Social Roles of Men and Women in South and Southeast Asia.* Paris: UNESCO.

Yamanaka, Keiko and Nicola Piper. 2003. "An Introductory Overview." *Asian and Pacific Migration Journal* 12(1-2): 1-20.

Young, Michael and Peter Willmott. 1957. *Family and Kinship in East London.* Middlesex(London): Penguin.

Zlotnik, Hania. 2003. "The Global Dimensions of Female Migration." Migration Information Source. www.migrationinformation.org/Feature/print.cfm?ID=1-9.

*** 통계**

법무부 출입국・외국인정책본부. 각년도. 『출입국관리통계연보』 또는 『출입국・외국인정책통계연보』. http://www.immigration.go.kr.

법무부. 각년도. "결혼이민자현황." 출입국외국인정책본부 자료실. www.imigration.go.kr.

통계청. 2007. "2006년 혼인통계결과(보도자료)". www.kostat.go.kr.

통계청. 각년도. “국제인구이동통계”. www.kostat.go.kr.
통계청. 각년도. “다문화인구동태통계.” www.kostat.go.kr.
통계청. 각년도. “인구동향조사.” www.kostat.go.kr.
통계청. 각년도. “혼인통계 또는 혼인・이혼 통계”. www.kostat.go kr.
통계청. 각년도. “인구총조사.” www.kostat.go.kr.
행정안전부. 각년도. 외국인주민현황. www.moi.go.kr
행정안전부. 각년도. “외국인주민현황조사.” www.mois.go.kr.
행정안전부. 각년도. 주민등록인구통계. www.mois.go.kr.
Bangko Sentral ng Filipinas. www.bsp.gov.ph.
CFO(Commission of Filipinos Overseas). 2013. “Stock Estimate of Filipino Overseas As of December 2013.” http://www.cfo.gov.ph/images/stories/pdf/StockEstimate2013.pdf.
CFO(Commission on Filipinos Overseas). 2016. “Number of Filipino Spouses and Other Partners of Foreign Nationals by Major Country: 1989-2016.” https://www.cfo.gov.ph/downloads/statistics/statistical-profile-of-spouses-and-other-partners-of-foreign-nationals.html.
CFO(Commission on Filipinos Overseas). Each year. “Statistics/Stock Estimates”. The Philippines, www.cfo.gov.ph.
Department of Tourism. Each year. “Tourism Statistics.”, http://www.tourism.gov.ph.
POEA(Philippine Overseas Employment Administration). Each year. “Deployment Statistics”. http://www.poea.gov.ph/ofwstat/ofwstat.html.
PSA(Philippine Statistics Authority). 2016. “2015 Survey on Overseas Filipinos.” https://psa.gov.ph/content/2015-survey-overseas-filipinos-0.

* 신문・잡지・방송・블로그

『경기신문』. 2008년 9월 9일. “외국인 치안 해결사 역할 톡톡.”
『경기일보』. 2010년 8월 22일 “아나벨 카스트로 경장.”

『경향신문』. 2008년 7월 25일. “귀화경찰 장점 살려 한국에 봉사.”

『경향신문』. 2006년 3월 20일. “‘코시안’ 아니예요, 이젠 ‘온누리안’.”

『경향신문』. 2018년 1월 17일. “[벌거벗은 ‘임금’님] ② 미싱 인생 35년… 엄마들 삶에 밴 ‘월급의 역사’.”

『고시기획』. 2016년 7월 5일. “여경 창설 70주년, 79명에서 1만2천여 명으로.”

『기호일보』. 2013년 6월 14일. “안산단원서 다문화 청소년 대상 맞춤교육 실시.”

『뉴데일리』. 2015년 2월 3일. “이자스민의 나라 ‘필리핀’ 또 한국인 납치.”

『뉴시스』. 2011년 3월 21일. “아나벨 경장의 설레는 ‘첫 강의’.”

대한민국경찰청 공식계정 블로그. 폴인러브. 2018년 11월 26일. “필리핀 출신 여경의 모국 돕기.” http://www.polinlove.tistory.com/7485

『대한일보』. 2015년 3월 12일. “이자스민의원, 재외국민 보호위해 필리핀 대통령 예방.”

『머니투데이』. 2016년 1월 1일. “이자스민 “악플도 다 읽어… 모르면 바뀔수 없다”.”

『매일경제』. 2012월 6월 15일. “이자스민 배출한 김은주 한국여성정치연구소 소장.”

『미디어오늘』. 2015년 3월 6일. “이자스민은 ‘너네 나라로 돌아갈 필리핀 여자’가 아니다.”

『미디어오늘』. 2008년 6월 16일. “‘82cook’ 회원 3일간 4500명 늘어.”

『신아일보』. 2014년 4월 17일. “안산단원서, 다문화가정 초등학생 범죄예방교육 나서.”

『아주경제』. 2010년 10월 19일. “다문화 가족 위한 프로그램 마련 됐으면.”

『연합뉴스』. 2011년 6월 5일. “국내 경찰인력 10만 명 넘어서.”

『연합뉴스』. 2014년 12월 16일. “내년 다문화 가족 지원 예산 972억원… 10.1% 감소.”

『연합뉴스』. 2015년 9월 24일. “‘외국어 전문요원으로 활약’ 귀화경찰관 전국에 18명.”

『연합뉴스』. 2016년 4월 21일. "국회 떠나는 '다문화 1호 의원' 이자스민."
『연합뉴스』. 2011년 9월 26일. "[다문화의 그늘] ① 표출하는 반다문화."
『조선비즈』. 2016년 12월 9일. "[정책이 헛돈다] ⑲ 외국인 범죄에 떠는 국민들… 안전한 사회 만든다던 정부는?"
『조선일보』. 2013년 5월 8일. "새누리당 이자스민 의원, "방송 나올 땐 박수, 직업 바뀌니 비난""
『조선일보』. 2015년 1월 28일. "이자스민 의원실 앞에서 남성연대 회원…"
『중부일보』. 2014년 7월 1일. "이보은 순경 귀화경찰관 장점 살려 다문화 가정 고통 치유."
『중앙일보』. 2013년 6월 29일. "다문화 1호 국회의원, 이자스민의 1년."
『포커스뉴스』. 2015월 12월 3일. "본회의장에서 초코바 먹고 게임하는 이자스민의원."
『한국농정』. 2019년 8월 18일. "계절근로자 제도 재설계 절실."
『한국일보』. 2019년 11월 25일. "이자스민 "한국당에서 정의당? 이주민정책, 당 상관없다"."
『한중동포신문』. 2008년 7월 26일. "동남아 출신 귀화 한국인 2명 민중의 지팡이."
『한겨레』. 2015년 4월 30일. "이자스민 "기사 댓글 열심히 보는 이유는…"
『한겨레』. 2016년 1월 7일. "이자스민, 20년 전보다 더 이주민 바라보는 시선 나빠져."
『한겨레21』. 2011년 11월 22일. "대한민국 정부가 포주였다." 한겨레 21 887호.
『한겨레21』. 1997년 3월 27일. "기지촌 여성의 국적교체." 한겨레21 150호.
『함평로컬타임즈』. 2008년 7월 28일. "어려운 이주여성 돕는 경찰 될래요."
『허핑턴포스트』. 2015년 5월 6일. "다음 10년의 인물, 이자스민."
『허핑턴포스트』. 2016년 8월 28일. "'군대도 안 간다'고 욕먹던 이자스민의 아들이 곧 군대에 간다."
Asiaweek. March 31, 1995. "The Furor Over Flor".
Asiaweek. April 7, 1995. "Beyond the Rage: Lessons from the Case of

Flor Contemplacion."

KBS 2TV. 2005년 3월 30일. "국제결혼 실태보고-캄보디아에서는 무슨 일이 있었나?" 추적60분 703회.

KBS 1TV. 2006년 2월 11일. "하인스 워드와 한국인 어머니 수퍼볼을 점령하다." KBS 스페셜 132회.

MBC. 2003년 4월 15일. "국제결혼의 덫에 걸린 여성들." PD수첩 537회.

MBC. 2006년 4월 4일. "[이제는 다인종 시대]혼혈인들 차별과 따돌림의 역사 반세기." MBC 뉴스데스크.

Philippine Daily Inquirer. August 4, 2009. "Sarah Balabagan, from Muslim to Christian."

SBS. 2001년 1월 13일. "농촌으로 시집온 필리핀 새댁들." 그것이 알고 싶다 149회.

SBS. 2001년 12월 24일. "한국으로 시집 온 새댁 안토니아, 그녀의 한국생활 1년." 그것이 알고 싶다 194회.

SBS. 2003년 2월 8일. "돌아오지 않는 신부들: 국제결혼의 그늘." 그것이 알고 싶다 238회.

The Philippine Star. December 26, 2015. "Third Highest Worldwide, OFW Remittances Seen to Hit $29.7B in 2015."

The Washington Post. May 15, 2013. "A Fascinating Map of the World's Most and Least Racially Tolerant Countries."

| 찾아보기 |

ㅂ

ㅅ

ㅇ

아산재단연구총서

001 전환기의 중국경제
김윤환 외 | 단국대 경제학과

002 폴란드 경제의 변천 개혁과 그 전망
김광수 | 숭실대 경제학과

003 재소한인
이광규 외 | 서울대 인류학과

004 소련산림과 임업
홍성천 외 | 경북대 임학과

005 아세안의 정치경제
김국진 외 | 외교안보연구원

006 태국의 사회변동과 경제발전
최석만 외 | 전남대 사회학과

007 중국의 사회경제 통계분석
신한풍 외 | 고려대 통계학과

008 중국의 정치와 경제
박두복 외 | 외교안보연구원

009 동유럽의 개혁과 시장경제의 도입
허만 외 | 부산대 사범대학

010 동유럽의 개혁운동
박영신 | 연세대 사회학과

011 현대 러시아 연구
기연수 외 | 한국외대 노어과

012 전략적 선택과 기업의 국제경쟁력
이장호 | 서강대 경영대학

013 협동사회의 정착과 정부의 역할
이종범 외 | 고려대 행정학과

014 한국 제조기업 생산성의 동적 분석
노부호 외 | 중앙대 경영대학

015 분배의 정의
변형윤 외 | 서울대 경제학과

016 도덕적 행동의 강화
이훈구 외 | 연세대 심리학과

017 관료부패와 통제
김해동 외 | 서울대 행정대학원

018 한국경제의 내실 있는 성장
정창영 외 | 연세대 경제학과

019 한국국민정신운동의 역사와 발전방향
박수명 외 | 부산대 사범대학

020 한국대학생의 가치성향과 상담효과
이영희 외 | 숙명여대 교육학과

021 가출청소년과 학교관리체제
안창규 외 | 부산대 교육학과

022 동북아 정세변화와 한 · 일관계
한승조 외 | 고려대 정치외교학과

023 언론과 부정부패
정대철 외 | 한양대 신문방송학과

024 한국의 고등학교 교육
이원호 외 | 부산대 교육학과

025 가족과 방송
김학수 외 | 서강대 신문방송학과

026 재정개혁의 전망과 재산세제의 개편과제
오연천 | 서울대 행정대학원

027 청소년을 위한 전자게임 프로그램의 규제 및 평가체계 개발
박혜원 외 | 울산대 가정관리학과

028 정신장애자 가족의 사회심리적 특성
이근후 외 | 이화여대 의과대학

029 가족의 관계역동성과 문제인식
이광규 외 | 서울대 인류학과

030 현대인과 한국전통음식
송정자 | 숙명여대 식품영양학과

031 기업의 초고속정보통신망활용
안중호 | 서울대 경영학과

032 지역발전을 위한 교육자치제의 개선방안
김남순 | 조선대 사범대학

033 전환기의 공무원 가치관
조경호 | 울산대 행정학과

034 지방자치와 사회복지의 과제
김영모 | 중앙대 사회복지학과

035 WTO체제하의 지방중소기업 지원정책
최명주 외 | 계명대 통상학부

036 현대한국의 시민운동
이효선 | 중앙대 사회학과

037 기업 세계화의 단계 및 정도의 측정
허영도 외 | 울산대 경영학과

038 가족복지를 위한 가족주치의 시범사업의 효과
이혜리 외 | 연세대 가정의학교실

039 한국대학생의 삶의 만족도
김재은 외 | 이화여대 교육심리학과

040 지역경제와 지역산업구조의 개편방향
정기화 외 | 전남대 경제학부

041 중국기업의 소유형태별 경영특성
노철화 외 | 부산대 무역학과

042 남북한의 인성 · 사상교육
한승조 외 | 고려대 정치외교학과

043 연계적 뇌기능 조언을 위한 의료용 멀티미디어 시스템의 설계
유선국 | 연세대 의용공학교실

044 다민족국가의 민족문제와 한인사회
최협 외 | 전남대 인류학과

045 저소득층지역 청소년 여가문화와 소집단 활성화
박문수 외 | 서강대 사회학과

046 삶의 질의 국제비교와 지역간 비교분석
이재기 외 | 울산대 경제학과

047 21세기 지역주민의 삶의 질
양종회 외 | 성균관대 사회학과

048 삶의 질에 대한 국가간 비교
조명한 외 | 서울대 심리학과

049 외국인 노동자의 노사관계와 사회적 적응
석현호 외 | 성균관대 사회학과

050 한국의 사법제도와 발전 모델
정종섭 | 건국대 법학과

051 고령화사회와 중상층 노인의 사회활동
조성남 외 | 이화여대 사회학과

052 한국의 서비스 시장 개방정책
한홍렬 | 한양대 경제학부

053 한국과 AFTA간의 교역증진 및 경제 협력방안
손일태 외 | 경희대 경제통상학부

054 물류비 절감을 위한 무역업체의 정보화전략
이영수 외 | 경북대 경제통상학부

055 사회주의 체제전환과 사회정책
오정수 외 | 충남대 사회복지학과

056 남북통일 이후 농업생산체계 개편
홍성규 외 | 건국대 농업경제학과

057 국제화와 세계화
하영선 외 | 서울대 외교학과

058 IMF 개혁정책의 평가와 한국경제의 신(新) 패러다임
조동근 | 명지대 경제학과

059 구조개혁과 실업대책
박동운 | 단국대 경제무역학부

060 21세기 신노사관계
심윤종 외 | 성균관대 사회학과

061 학교에서의 집단 따돌림
이춘재 외 | 가톨릭대 심리학과

062 한국노인의 정신건강실태와 건강증진
조맹제 외 | 서울대 의과대학

063 혁명과 개혁 속의 중국 농민
김광억 | 서울대 인류학과

064 중국의 경제환경과 한국기업의 진출 전략
지용희 외 | 서강대 경영학과

065 김대중 대통령의 시스템 사고
김동환 | 중앙대 공공정책학부

066 실업과 가족해체
최일섭 외 | 서울대 사회복지학과

067 합리적 부채비율 조정방안
오상근 | 동아대 경제학과

068 한국 중산층의 생활문화
문숙재 외 | 이화여대 소비자 · 인간발달학과

069 계층간 갈등상태에서 최적소득세
김진욱 | 건국대 경상학부

070 글로벌 경쟁력 제고를 위한 기업전략과 조직구축
이만우 외 | 고려대 경영학과

071 의료보험과 국민연금의 관리효율화를 위한 통합방안
사공진 외 | 한양대 경제학부

072 정부개혁의 과제와 전략
박우서 외 | 연세대 행정학과

073 책임운영기관 제도에 관한 비교분석
김근세 | 가톨릭대 행정학과

074 새로운 패러다임하에서의 한국기업의 바람직한 지배구조
최운열 외 | 서강대 경영학과

075 현대 한국사회의 계층구조
양춘 외 | 고려대 사회학과

076 한국의 산업정책과 산업구조조정
강인수 | 숙명여대 경제학부

077 기업구조조정
김석진 | 경북대 경영학부

078 지식경영을 위한 인적자원 개발 및 관리체계
장영철 | 경희대 경영학부

079 뉴 비즈니스 모델
전성현 | 국민대 정보관리학부

080 중산층의 정체성과 소비문화
함인희 외 | 이화여대 사회학과

081 외국관광객 유치를 위한 마케팅 전략
박상규 | 강원대 경영학과

082 한국인의 세대별 문학의식
이동순 | 영남대 국문과

083 공공부문의 효율성 평가와 측정
김재홍 외 | 울산대 사회과학부

084 한국 청소년의 정치의식과 형성요인
김광웅 외 | 숙명여대 아동복지학과

085 한국 대학생의 정치의식
배한동 | 경북대 윤리교육과

086 산업의 정보화와 산업발전
이기동 | 계명대 통상학부

087 한국 제조업의 고용조정 분석
이종원 외 | 성균관대 경제학부

088 지식자산에 대한 경영전략적 평가모형 개발
배재학 외 | 울산대 컴퓨터 · 정보통신공학부

089 관광사업을 위한 한국적 이미지의 휴식복 개발
채금석 | 숙명여대 의류학과

090 한국 정치제도의 개혁
신정현 | 경희대 사회과학부

091 e비즈니스와 아웃소싱 전략
정승화 외 | 연세대 경영학과

092 집단 따돌림의 진단 및 치료방안
홍준표 | 중앙대 인간생활환경학과

093 16대 총선과 낙선운동
조기숙 | 이화여대 국제대학원

094 부동층 유권자 행태 분석
진영재 | 연세대 정치외교학과

095 사이버 공동체의 성공요인
이재관 | 숭실대 경영학과

096 온라인 소비자 행동의 이론과 실증
윤성준 | 경기대 경영학부

144 중등 도덕교육의 현실과 문제
손동현 외 | 성균관대 철학과

145 사이버공동체 발전론
이명식 | 상명대 경영학과

146 남북경협 확대에 대비한 북한 담보제도의 정비방안
박훤일 | 경희대 법과대학

147 한국 공무원 인사제도 개혁
김판석 | 연세대 행정학과

148 교사화법 교육
임칠성 외 | 전남대 국어교육과

149 세계화의 문화정치학
임혁백 외 | 고려대 정치외교학과

150 효과적인 e-SCM을 위한 의사결정조정 시스템 모형
이원준 | 성균관대 경영학부

151 환경거버넌스
김종순 외 | 건국대 행정학과

152 자동차산업의 인적자원관리
이덕로 | 서원대 경영학부

153 한국과 영국 간 지식기반산업 비교
이명호 | 한국외대 경영학과

154 한국 벤처기업의 기술네트워킹 및 기술마케팅 전략
장영일 | 인제대 경영학부

155 회사변호사의 윤리
오승종 | 성균관대 법과대학

156 미디어교육론
이정춘 | 중앙대 신문방송학과

157 조선시대 서원과 양반
윤희면 | 전남대 역사교육과

158 환경문제와 철학
박찬국 | 서울대 철학과

159 노인보건복지 이론과 실제
김명 외 | 이화여대 보건교육학과

160 북한의 법체계
권재열 외 | 숭실대 법학과

161 생명공학기술의 안전성 확보에 관한 법적 고찰
이재협 | 경희대 법학부

162 청소년복지학
김성이 외 | 이화여대 사회복지학과

163 변화하는 세계, 변화하는 복지국가
조영훈 | 동의대 사회복지학과

164 의리의 윤리와 한국의 유교문화
김낙진 | 진주교대 도덕교육과

165 미국의 통상정책과 통상법
윤충원 | 전북대 무역학과

166 사회복지 프로그램 평가
김학주 | 경상대 사회복지학과

167 환경주의와 지속가능한 발전
정대연 | 제주대 사회학과

168 무역과 환경
김기홍 외 | 경기대 경제학부

169 산업계 유해폐기물의 위험과 관리
김금수 | 호서대 경상학부

170 백범 김구의 지적 계발과정 탐색
문용린 | 서울대 교육학과

171 태평양전쟁 발발 이후 일제의 인적 지배와 그리스도교계의 대응
윤선자 | 전남대 사학과

172 거버넌스 상황에서 갈등관리를 위한 대체적 분쟁해결제도
서순복 | 광주대 법정학부

173 시장경제의 유형과 민주주의
최배근 | 건국대 경상학부

174 일본고전소설 총론
김현정 | 국립한국전통문화학교

175 국어 교육을 위한 국어 문법론
이관규 | 홍익대 국어교육과

176 율곡의 군주론
전세영 | 부산교대 윤리교육과

177 동북아시아 환경협력
정서용 | 명지대 법학과

178 기후변화협약과 기후정책
신의순 외 | 연세대 경제학과

179 인터넷과 국제 학술정보 네트워크-하이퍼링크 분석
박한우 | 영남대 언론정보학과

180 국내 기업복지의 활성화 방안
최수찬 | 연세대 사회복지대학원

181 세계화와 인간안보
김우상 외 | 연세대 정치외교학과

182 세계문화유산 종묘 이야기
지두환 | 국민대 국사학과

183 한국 평생교육의 사회철학적 과제
곽삼근 | 이화여대 교육학과

184 강점모델
정순둘 | 이화여대 사회복지학과

185 글로벌시대의 계약법
박영복 | 한국외대 법과대학

186 배심제와 시민의 사법참여
안경환 | 서울대 법학과

187 동북아공동체
김재한 | 한림대 정치외교학과

188 정치 참여와 탈물질주의
김욱 | 배재대 정치외교학과

189 퍼지전문가회로망을 이용한 금융기관의 사이버 기업여신결정 지원시스템의 개발
권혁대 | 목원대 경영학과

190 환경정책과 환경법
송인성 | 전남대 지역개발학과

191 포스트모던 시대의 평생교육학
한숭희 | 서울대 교육학과

192 현대 한국인의 세대경험과 문화
박길성 외 | 고려대 사회학과

193 서구의 근로연계복지
김종일 | 건국대 사회복지학과

194 사회복지운동론
현외성 | 경남대 사회복지학과

195 외국의 역모기지 사례
유선종 | 건국대 부동산학과

196 옛이야기와 어린이문학
이지호 | 진주교대 국어교육학과

197 노인사회복지관광의 정책과제와 방안
김창수 | 경기대 관광학부

198 복지서비스의 민간위탁 시스템 분석
김순양 | 영남대 행정학부

199 새로운 빈곤층의 대두와 정부의 정책과제
김진욱 | 건국대 경제학과

200 문화행정론
김정수 | 한양대 행정학과

201 스칸디나비아 노인용 코하우징의 계획과 적용
최정신 외 | 가톨릭대 생활과학부

202 북한의 자연생태계
공우석 | 경희대 지리학과

203 통계로 이해하는 러시아
전홍찬 | 부산대 정치외교학과

204 사회복지법인의 경영과 회계
이동규 | 충남대 회계학과

205 의약분업 정책과정
차흥봉 | 한림대 사회복지학과

206 지역공동체와 평생교육
오혁진 | 동의대 평생교육학부

207 아동보호서비스의 실제
한미현 | 백석대 사회복지학부

208 그린마케팅
박재기 | 충남대 경영학부

209 아동권리와 아동복지
이혜원 | 성공회대 사회복지학과

210 국제 이주와 인도인 디아스포라
김경학 | 전남대 인류학과

211 질병과 의료의 사회학
조병희 | 서울대 보건대학원

212 북한이탈주민의 사회통합을 위한 지역복지실천의 모색
이기영 | 부산대 사회복지학과

213 치매노인케어론
조유향 | 초당대 간호학과

214 노인상담입문
서혜경 외 | 한림대 대학원 사회복지학과

215 '통일 이후 통일과정'으로서의 독일 통일영화
이준서 | 이화여대 독어독문학과

216 중국의 사회보장
오정수 | 충남대 사회복지학과

217 환경자원의 경제적 가치와 환경오염의 사회적 비용
김재홍 | 울산대 사회과학부

218 사회복지프로그램의 경제적 평가방법
박창제 외 | 상주대 사회복지학과

219 자유의지와 결정론
안건훈 | 강원대 철학과

220 심리학자들이 쓴 행복한 결혼의 심리학
채규만 외 | 성신여대 심리학과

221 현대 해석학 강의
양해림 | 충남대 철학과

222 한국인의 주거 빈곤과 공공주택
하성규 | 중앙대 도시및지역계획학과

223 IMF 경제위기와 한국 출산력의 변화
김두섭 | 한양대 사회학과

224 동아시아의 영토분쟁과 국제법
이석우 | 인하대 법학부

225 독일 복지국가와 사회복지서비스
정재훈 | 서울여대 사회사업학과

226 사회복지사를 위한 실용 비모수통계
엄명용 | 성균관대 사회복지학과

227 피해자학 연구
이윤호 | 동국대 경찰행정학과

228 광고언어창작론
박영준 외 | 부경대 국어국문학과

229 환경규제 패러다임의 전환
한철 | 한남대 법학과

230 고령사회의 노동환경변화와 고용 시스템의 문제점 및 법적 대응
고준기 | 국립군산대 법학과

231 세계화와 소득불평등
이성균 외 | 울산대 사회과학부

232 유비쿼터스 사회의 이해
안중호 외 | 서울대 경영학과

233 국제환경책임법론
박병도 | 건국대 법학과

234 한국의 선거와 민주주의
윤종빈 | 명지대 정치외교학과

235 한국 시민운동의 구조와 동학
조대엽 외 | 고려대 사회학과

236 또래관계
송영혜 | 대구대 재활심리학과

237 해외 한국기업과 현지인 노동자
석현호 외 | 에스코이아학술문화재단

238 독일 국가복지에서 민간복지단체의 역할과 의미
차성환 외 | 한일장신대 사회복지학부

239 청정공학
조정호 | 동양대 생명화학공학과

240 한국전통연희론
심상교 | 부산교육대 국어교육학과

241 정신장애와 가족
서미경 | 경상대 사회복지학부

242 빈곤통계의 작성과 활용
김주환 | 동국대 정보통계학과

243 인터넷과 한국정치
강원택 | 숭실대 정치외교학과

244 북한의 시장경제이행
정영화 외 | 서경대 법학과

245 시스템사고로 본 지속가능한 도시
문태훈 | 중앙대 도시및지역계획학과

246 실버산업과 유비쿼터스 컴퓨팅
고일상 | 전남대 경영학부

247 재활상담과 사례관리
나운환 | 대구대 직업재활학과

248 영유아교육기관에서의 장애 이해 교육
유수옥 | 우석대 유아특수교육과

249 장애의 사회적 의미와 사회통합
박수경 | 대진대 사회복지학과

250 경제분석의 수리적 기초
조인성 | 공주대 경제통상학부

251 비영리부문의 비교연구
김승현 | 서울산업대 행정학과

252 고등교육경제학
반상진 | 전북대 교육학과

253 과학윤리교육의 이론과 방법
조희형 | 강원대 과학교육학부

254 결혼이민자가족의 이해
김오남 | 대불대 사회복지학과

255 동아시아 국가의 공공부조
신동면 | 경희대 사회과학부

256 특수아동 진단 및 평가
이나미 | 대불대 특수교육과

257 계약형 사회복지와 권리옹호시스템
이명현 | 경북대 상주캠퍼스 사회복지학과

258 실내공기질 및 위해성 관리
양원호 | 대구가톨릭대 산업보건학과

259 충남 방언 문법
한영목 | 충남대 국어국문학과

260 교육권론
노기호 | 군산대 법학과

261 도시경관계획론
임승빈 | 서울대 조경 · 지역시스템공학부

262 교통의 새로운 패러다임
김형철 | 경원대 도시계획 · 조경학부

263 노인의 삶의 질 향상을 위한 주거환경 디자인
천진희 | 상명대 디자인대학 실내디자인전공

264 사회복지와 문화
박병현 | 부산대 사회복지학과

265 장애인복지의 이론과 실제
이선우 | 인제대 사회복지학과

266 창의성 개발을 위한 디자인교육 콘텐츠
김선영 | 인천가톨릭대 조형예술대학 환경디자인학과

267 구성주의 사회복지 실천 기술론
고미영 | 서울신학대 사회복지학과

268 장애아교육학
김기흥 | 부산교육대 유아교육과

269 지역사회복지와 자원부문
한상진 외 | 울산대 사회학과

270 환경관리회계
육근효 | 부산외국어대 회계학부

271 인권 관점에서 보는 장애인복지
유동철 | 동의대 사회복지학과

272 정신증상
송지영 | 경희대 의과대학병원 신경정신과

273 사이버공간의 사회심리학
이성식 외 | 숭실대 정보사회학과

274 노인에 대한 사회적 돌봄과 돌봄서비스의 질 보장
최희경 | 신라대 가족노인복지학과

275 아동 심리치료의 실제
신현균 | 전남대 심리학과

276 사회복지와 위험관리
노충래 | 이화여대 사회복지전문대학원

277 국제 탄소시장의 이해
양승룡 | 고려대 식품자원경제학과

278 타자의 초상
신문수 | 서울대 영어교육과

279 한국정치와 환경정치
나정원 | 강원대 정치외교학과

280 북한이주민
윤인진 | 고려대 사회학과

281 음주의 사회경제적 비용
정우진 외 | 연세대 보건대학원

282 지방정치와 동북아 도시거버넌스
박재욱 | 신라대 행정학과

283 노숙인 복지론
남기철 | 동덕여대 사회복지학과

284 유럽통합과정과 지역협력
이규영 | 서강대 국제대학원

285 사회복지재정 연구
지은구 | 계명대 사회과학대학 사회복지학과

286 지역사회 교육개혁을 위한 시민사회 조직의 참여
김영화 | 홍익대 교육학과

287 복지사회를 대비한 국민연금의 구조개혁
박영석 외 | 서강대 경영학부

288 한미 FTA 지재권 협상에 따른 의약품 분야 사회후생 변화
오근엽 | 충남대 무역학과

289 산업입지, 환경 그리고 지역경제
이기동 외 | 계명대 국제통상학과

290 감성지능 개발을 통한 삶의 질 향상
김경수 외 | 전남대 경영학부

291 교육복지론
이용교 외 | 광주대 사회복지학부

292 인간과 행복에 대한 철학적 성찰
박찬국 | 서울대 철학과

293 유럽연합의 사회통합 사례와 교훈
이무성 | 명지대 정치외교학과

294 민영화와 사회후생
이상호 | 전남대 경제학부

295 북한의 교육학 체계 연구
최영표 외 | 동신대 교육대학원

296 한국 지속가능발전의 구조와 변동
정대연 | 제주대 사회학과

297 우리나라의 공익 연계 마케팅에 관한 연구
임승희 | 전주대 경영학부

298 시각장애인복지론
김영일 | 조선대 특수교육과

299 그린에너지와 환경촉매
정석진 | 경희대 화학공학과

300 취약학교 초등학생을 위한 온라인 보건교육 프로그램
박경옥 | 이화여대 보건관리학과

301 신탁제도를 통한 고령자의 보호와 지원
최수정 | 서강대 법학전문대학원

302 사회적 약자계층에 대한 실태분석 및 정책방안
이은우 외 | 울산대 경제학과

303 한류 문화와 동북아 공동체
최혜실 | 경희대 국어국문학과

304 노동유연화와 해고보호법
권혁 | 부산대 법학전문대학원

305 사회복지 위험관리의 이해
박미은 | 한남대 사회복지학과

306 의료기관의 회계와 세무
노준화 | 충남대 경영학부

307 여성인적자원의 전문성 확보를 위한 경력개발
백지연 | 이화여대 국제사무학과

308 정신병리
강선경 | 서강대 신학대학원

309 바다의 반란 적조
윤양호 | 전남대 해양기술학부

310 한국 장애인 복지 발달사
이성규 | 서울시립대 사회복지학과

311 서양예술 속의 동양 탐색
진상범 | 전북대 독어독문학과

312 한국인의 도덕성 발달 진단
문용린 | 서울대 교육학과

313 영국정치와 국가복지
고세훈 | 고려대 공공행정학부

314 인간학적 사유를 여는 중도 · 중복장애 교육학
이숙정 | 단국대 특수교육과

315 개별화 교육과정
이소현 | 이화여대 특수교육과

316 인간의 긍정적 성품
권석만 | 서울대 심리학과

317 지방자치와 지역여성의 전망
이혜숙 | 경상대 사회학과

318 한국 현대 노년소설 연구
전흥남 | 한려대 교양학부

319 정보격차 해소를 위한 창의적 정보교육 프로그램
이영준 외 | 한국교원대 컴퓨터교육과

320 한국 가족과 젠더
손승영 | 동덕여대 교양학부

321 한국의 복지혼합
김진욱 | 서강대 신학대학원

322 사회자본과 자원봉사
김태룡 외 | 상지대 행정학과

323 농촌교육복지연구
박삼철 | 단국대 교양학부

324 사회정체성 평가 차원에 대한 국제비교조사
이명진 | 고려대 사회학과

325 캐나다 복지국가 연구
조영훈 | 동의대 사회복지학과

326 한국의 소수자운동과 인권정책
전영평 외 | 서울대 행정대학원

327 한국과 미국의 보육서비스 전달체계와 품질 비교분석
김근세 외 | 성균관대 국정관리대학원

328 한국사회의 소득불평등과 국민 의료이용
이용재 | 호서대 사회복지학과

329 정보시대의 인간안보
조화순 | 연세대 정치외교학과

330 가족의 사회경제적 특성과 아동발달
김광혁 | 전주대 사회복지학과

331 초 · 중 · 고등학생의 학업소진 진행과정 및 경로분석
이상민 | 고려대 교육학과

332 다문화사회의 사법통역
이지은 | 이화여대 통역번역대학원

333 동아시아 지역주의
유현석 | 경희대 정치외교학과

334 환경친화적 공공시설관리와 지역공동체의 삶의 질
이소영 | 중앙대 실내디자인 · 주거환경학과

335 의료보험의 법정책
김나경 | 성신여대 법과대학

336 양극화 시대 가족해체와 청소년의 적응에 관한 한국과 미국의 비교 연구
오승환 외 | 울산대 사회복지학과

337 기업의 사회적 책임과 지역경제사회 발전 연구
허영도 외 | 울산대 경영학부

338 노인의 삶의 질 향상을 위한 온라인 소셜 네트워크 구축 방안
김진우 | 연세대 경영학과

339 청소년 생활역량
윤명희 외 | 동의대 평생교육학과

340 외국인 배우자의 다양성과 국제결혼의 안정성
김두섭 | 한양대 사회학과

341 정보인권의 규범구체화
이민영 | 가톨릭대 법학과

342 한국 사회복지실천의 고유성
최성재 외 | 서울대 사회복지학과

343 스웨덴의 환경책임 실천모형
최희경 | 경북대 행정학부

344 자율운동과 주거공동체
윤수종 | 전남대 사회학과

345 한국인의 공공봉사동기
김상묵 | 서울과학기술대 행정학과

346 한국 이혼가정 아동의 성장
김혜숙 | 경인교육대 교육학과

347 동양 사상과 노인 복지
홍승표 외 | 계명대 사회학과

348 노동과 사회보장의 연계
오문완 | 울산대 법학과

349 학습장애 위험군 아동의 조기선별을 위한 읽기검사 표준화 연구
김애화 외 | 단국대 특수교육학과

350 신 · 재생에너지에 기초한 녹색성장과 사회통합
김인호 | 이화여대 법학전문대학원

351 문화교류역량과 다문화 경영이 기업 경영성과에 미치는 영향
임병학 외 | 부산외대 경영학부

352 빈곤영유아의 발달과 적응
정익중 외 | 이화여대 사회복지학과

353 민사법질서와 인권
양천수 | 영남대 법학전문대학원

354 성년후견제도와 사회복지제도의 연계
신권철 | 서울시립대 법학전문대학원

355 한국 다문화사회의 이방인
김순양 | 영남대 행정학과

356 현대 시민사회와 소비자계약법
이병준 | 한국외대 법학전문대학원

357 개인의 사회적 정보보호를 위한 공공 정보서비스 개선 연구
장항배 | 상명대 경영학과

358 여성교육투자에 대한 교육경제학적 탐색
백일우 외 | 연세대 교육학부

359 사회적 기업과 지속가능한 지역발전
임업 외 | 연세대 도시공학과

360 다문화가정 구성원에 대한 투트랙 한국어 교육방안 연구
박시균 | 군산대 국어국문학과

361 아시아의 빈곤과 한국기업의 역할
한인수 | 충남대 경영학부

362 유치원 · 초등학교 연계 환경교육
박희숙 | 공주대 유아교육학과

363 비정규 고용과 사회정책
구인회 외 | 서울대 사회복지학과

364 사생활의 자유에 관한 비교법적 연구
이창현 | 서강대 법학전문대학원

365 다중융합 환경 기반의 미디어스킬을 활용한 문화콘텐츠 디자인 적용방안에 관한 연구
오문석 외 | 광운대 미디어영상학부

366 북한이탈주민 여성의 성인식 관련 기초 조사
한인영 외 | 이화여대 사회복지학과

367 노인주택 파노라마
유선종 | 건국대 부동산학과

368 시설보호 청년의 적응
정선욱 | 덕성여대 사회복지학과

369 다수 집단과 소수 집단의 심리
김혜숙 | 아주대 심리학과

370 바이오 휴머니티
권택영 | 경희대 영어학부

371 프랑스 다문화교육의 이해
이경수 | 상명대 불어교육과

372 한 · 중 서비스산업의 비교분석과 교역 확대 방안
김상호 | 리츠메이칸 아시아태평양대 국제경영학부

373 현대의학에 있어서 생명의 시간과 인간의 존엄
김학태 | 한국외대 법학전문대학원

374 0~3세 영유아의 영상물 과몰입 실태조사 및 정신건강증진 프로그램 개발과 적용
이경숙 | 한신대 재활학과

375 복지국가의 조세와 정치
양재진 외 | 연세대 행정학과

376 청소년기 자살행위 실태와 관련 요인
박선희 | 경희대 간호과학대학

377 기술혁신에 따른 지역 간 정보격차
최정혜 외 | 연세대 경영대학

378 한국 사회의 이중구조와 생애주기적 불평등
안상훈 편 | 서울대 사회복지학과

379 소비자의 친환경행동에 영향을 미치는 사회적 · 경제적 가치에 대한 고찰
송재기 | 텍사스테크대 경영학과

380 어머니 양육행동 관련 변인들과 유아 사회정서행동 간의 구조모형 분석
심숙영 | 숙명여대 원격대학원

381 조선족 여성, 동남아시아 여성 그리고 새터민의 적응 유형 분석 및 삶의 질 향상 방안 모색
정태연 | 중앙대 심리학과

382 세계의 연금, 한국의 연금
허만형 | 중앙대 공공인재학부

383 노인요양원과 문화 변화
최재성 | 연세대 사회복지학과

384 시민사회와 국제개발협력
손혁상 | 경희대 공공대학원

385 복지국가의 변화와 빈곤정책
김윤태 | 고려대 사회학과

386 다문화가정의 미디어 이용과 사회적 자본의 관계
진창현 | 경기대 경영학과

387 사회진출 대졸 초년생의 탄력성 변화 양상
이상민 | 고려대 교육학과

388 사회자본과 경제발전 그리고 정부의 질
도수관 | 대구가톨릭대 행정학과

389 망명과 귀환이주
서장원 | 고려대 독일문화학과

390 근거기반실천과 사회복지
김유진 | 경북대 사회복지학부

391 인터넷상 정보 유통에 대한 새로운 저작권 규율 방향 모색
박준석 | 서울대 법학전문대학원

392 한국 사회의 인종차별적 담화구조
이창수 | 한국외대 통역번역대학원

393 사회복지사의 사회복지 가치 지향
김용석 | 가톨릭대 사회복지학과

394 개인정보의 국제적 유통에 따른 법적 문제와 대책
박훤일 | 경희대 법학전문대학원

395 정신장애인의 인권
서미경 | 경상대 사회복지학과

396 취약계층 비만청소년들의 체중관리를 위한 건강증진 프로그램의 효과
김영호 | 서울과학기술대 스포츠과학과

397 한국 전통의 돈의 문학사, 나눔의 문화사
서신혜 | 한양대 창의 · 융합교육원

398 와이파이 공간과 모바일 정보 격차
이건학 | 서울대 사회과학대학

399 도시정비사업의 법적 쟁점과 해설
성중탁 | 경북대 법학전문대학원

400 사회서비스 제공기관의 조직요인과 성과
신창환 | 경북대 사회복지학부

401 도시 사운드스케이프 디자인
전진용 외 | 한양대 건축공학부

402 지방의회 의원윤리연구
김택 | 중원대 경찰행정학과

403 발달장애인 자립생활 증진을 위한 역량탐색 및 주거로서의 해결과제
김라경 | 광주교육대 교육학과

404 외국인고용제도개선과 인권
김상호 외 | 경상대 법과대학

405 사회복지연구에서 질적방법과 분석
김인숙 | 가톨릭대 사회복지학과

406 현대미술에서의 예술적 성장과 창의적 인재양성
백경미 | 울산과학기술원 기초과정부

407 현대인의 삶과 문화예술교육
곽삼근 | 이화여대 교육학과

408 문화적 배경과 체화된 인지
민동원 | 단국대 경영학부

409 아동 섭식행동평가 척도 표준화 및 섭식문제 현황 조사
정경미 | 연세대 심리학과

410 잊혀질 권리: 이상과 실현
문재완 | 한국외대 법학전문대학원

411 인권의 지역화: 일상생활의 인권 증진을 위하여
김중섭 | 경상대 사회학과

412 다문화 시대 이주민의 한국어 의사소통
민병곤 외 | 서울대 국어교육과

413 다문화 시대의 문화교육 커리큘럼
윤여탁 외 | 서울대 국어교육과

414 다문화 시대의 통일교육
박성춘 외 | 서울대 윤리교육과

415 다문화 시대 사회 통합을 위한 시민 교육
이진석 외 | 부산대 일반사회교육과

416 다문화 관련 법률 및 제도
박성혁 외 | 서울대 사회교육과

417 생태복원의 인문학적 상상력
김성도 외 | 고려대 언어학과

418 다국내 출생 다문화가정 청소년의 아픔과 분투: 사회적 차별로부터의 회복과 성장
서영석 | 연세대 교육학과

419 종교심리학의 이해: 죽음인식의 논의를 중심으로
김재영 | 서강대 종교학과

420 글로벌 시대의 사회통합: 세계적 추세와 한국의 위상
장용석 외 | 연세대 행정학과

421 소규모 사회적기업과 소셜미디어 마케팅
박철 | 고려대 글로벌비즈니스대학

422 동아시아 가면극의 역사와 전승양상
전경욱 | 고려대 국어교육과

423 무엇이 우리를 행복하게 하는가?
구교준 외 | 고려대 행정학과

424 디지털 중독의 이해와 대응 방안
오원석 외 | KAIST 경영대학

425 지속가능발전목표(SDG) 시대 한국의 복지와 행복지표 측정
한준 외 | 연세대 사회학과

426 지방정부 간 사회복지 불균형과 시민 행복
장용석 외 | 연세대 행정학과

427 일 · 여가의 변화와 행복 복지
유홍준 외 | 성균관대 사회학과

428 가족시간과 삶의 질
이윤석 외 | 서울시립대 도시사회학과

429 사회복지사의 유데모니아: 사회복지의 가치와 보람, 그리고 행복
송인한 외 | 연세대 사회복지대학원

430 행복을 위한 움직임
안문경 | 국민대 교양대학

431 읽기 장애 조기 선별검사의 측정학적 적합성 연구
여승수 | 부산교육대 유아교육학과

432 문화적 다양성과 창의성: 심리학적 관점
장재윤 | 서강대 심리학과

433 내일의 종언(終焉)? 가족자유주의와 사회 재생산 위기
장경섭 | 서울대 사회학과

434 산림공유자원관리로서 금송계 연구
배수호 외 | 성균관대 행정학과

435 한국 경제발전의 문화적 기원: 추격성장, 발전국가 그리고 문화적 혼종성
김명수 | 한양대 정보사회학과

436 4차 산업혁명의 일자리 진화
이민화 | KAIST 미래전략대학원

437 금융 분야에 있어서 4차 산업혁명 시대와 일자리 대책
고동원 | 성균관대 법학전문대학원

438 노동의 디지털화와 산업노동의 미래: 독일 산업 4.0을 중심으로
임운택 | 계명대 사회학과

439 4차 산업혁명과 고등교육 개혁
김민희 외 | 대구대 교직부

440 4차 산업혁명과 일자리 정책의 미래
권혁 외 | 부산대 법학전문대학원

441 복지공급론: 보건복지의 수단과 체계
강창현 | 단국대 공공관리학과

442 생각 중심 교육
박주용 | 서울대 심리학과

443 청소년 독자의 정체성과 문식 활동
이순영 | 고려대 국어교육학과

444 인간의 심리를 조작하는 사회공학기술
김석수 | 한남대 멀티미디어학부

445 한국사회 이타적 행동에 대한 이해
강철희 외 | 연세대 사회복지대학원

446 이주민의 사회적 배제: 세대 간 전이와 민족 계급화를 중심으로
최혜지 | 서울여대 사회복지학과

447 사회복지, 업의 변화와 마케팅
이원준 | 청주대 경영학과

448 충남 민속의 이해
이필영 | 한남대 역사교육과

449 한국 청소년들의 공동체지향목표
신종호 외 | 서울대 교육학과

450 저출산 · 고령화와 한국의 연금개혁: 세대 간 공정과 지속가능성
석재은 외 | 한림대 사회복지학과

451 지방 인구구조의 변화와 지역 사회복지 전달체계
기정훈 | 명지대 행정학과

452 고령 친화적 도시재생뉴딜: 일본의 고령 친화 주거지재생 정책 사례 연구
김현주 | 서울연구원 초빙 부연구위원

453 저출산의 심리적 요인: 저출산 원인의 심리학적 요인 분석을 중심으로
진경선 | 성신여대 심리학과

454 남자가 출산휴가를 간다면?: 아빠노동자 형성을 위한 남성 육아휴직 사례 연구
최새은 외 | 한국교원대 가정교육학과

455 한국 다문화 사회의 교육과 복지 실천
김영순 외 | 인하대 사회교육과

456 뉴미디어와 이주민: 소셜미디어시대 서울 지역 중국동포들의 미디어 이용과 적응
김용찬 | 연세대 언론홍보영상학부

457 제1기 헌법재판소: 헌법재판의 황무지에 단단한 초석을 놓다
임지봉 | 서강대 법학전문대학원

458 저소득층 초등학생을 위한 식생활교육 프로그램 개발: 심리 · 사회적, 영양학적 요인을 중심으로
김경원 외 | 서울여대 자연과학대학 식품영양학전공

459 지역공동체 참여의 이론과 현실: 지속가능하고 포용적인 공동체를 위한 대안의 모색
한상일 | 연세대 글로벌행정학과

460 한국가정과 다문화가정 내 배우자 폭력의 유형 및 특성 비교 연구
그레이스 정 | 서울대 아동가족학과

461 한국 유교 圖像의 역사
유권종 | 중앙대 철학과

462 기업과 노동의 사회 책임: CSR에서 ISO26000을 넘어 기업 인권으로
이승협 | 대구대 사회학과

463 청소년을 위한 긍정적 정신건강의 평가와 개입
고영건 | 고려대 학생상담센터

464 이주 시대의 젠더: '다문화' 한국사회와 필리핀 출신 여성들
김민정 | 강원대 문화인류학과

아산재단연구보고서

001 한국인의 도덕성 연구
배해수 | 고려대 국문학과

002 산업화와 청소년 진로
이원호 | 울산대 교육학과

003 공동체의식과 시민운동
김영섭 | 한양대 행정학과

004 한국청년의 삶의 의미 충족도와 만족적 태도
안정수 | 경희대 철학과

005 중국조선족의 사회발전과 한 · 중관계의 위상
손장권 | 고려대 사회학과

006 해송림 "솔껍질깍지벌레"의 천적 및 주요 종의 생태
김규진 | 전남대 농생물학과

007 사회정의와 실천윤리
박종대 | 서강대 철학과

008 동구개혁의 영향
김달중 | 연세대 정치외교학과

009 한국청소년의 의식세계
김문조 | 고려대 사회학과

010 고강도 철근 콘크리트 구조의 실용화
정헌수 | 중앙대 건축학과

011 신기술의 연관형태 및 출현예측의 구조모형
권철신 | 성균관대 산업공학과

012 민간기업의 연구개발을 위한 조세정책
권영훈 | 한양대 경제학부

013 기술개발 활성화방안
송승구 | 울산대 화학공학부

014 부패의 현상과 진단
이문조 | 영남대 정치외교학부

015 연구투자의 지역적 편중화와 부산지역의 기초과학연구 활성화방안
윤웅찬 | 부산대 화학과

016 GATT의 신구 덤핑방지협정과 그 대응 방안
전창원 | 동국대 무역학과

017 한국사회의 도덕성 제고를 위한 진단과 처방
황경식 | 서울대 철학과

018 새로운 노사관계 방향
이진규 외 | 고려대 경영학과

019 21세기 동북아 정세예측과 한국의 전략적 대응방안
최평길 외 | 연세대 행정학과

020 소련의 한국에 대한 정책목표분석
신승권 | 한양대 정치외교학과

021 메모리 커패시터용 $Pb(Zr_xTi_{1-x})O_3$ 강유전체 박막의 제작과 특성
장지근 외 | 단국대 전자공학과

022 러시아 국제법학의 전통
김용구 | 서울대 외교학과

023 유럽연합의 현황과 전망
김동현 외 | 성균관대 행정학과

024 중국의 정치동원
송영우 외 | 건국대 정치외교학과

025 산업적 활용을 위한 이동로보트 시스템의 개발
박민용 외 | 연세대 전자공학과

026 중국조선족의 정치사회화과정과 동화적 국민통합의 방향
전인영 외 | 이화여대 사회생활학과

027 공적부조의 이론과 실제
최일섭 외 | 서울대 사회복지학과

028 대외통상환경의 변화와 법제개편
서헌제 | 중앙대 법학과

029 기업금융의 국제화
최생림 | 한양대 경영학부

030 자동차부품공업의 노사관계
김호진 외 | 고려대 행정학과

031 산업화 과정에서의 한국가족의 실태와 전망
정창수 외 | 성균관대 사회학과

032 공무원 가치관 실태와 정립방안
배병룡 외 | 경상대 행정학과

033 해외귀국청소년의 국내적응연구
이장영 | 국민대 사회학과

034 초고속정보통신망에서 LAN서비스 제공방안
이재용 | 연세대 전자공학과

035 WTO체제의 정책적 대응
김병진 외 | 경희대 행정학과

036 유럽의 통합정치
최수경 외 | 충남대 정치외교학과

037 유기질폐기물을 이용한 고단백사료원인 조류의 생산공정
최정우 외 | 서강대 화학공학과

038 초고속정보통신망의 수용성과 정책방향
박영상 외 | 한양대 신문방송학과

039 중국의 강남사회와 한중교섭
조영록 외 | 동국대 사학과

040 세계화시대의 사회 · 문화의식
신행철 외 | 제주대 사회학과
041 국내 외국인 노동자의 문제와 대책
성규탁 외 | 연세대 사회복지학과
042 노인인력 활용정책과 프로그램
김정후 외 | 강원대 법과대학
043 한일간 학술교류 현황과 활성화방안
정홍익 외 | 서울대 행정대학원
044 계량모형에 의한 한일 경제관계의 이해
김명직 외 | 한양대 경제학부
045 직장인의 음주행태와 삶의 질
진기남 외 | 연세대 보건행정학과
046 유통정보 시스템의 구조와 설계
정용길 | 충남대 경영학과
047 남북통일 이후 사회통합을 위한 교육의 역할
안기성 외 | 고려대 교육학과
048 대중음악에 심취한 청소년들의 심리적 특성
김인경 외 | 연세대 인간행동연구소
049 멀티미디어 시스템을 활용한 교육환경의 개선방안
김한일 | 제주대 컴퓨터교육학과
050 탈냉전기 한일관계의 쟁점
최상룡 | 고려대 정치외교학과
051 자치시대 새로운 '삶의 질' 지표의 모색
김형기 외 | 경북대 경제통상학부
052 유럽통합의 역내외 협력과 갈등
이호재 외 | 고려대 정치외교학과
053 21세기를 대비한 신노사관계
김재원 | 한양대 경제학부
054 대학의 시간제학생 등록제
안규철 외 | 전남대 교육학과
055 21세기에 대비한 방송통신정책
한진만 외 | 강원대 신문방송학과
056 주민참여를 통한 혐오시설 관리운영방안
박균성 외 | 경희대 법학부
057 여성의 정치적 권리인식과 정치참여
전경옥 외 | 숙명여대 정치외교학과
058 한국인 위장질환과 식생활 · 환경요인 및 *H. pylori* 감염과의 관계
이양자 외 | 연세대 식품영양학과
059 학생과 시민의 자원봉사활동
윤정일 외 | 서울대 교육학과
060 동북아 환경문제와 지역환경협력의 모색
신연재 외 | 울산대 정치외교학과
061 노인 자원봉사활동을 통한 사회통합 프로그램 개발
김동배 | 연세대 사회복지학과
062 물류정보 시스템
김태현 | 연세대 경영학과
063 전자식 문서교환을 이용한 항공화물 운송체계
민재형 | 서강대 경영학과
064 청소년과 성
이근후 | 이화여대 의과대학
065 민족통합과 무궁화호 위성의 남북한 공동활용방안
방정배 | 성균관대 신문방송학과
066 채식주의가 20대 여성의 영양상태와 에스트로겐 대사에 미치는 영향
성미경 | 숙명여대 식품영양학과
067 가상정보공간을 통한 지역개발 활성화 전략
유재천 외 | 한림대 언론정보학부
068 조산아 관리현황 및 정책수립 방안
박상기 외 | 조선대 의과대학
069 남북한관의 의식조사와 통일교육 개선 방안
김동규 외 | 고려대 북한학과
070 동양 전통 자연사상 탐구
장동순 | 충남대 환경공학과
071 초고속정보망의 시뮬레이터 구현
한기준 | 경북대 컴퓨터공학과
072 유통원가 시스템의 유효성
정다미 | 명지대 경영학과
073 국악과 문화관광의 만남
정익준 외 | 동아대 국제관광통상학부
074 기업의 지식경영 활용사례
김창은 | 명지대 산업공학과
075 선진국과 한국의 직업교육 · 훈련제도의 특성과 한계
정주연 | 고려대 경제학과
076 제주지역 성인 여성의 자원봉사활동
이상철 외 | 제주대 사회학과
077 M&A와 문화충돌 관리
박원우 | 서울대 경영학과
078 폐금속광산 인근 주민들의 중금속 오염실태
정종학 외 | 영남대 의학과
079 북한 농촌 · 농업실태와 인력자원개발 시스템을 통한 북한 농민의 구호방안
박성열 | 건국대 교육공학과
080 중소 소매점의 경쟁력과 소매성과
채명수 외 | 한국외대 무역학과
081 고령자를 위한 쾌적한 실내온도와 착의량의 설정
정운선 | 안동대 의류학과
082 지역문화 이벤트 PR
박종민 | 경희대 언론정보학부
083 인터넷 지역정보화의 실태와 전략
유평준 외 | 연세대 행정학과

084 여성 삶의 질 향상을 위한 사회교육 활성화 방안
김양희 | 중앙대 가족복지학과

085 벤처기업과 벤처금융
강대석 외 | 충남대 무역학과

086 구조조정기에 있어서 실업대책과 사회 안전망 구축
박천익 | 대구대 경제학과

087 한국 유아의 조기교육
이명조 외 | 한국외대 교육대학원

088 남북한 경제공동체 형성전략
이상만 | 중앙대 경제학과

089 지방자치회계의 투명성과 주민의 알 권리
권찬태 외 | 경북대 경영학부

090 정치지도자의 정책리더십
이해영 | 경일대 행정학과

091 경제위기와 한국인의 복지의식
신광영 외 | 중앙대 사회학과

092 북한의 노동
김강식 | 한국항공대 경영학과

093 우리나라 중소기업의 정보기술 활용 현황과 경쟁력 강화를 위한 제안
정승호 | 부산외대 정보시스템학과

094 인간배아복제의 법적 · 윤리적 문제점과 그 해결방안
최병규 | 한경대 법학부

095 가치변화에 따른 투표행태
조찬래 외 | 충남대 정치외교학과

096 인터넷 경매에서의 계약체결과 소비자 보호
이기수 외 | 고려대 법과대학

097 세계화시대 남북한 통합의 방향과 과제
윤민재 | 서울대 사회발전연구소

098 글로벌 시대 지방정부의 문화마케팅 전략
박흥식 | 중앙대 행정학과

099 대졸여성실업의 실태분석 및 대학-노동시장 간 효율적 연계방안
이은우 외 | 울산대 사회과학부

100 그린 투어리즘의 분석
이응진 | 대구대 관광학부

101 지방자치단체장의 부정부패
오일환 | 한양대 아태지역연구센터

102 산업화가 유교체제하 중국여성의 지위에 미친 영향
천성림 | 배재대 사회과학연구소

103 움직이는 말하기
유혜숙 외 | 나사렛대 교양학부

104 장애학생을 위한 특수교육공학의 활용
김용욱 | 대구대 중등특수교육과

105 지식기반사회의 평생교육 이해와 평생교육 프로그램 개발
박성열 | 건국대 교육공학과

106 N세대의 미술교육
김동철 | 대구교육대 미술교육학과

107 노후계획과 투자
권택호 | 여수대 국제통상학과

108 영화산업
양영철 | 경성대 연극영화학부

109 동유럽의 변혁과 언론의 역할
정대수 | 경남대 정치언론학부

110 환율, 임금, 물가가 국제경쟁력 및 수출입산업에 미치는 영향
하인봉 | 경북대 경제통상학부

111 일본기업의 기술혁신 전략
위정현 | 중앙대 상경학부

112 노후보장정책과 역저당연금제도
조덕호 외 | 대구대 행정학과

113 유비쿼터스 라이프와 미래 사회
김석수 | 한남대 멀티미디어공학과

114 죽음과 관련된 생명윤리적 문제들
구인회 | 가톨릭의과대 인문사회과학교실

115 경제적 세계화와 빈곤문제, 그리고 국가
김준현 | 한일장신대 인문사회과학부

116 한국의 세계불교유산
김종명 | 한국학중앙연구원 한국학대학원

117 복지레저서비스론
고태규 | 한림대 국제학부

118 자생적 철학체계로서 인간중심철학
선우현 | 청주교대 윤리교육과

119 전략적 통합과 한반도 평화체제
김승채 | 고려대 정책대학원

120 환경사법론
전경운 | 경희대 법학부

121 인터넷 자료를 통해 본 한국의 이혼문화와 사회복지
성정현 외 | 협성대 사회복지학과

122 유럽연합의 사회정책에 관한 연구
문진영 | 서강대 신학대학원 사회복지학과

123 여성건강의 통합적 관점
김혜원 | 관동대 간호학과

124 복잡계 네트워크 과학
강병남 | 서울대 물리천문학부

125 경제적인 3세대 전원주택 개발
박근준 | 호서대 건축공학과

126 사회복지와 인적자원개발
이상일 | 인제대 국제경상학부